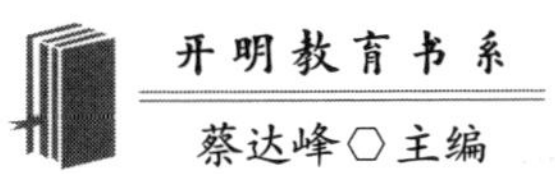

改造我们的教育

董纯才教育文选

董纯才〇著

姚宏杰 王玲〇选编

开明出版社

“开明教育书系”
总　序

中国民主促进会（以下简称民进）是以从事教育、文化、出版工作的高、中级知识分子为主的参政党。民进创立以后，在中国共产党的指引和帮助下，积极投身爱国民主运动，在这个过程中，发挥自身优势，举办难民补习培训，创办中学招收群众，参加妇女教育活动，在解放区开展扫盲教育，培养青年教师。

新中国成立以后，民进以推进国家教育事业发展为己任，贯彻党的教育方针，倡导呼吁尊师重教。

一方面，坚持不懈地为教育发展建言献策。从马叙伦先生在任教育部长时向毛泽东主席反映学生健康问题，得到了毛主席关于“健康第一”的重要批示，到建议设立教师节、建立健全《教师法》《职业技术教育法》《民办教育促进法》等法律法规、深化教育改革、促进学前教育发展、义务教育均等化、加强教师队伍建设、中小学教材建设、减轻学生课业负担等等，提出了一系列高质量的意见建议。

另一方面，坚持不懈地开展教育服务。改革开放以来，围绕“四化”建设的需要，持续举办了大量讲座和培训，帮助群众学习，为民工子女、下岗职工、贫困家庭子女、军地两用人才、贫困地区教师等提供教育服务，创办了文化补习学校、业余职业大学、专科学校、业余中学等大批学校，出现了当时全国第一所民办高中、规模最大的民办高校、成人教育学院、民办幼儿教育集团等；不断开展“尊师重教”的慰问、宣传和捐赠等活动，拍摄了电视片《托着太阳升起的人》；举办了一系列教育服务的研讨会和交流会。

在为教育事业长期服务的过程中，民进集聚了越来越多的教育界会员，现有的近 19 万会员中，约 60%来自教育界，其中大部分是中小学教师。广大会员怀着崇高的使命感和责任感，爱岗敬业、默默奉献、积极作为，在教育事业和党派工作中取得了卓越的成就，涌现出无数感人的事迹，赢得了无数的赞誉，涌现出大量优秀教师、校长和著名教育家、专家学者、教育管理者等，他们共同写就了民进的光荣历史，铸就了民进的宝贵财富，是民进的自豪和骄傲。

系统地收集和整理民进会员的教育论著和教育贡献，是民进会史研究和教育的重要任务，对于民进发扬优良传统、加强自身建设、激励履职尽责具有积极的意义，对于我们深入学习多党合作历史、深入开展我国现当代教育历史研究，也具有重要的理论和现实意义。民进中央对此高度重视，组织编辑“开明教育书系”，朱永新副主席和民进中央研究室的同志们辛勤工作，邀请会内外专家学者共同参与，历时数年完成了编写工作。谨此，向各位作者和编辑同志，向开明出版社，向所有关心和支持本书编撰工作的同志，表示诚挚的感谢。

全国人大常委会副委员长

民进中央主席 蔡达峰

2022 年 12 月

前言

为人民教育事业奉献一生

姚宏杰

教育家小传

董纯才（1905—1990），湖北大冶人。幼入家塾、私塾，后在武昌教会学校读书。1920 年就读于上海浦东中学，后考入南方大学，又转至国民大学、光华大学教育系学习。1928 年起，追随陶行知先生从事乡村教育。1931 年，到上海协助陶行知开展“科学下嫁”运动，开始从事教材编写及科普翻译和创作，发表了大量脍炙人口的科普小品。

1936 年，毅然参加革命工作。1937 年，从上海奔赴延安，次年加入中国共产党。曾任陕甘宁边区政府教育厅编审科副科长、科长，陕甘宁边区师范学校副校长，陕甘宁边区教育委员会委员，延安中央研究院材料编辑处负责人、中国教育研究室研究员，中央宣传部国民教育科副科长，中共中央西北局宣传部国民教育科科长。1945 年抗战胜利后，挺进东北，任东北行政委员会教育委员会副主任委员兼教材编审委员会主任委员，东北行政委员会教育部副部长、党组书记，东北人民政府教育部副部长、党组书记，东北教育行政学院院长。

新中国成立后，历任中央教育部党组书记、常务副部长兼教育行政学院院长，中央教育科学研究所所长，第五、六届全国政协委员、提案审查委员会副主任、教育组组长，中国文字改革委员会主任委员、临时党组书记，中国科普创作协会理事长，中国科协常务理事，中国民主促进会中央常务委员、教育改革研究会会长、参议委员会副主席，中国教育学会会长，中国中小学幼儿教师奖励基金会副理事长，《中国大百科全书》编委会委员、《中国大百科全书·教育卷》主编等职务。

1990 年 5 月 22 日，因病在北京逝世，享年 86 岁。

董纯才是久经考验的、忠诚的共产主义战士，无产阶级革命家、教育家，中国科普事业的开拓者之一。他从青年时期即以教育为志，1936 年毅然走上革命道路。他毕生从事教育，长期担任教育战线的领导工作，为中国人民的解放事业和社会主义教育事业呕心沥血，做出了不朽的贡献。

一、追随陶行知

1905 年 3 月 5 日，董纯才出生于湖北省大冶县道士洑镇（今黄石市）。父董昆瀛，民国初年曾任湖北省临时参议会议长。受父亲的影响，董纯才从中学时即立志从事教育。1928 年，在上海光华大学教育系三年级读书的他因家境转贫，同时敬佩陶行知先生的教育主张，遂转学至南京晓庄乡村师范试验学校（不久改名晓庄学校）半工半读，被分配为该校生活指导员助手，从此追随陶行知左右，开展乡村教育运动。1930 年，晓庄学校被国民政府封闭，陶行知遭通缉，董纯才走避武汉。

1931 年，陶行知在上海创办自然学园，发起“科学下嫁运动”（即将科学知识普及给工农大众）。董纯才应陶行知之召到上海，编辑“儿童科学丛书”，陆续编写了《苍蝇与瘟疫》《螳螂生活观察》《鸟类迎宾馆》等若干册，为世界书局编写初级自然课本，编写《农民常识课本》《农民常识指导书》等。这一时期，他还翻译了法国著名昆虫学家法布尔的《科学的故事》和苏联科普作家伊林的作品《几点钟》《不夜天》《人和山》《白纸黑字》《十万个为什么》等多种科普作品，深受读者的欢迎。

在从事科普读物的编写、翻译过程中，董纯才受到启发，逐渐从模仿到创作，开始尝试用文艺的形式来写科学通俗读物。从 1935 年始，他努力改变文风，学习运用生动活泼、新鲜有趣的语言，写成了《动物漫话》，由商务印书馆出版发行。1937 年，又进一步有意识地运用艺术笔法、故事体裁，写成了《麝牛抗敌记》《凤蝶外传》《狐狸的故事》等科学小品。在实践中他得出了一个结论：科学的内容，文艺的形式——这就是科学文艺，科学文艺作品是科学和文艺相结合的产物，科学的内容与文艺的形式相结合，它才是最受群众欢迎的科普读物。后来他到延安后，除继续撰写科学小品外，还写了《谈科学大众化》一文，对写作通俗科学读物的宗旨目的、指导思想和写作技巧等作了进一步的阐发。在“科学下嫁运动”中，董纯才做了大量的工作，是陶行知的得力助手，也成为我国科普事业的开拓者，其译著的科普作品陶冶影响了一代青少年。

陶行知是董纯才走上教育之路的领路人，给他以深刻的影响。1949 年，董纯才在《东北教育》上发表《一个人民教育家所走的道路》一文，高度评价了陶行知先生，称“陶行知先生献身于人民教育事业，民族解放运动与民主运动，是发扬了中国人民的威武不屈，富贵不淫，贫贱不移的优良传统精神，再接再厉，奋斗不懈，是鞠躬尽瘁，死而后已。他是一位伟大的人民教育家，坚强不屈的民族战士和民主战士。”

晚年他回忆说，“陶先生从美国回来，当了大学教授，却能放下架子，脱去西装、长袍，换上布衣、草鞋来到农村，深入群众，创办学校，确实感人至深。”“陶先生创办的晓庄师范培养出来的应是有农夫的身手、有科学的头脑、有改造社会的精神的教师。其方法就是教学做合一，以做为中心，事事强调联系实际，反对当时流行的读死书、死读书、读书死的教学方法。这种敢于和旧传统挑战的精神和行动为世人称颂。”“青年时代我有幸追随陶行知先生学习和工作，这在我的一生中也是颇有意义的。这一段经历成了我从事教育事业的起点”。(《自述》手稿)

二、朝圣西北行

九一八事变后，民族危亡，国难深重。严酷的现实使董纯才逐渐认识到，教育救国、科学救国是此路不通，要救国非革命不可。1936 年，他与中共地下党组织取得联系，以科普写作为掩护，秘密为党工作。七七事变后，经八路军驻沪办事处介绍，终于在 1937 年 10 月抵达向往已久的革命圣地延安。走上革命道路，是董纯才思想成熟后的选择。后来他有诗自述：“晓庄摸黑路，申江识迷津。朝圣西北行，远征有南针。”

到延安后，董纯才被安排到陕甘宁边区教育厅工作。当时，徐特立任教育厅厅长，让董纯才与自己同住一屋，一起吃饭，经常谈话。徐老生活朴素，和蔼亲切，讲长征故事，讲教育问题，见解独到，让董纯才受益极深。不久，毛泽东主席亲自到教育厅看望董纯才，听说他学过生物学，就与他谈论起生物学方面的问题。这次会面，让董纯才终生难忘。1938 年春，他正式加入了中国共产党。

徐特立是对董纯才产生深刻影响的又一位良师。对此，他在《怀念我的良师徐特立同志》中深情回忆说：“这位边区教育厅的老厅长，穿着一件破旧的灰布棉衣，戴着灰色的八角帽；清瘦的面孔上，老是浮现出愉快的微笑，显得那样和蔼可亲。真是任何难艰困苦都不能使他皱眉，反而使他生命的火花显得更加辉煌。他以自己的行动，写了一本没有字的生活教科书，我从中受到的教益是终身难忘的。”“他那种艰苦朴素的优良作风和共产主义者的高贵品质，都一直深深地铭刻在我的脑海里。徐老这位老革命家，老教育家，是永远值得我学习和怀念的一位良师。”

在边区教育厅，董纯才先后任编审科副科长、科长，主要负责编写小学语文课本、农民识字课本，还编辑出版了《边区儿童》和《边区教师》两个小报。1939年7月，被任命为陕甘宁边区师范学校副校长。1940年10月，调到中央宣传部国民教育科，主持编写小学语文课本。1941年，马列学院改组为中央研究院，中宣部精简机构，在中央研究院成立教材编辑处，董纯才负责编辑处工作，并兼任中国教育研究室研究员。1942年2月，董纯才被任命为中宣部国民教育科副科长（科长由中宣部副部长李维汉兼任）。整风运动开始后，他联系实际，写了《儿童教育中的主观主义》《儿童节随笔》《论国民教育的改造》《怎样以反对党八股的精神编教材》和《论学生自治问题》等文章，先后发表在《解放日报》上。

在陕北时期，董纯才阅读了大量马列主义经典著作，吸收了新思想的营养，亲身参与新民主主义的教育实践，接受了实际的锻炼和考验，特别是经历整风学习后，更加坚定了为人民服务的信念，思想上、政治上更加成熟，对教育问题的认识也更加深刻。如在《论国民教育的改造》一文中他提出，现阶段的国民教育的政治任务，应该是以新民主主义的思想来教育人民大众，并且要以培植一代建立新民主主义社会的新公民为目的。而为达此目的，就要我们不但要教学生读书，并且还教他们去参加一定的实际活动。另一方面，就要求把教育与生产斗争联系起来，“新教育不但要和政治结合起来，同时还要和劳动携手”。此外，还要打破教条主义的教学方法，在教学过程中注意把学和用联系起来，把书本与实际生活联系起来，“就要运用积极活泼的方式，使学生在学习过程中处于自动地位，独立地自觉地来工作，自由地活泼地来思想问题。”同时不能把教学局限在教室里、书本上，而要善于利用周围环境来教育学生，“把学生关在教室里死读书的时代应该结束了”。在《怎样以反对党八股的精神编教材》一文里，他指出了当时根据地国民教育和干部教育教材中存在的种种问题，鲜明地提出：编教材一定要首先进行调查研究，认清对象。要能运用马列主义的立场、观点与方法来编写教材，来观察问题、分析问题与解决问题，使各科教材都浸透着唯物主义的思想，使学生在这样的教材中去接受唯物主义思想的教育；教材内容必须切合学生的实际需要；各科教材要彼此取得联系，作适当的配合，使全部教材构成一个整个的认识；大众化是中小学教材和干部文化课本所必须具备的一个重要条件；编教材不要写成现成的公式，让学生死记，而应善于启发学生的智慧，指导他们行动，指导他们思考问题，解决问题，培养他们的创造性，推动他们持续不断地去努力求知。这些教材编写原则和方法的提出，是非常可贵的。

三、白山黑水间

抗战结束后，董纯才响应中央号召，奔赴东北。1946 年 7 月，他进抵哈尔滨，先参加土改工作团，后担任东北行政委员会教育委员会委员兼教材编审委员主任、教育委员会副主任，东北人民政府教育部副部长（部长为车向忱）、党组书记、东北教育行政学院院长等职，成为东北解放区教育工作的主要领导人之一。

在东北工作期间，董纯才在中共中央东北局领导下，除抓紧改编小学语文教材外，深入调查研究，从当地实际出发，创造性地贯彻执行党中央的路线、方针政策，废除伪满的奴化教育和国民党的党化教育，继承和发展陕北老解放区教育的传统，进一步发展民族的、科学的、人民大众的新民主主义教育事业，培养革命和建设急需的各方面人才，为东北解放战争的胜利和经济建设作出了重要贡献。

1947 年 8 月，在董纯才主持下，东北解放区第一次教育会议召开。会议明确了东北解放区此后教育工作的重点，是争取和培养大批革命知识分子来为战争和建设服务，教育工作的重点应放在知识分子集中的中学。中学工作的中心任务，是开展以解放战争和土地改革教育为中心内容的，以肃清盲目正统观念为主要目标的思想改造教育，促使青年转向革命，参加革命。次月，东北行政委员会发布《关于教育工作的指示》，部署了争取东北知识青年的工作。1948 年 1 月，中共中央东北局发布《关于知识分子的决定》，东北解放区第二次教育会议召开，对工作中的错误和偏向进行了及时纠正。到 1948 年夏，全东北有 26 000 名中学生参加革命工作或进入干部学校，对各项工作起了积极作用。中学普遍为工农开门，小学数量增长也很迅速，翻身农民子弟大批进入学校。

1948 年 8 月，东北解放区处于全境解放的前夜，党的工作重心已开始转移到城市，“发展生产、支援战争”成为中心任务，教育工作必须作出调整，作长远打算，培养建设人才。东北解放区第三次教育会议召开，提出实行新型正规化的教育，为新东北乃至新中国培养专门建设人才。董纯才在会上作了《前进一步》的总结报告，系统总结了东北解放区两年多的教育实践，明确了举办新型正规化教育的方向和实施办法。1949 年 4 月，他在《东北教育》创刊号上发表《关于办正规学校的问题》，明确学校正规化一是加重文化课的比重，二是建立统一的正规教育制度，并指出目前首先是要改变必须改变的教学内容，再进一步就要彻底通盘改造旧的学制、课程、教材以及教导方法，努力在实践中创造一套新的学制、课程、教材以及教导方法，建立一套符合新民主主义教育方针、新民主主义建设需要及新中国情况的新教育制度。

1949 年 9 月，东北解放区第四次教育会议召开。董纯才在会上作了《论东北教育的改革》的总结报告，全面论述了东北解放区教育的历史发展过程、取得成绩的原因、工作状况、经验教训、今后的方针政策及学习问题。报告指出，今后教育工作的基本方针，是适应东北人民经济与文化建设事业的需要，提高与发展东北人民教育事业，从而提高人民文化水平，培养建设人才与新的国民。提高教育质量必须执行以下八项办法：加重文化学习；注意思想教育；改编教科书；培养和提高师资；改进教学方法；统一学校制度；改进学校领导工作；解决教育经费困难。报告还指出，要学习苏联的教育理论与实际经验，“应该学习与运用苏联的先进理论和实际经验来改进我们的教育工作”。这篇报告初步地总结了东北解放区教育发展的经验和规律，是革命根据地教育史上的一篇重要文献。

东北解放区率先提出“学习苏联的教育理论与实际经验”的口号后，董纯才在《东北教育》上发表《学习苏联，改造我们的教育》一文。他还创办东北实验学校，进行中学教育改革实验。后又创办东北教育学院并兼任院长，培养与提高中等学校行政领导干部与师资。在他直接领导下，从 1949 年到 1951 年，《东北教育》共组织发表了介绍苏联教育经验的文章 50 余篇。1950 年 9 月，东北教育部组织编译的苏联自然科学教材开始使用，东北教育社翻译了冈察洛夫的《教育学原理》和凯洛夫主编的《教育学》。

应当说，随着形势的发展，东北解放区学习苏联的教育理论和经验，对于建立新型正规化教育和提高教育质量，是起了积极作用的。在当时，东北解放区的教育工作确实取得了显著的成绩，走在了全国的前列。

四、建设新教育

1952 年 9 月，董纯才作为中国教育代表团成员出访东欧六国。11 月，尚在出访途中，被中央人民政府任命为教育部常务副部长、党组书记。1953 年 3 月，他到北京就任，随即参加草拟有关整顿小学的文件。

董纯才主持教育部工作，遵照中央领导对教育工作的指示，结合自身调查研究，首先抓紧制订普通教育和师范教育的发展方针和政策。1953 年 6 月，教育部在北京召开第二次全国教育工作会议。会议重点讨论了整顿和改进小学教育的问题，明确了小学教育的方针政策。会议主要文件《关于整顿和改进小学教育的指示》后以政务院名义发布。同年 9 月末至 10 月中旬，教育部召开全国高等师范教育会议，确定高等师范教育的发展方针是：在整顿巩固现有高等师范教育的基础上，根据需要与可能，有计划、有准备地予以大力发展。并提出，高等师范学校的教学改革方针是：认真地、系统地从本质上去学习苏联先进教育理论和经验，密切结合中国实际，特别要注意联系师范学校的特征和中学的实际。

1954 年 1 月，教育部在北京召开了全国中等教育会议，董纯才在会上作了总结报告。之后，他写了《为培养社会主义社会全面发展的成员而努力》一文，发表在 1954 年 8 月 8 日《人民日报》上。文章指出，中小学教育是普通教育，其目的和任务是培养青年一代成为社会主义社会全面发展的成员，即社会主义社会自觉的、积极的建设者和伟大祖国的保卫者。中学教育不仅要供应高等学校以足够的合格的新生，并且还要供应国家生产建设以具有一定政治觉悟、文化修养和健康体质的新生力量。“社会主义的建设者，必须是个性全面发展的新人，这种新人应该是身心都得到健全的发展，具有社会主义的政治方向、辩证唯物论的世界观、共产主义的道德、一定的科学文化教养和健康的体质。这种新人应该遵行毛主席的指示，做到‘身体好，学习好，工作好。’”同时指出：“要培养全面发展的新人，就必须施行全面发展的教育。”文章强调，要加强政治思想教育，特别要从加强劳动教育、改进教学工作、改进体育卫生工作三个方面贯彻全面发展的教育方针，这是提高中学教育质量的基本要求。文章发表后，在教育战线上产生了广泛而积极的影响。

董纯才长期从事教材编写工作，一直重视教材建设。他认为，教学改革首先是教学内容的改革，而教材是决定教学质量的基本因素之一。1953 年后，在中央直接关怀下，他亲自抓人民教育出版社编写中小学教材的工作，抽调大批干部充实加强人民教育出版社的领导和编辑力量，在教育内容改革和教材建设方面，倾注了大量心血。

1955 年，教育部创办中央教育行政学院，董纯才兼任院长。他明确提出，学院的办学指导方针是理论与实际相结合、政治与业务并重。教育行政学院培训高级中学、完全中学、师范学校、工农速成中学的正副校长，教师进修学院的正副院长、教务长，省、市、自治区教育行政机关的处长、科级干部和政治教师。学员通过学习教育学、心理学、哲学、中共党史等课程以及实习和考察，使自己的政治、业务素质和领导水平有很大的提高，毕业之后回到各地，大都成为教育行政管理、教育干部培训和教育科学研究的骨干。1957 年 4 月，毛泽东、朱德、邓小平等中央领导同志在中南海接见了当时在教育行政学院学习的第二期全体学员及教职员工，给大家以极大的鼓舞。

董纯才一向重视教育科学研究工作。1956 年初，国家启动制订 1956 年至 1967 年自然科学和哲学社会科学方面的规划。董纯才负责主持教育科学规划工作，制订了《关于一九五六—一九六七年发展教育科学的规划草案（初稿）》，对建立和发展我国教育科学研究工作进行了全面规划。建立教育科学研究机构，是其中一项重要内容。1956 年 6

月，教育部党组决定成立筹备处，筹建中央教育科学研究所。至1960年中央教育科学研究所正式成立，董纯才为之付出了许多努力。在他领导下，各高等师范院校也加强了教育科学研究工作。

1957年后，随着中苏关系的变化，此前大力倡导的学习苏联教育经验和凯洛夫《教育学》受到了批评，董纯才不得不进行了检讨。1964年，离职休养。“文革”期间，他被扣上“中国凯洛夫”的帽子，受到冲击和批判，1969年下放至安徽凤阳教育部“五七干校”劳动。1972年初，董纯才被宣布“解放”，1973年回京养病。

五、“余热报国心”

拨乱反正后，董纯才恢复工作，1978年任教育部顾问。他向部党组提出两项建议，一是重编中小学教科书，二是重建中央教育科学研究所。1978年7月，国务院批准重建中央教育科学研究所，他欣然担任所长，在重重困难中着手重建工作。在他任职期间，对中央教育科学研究工作的指导思想、方针任务、研究方法、学风、队伍建设等问题，都提出了一系列重要的指导意见，中央教育科学研究所历尽劫难，终于得以重生，并迅速成长壮大。

1979年，董纯才被任命为教育部副部长。他主持召开了第一次全国教育科学规划会议，制定了第一个全国《教育科学发展纲要规划》(草案)，教育科研事业逐步全面恢复。会议期间，中国教育学会成立，他当选为首任会长。5月，他参加中国科协在上海召开的全国科普创作座谈会，当选为中国科普创作协会筹委会主任委员、中国科普作家协会名誉会长。1980年9月，他参与《中国大百科全书》编辑筹备会议，后被聘为《中国大百科全书·教育卷》编辑委员会主任。

此时，董纯才已年逾古稀，多病缠身，却老骥伏枥，壮心不已，仍然倾心报国，继续为党的教育事业辛勤耕耘。他说，“以前，我担任教育行政领导工作，老是坐在大楼里，忙于开会、批阅公文，陷于文山会海之中，呼吸不到新鲜空气，感到气闷。虽然也发现一些问题，但又没有提出解决问题的具体措施。从 1980 年起，我实现了自己的宿愿，从事教育科学研究工作，着重研究我国教育的实际问题”。(《论中国社会主义现代化教育》序)

1983 年 10 月，他率全国政协教育组、全国教育工会和民进中央组成的联合调查组到上海调查，写出《发展农村教育的建议》报送中共中央书记处。1984 年 10 月底到 12 月初，他率联合调查组到上海、宁波、杭州、常州、南京进行中小学教育体制改革的调查，向中共中央提出了《关于教育改革的十点建议》。建议中提出的十个问题包括：(一) 对教育和经济辩证关系的认识；(二) 培养人才，必须从打好中小学教育的基础抓起；(三) 普及与提高的统一；(四) 提高教师素质问题；(五) 增加教育经费问题；(六) 教育体制改革问题；(七) 教学改革问题；(八) 加强和改善思想政治教育问题；(九) 建设有中国特色的社会主义现代化教育体系问题；(十) 教育方针。这些都是中国教育改革发展中必须认真对待和解决的重大问题，为中央制定教育方针政策提供了重要的依据。1986 年 4 月至 5 月，他率联合调查组到成都、重庆、武汉、黄石两省四市调查重点职业技术教育情况，写出的调查报告上报中共中央书记处、全国政协和国家教委，深受重视。

他长期重视学制研究，首先提出了“五四三”学制的改革设想。1979 年在辽宁四合城中学和北京育英学校进行实验，并把自己的多年积蓄一万元捐赠给四合城中学作为学制改革实验经费。1988 年，他又建议河北省泊头市试行小学四年、初中五年、高中三年的“四五三”学制改革实验。

1986 年，《论中国社会主义现代化教育》一书出版，收录了他从十一届三中全会以后撰写的若干论文，涉及教育推动生产发展问题、中小学学制改革问题、教与学的关系问题、尊师爱生问题、师范教育问题、坚持教育同生产劳动相结合问题等，均为在调查研究基础上深入思考的结果，具有独到的见解。在序言里他讲，教育并不是孤立的现象，同政治、经济，同生产力和生产关系，同上层建筑和经济基础，都息息相关。做教育科学研究，不研究这些问题是不行的，光钻书本而不研究教育实际、不做教育实验，也是不行的。“因此，我做教育科学研究，就从调查研究、总结经验和教育实验（办实验学校）入手。每年，我总要到工厂去调查教育同现代化工业生产的关系；到农村去调查教育同建设社会主义新农村的关系；到学校去调查学校教育的实际问题。除开座谈会外，还到车间、农田和山林去参观，到课堂里去听课。这样不仅获得了大量实际资料，而且使我深受教益和启示。我这样做的目的，是想探索在我国建设有中国特色的社会主义现代化教育的客观规律，用本国的实际材料来说明这些规律。”

“八十五春秋，笔耕勤不休。垦殖荒芜地，嘉禾献九州。红颜事稼穑，白首犹耕耘。育成新香稻，余热报国心。”他在 85 岁寿辰时写的这首《八十五书怀》，的确是真实的自我写照。

董纯才是从新民主主义教育到社会主义教育历史发展的亲历者、参与者和实践者，对中国革命根据地教育史的研究，是他晚年投入精力最多的一件事。他认为，老解放区的教育是适应当时政治、经济条件下办的教育，是新民主主义革命实践的一部分，对中国革命的胜利做出了不可磨灭的重大贡献，是新中国教育建设的重要基础，其历史和经验需要认真总结。其实早在 1946 年，在从延安进军东北途中暂时停驻张家口时，他已发表《解放区教育建设的道路》一文，对抗战八年来根据地教育的经验进行了初步的总结：“和战争结合起来，为战争服务；和生产结合起来，为生产建设服务——这就是八年来解放区教育所摸索出来的道路。”并指出，“解放区八年的实践，证明了这是改造和建设中国教育的一条正确的路线”。在1951年发表的《毛泽东思想在教育领域中的胜利——为纪念中国共产党建党30周年而作》一文中，他结合在东北从事教育工作的实践体验，对毛泽东思想在教育领域中所起的指导作用及其成果进行了总结。在他领导下，中央教育科学研究所自筹备之初，一项重要的任务就是收集、整理老解放区教育资料，于1959年出版了《老解放区教育资料选编》。1981年，他为陈元晖主编的《老解放区教育简史》作序，提出了革命根据地教育的八条经验：它是中国共产党领导的教育；它是以共产主义思想体系——马克思主义思想体系为指导方针的教育；它是民族的、科学的、大众的教育；它的教育方针是为革命战争和阶级斗争服务的，是和生产劳动结合的；它创立了适应革命战争时期和农村环境需要的一种新型教育体制，包括在职干部教育、干部学校教育、群众业余教育、小学教育和部队教育五个组成部分；创建了新的教学制度；贯彻党的群众路线，采取多种形式办学；它是在同主观主义特别是教条主义和右倾思想做斗争中发展起来的。在当时而言，这是对革命根据地教育经验所作的最为全面的总结和概括。

1982年，在全国教育史研究会召开的年会上，他提议编写“新民主主义革命时期中国解放区教育史”。当年12月，他建议由东北三省教育科学研究所协作编写《东北解放区教育史》。后来，他亲自审定书稿并为该书作序。1984年7月，老解放区教育史编写座谈会在中央党校召开，他在会上反复强调老解放区教育史编写工作的重要意义和紧迫性，要求各省区对编写老解放区教育史，一要重视，二要抓紧。在他的大力推动和领导下，全国性的老解放区教育史（后定名为中国革命根据地教育史）编写协作组织成立，组织全国各地有关人员搜集根据地教育史料，把土地革命战争时期的各个苏区、抗日战争时期的各个抗日根据地、解放战争时期的各大解放区的教育史（包括资料、大事记、教育史）编写出来。

1987 年，《中国革命根据地教育史》正式进入编写，董纯才亲自为该书撰写了《导论》和《结束语》。在《导论》中，他指出，“革命根据地的教育工作，经过 22 年的奋斗，形成了中国自己一套独特的教育体系，发展了革命的教育内容，创造了适合实际需要的教育原则”。这些教育原则包括：（1）革命根据地的教育不是为少数人服务，而是为劳动大众服务，并从实际出发，根据革命战争的需要与可能，创立起一套新的教育体系。（2）革命根据地的教育是在马列主义、毛泽东思想指导下，根据中国革命斗争实践和农村革命根据地的特点建立的。它逐步地形成了新民主主义的教育理论与教育实践。（3）采取群众路线的领导方法，发动群众办学。（4）革命根据地的教育是民族的、科学的、人民大众的。在教育内容与教育方法上，则做到了“三统一”，即理论与实践统一，书本知识与实践活动统一，课堂教学与课外校外活动统一。

在《结束语》中，董纯才总结说，22 年革命根据地的教育从始至终贯彻着如下的总方针与总政策，并取得巨大的成就和丰富的经验。这就是：（一）正确地解决了革命教育同革命战争和根据地建设的关系。（二）正确地解决了革命教育的目前需要与长远需要的问题，具体而言就是正确解决了教育的继承性与创造性、统一性与多样性、现实性与准备性的问题。（三）劳动群众和干部的解放思想与政治思想教育工作。（四）教育培养学生和干部的两种形式与两种方法。他的这些观点，对革命根据地教育史的研究和全书的编写发挥了导向的作用。

1990 年 5 月 19 日，他逝世前三天，还写信给副主编张腾霄，对如何写好这部书稿提出意见和嘱托。信中说，“抗日战争部分是这部《中国革命根据地教育史》的重点，应尽可能写好。”“我认为写史还是要注意事实，少发议论。”

临终前，他留下遗嘱：丧事从简，不开追悼会，不搞遗体告别，将遗体送给协和医院或中国医科大学解剖，作为对祖国的最后奉献。

董纯才的一生，真正做到了把一切献给党，献给人民的教育事业，生命不息，奋斗不止。斯人已逝，风范长存！

目录

第一辑　新民主主义教育探索

第二辑　社会主义教育建设

第三辑　教育改革与教育现代化

第四辑　教育科学研究

第五辑　革命根据地教育

第六辑　科学普及与教育

第七辑　纪念与回忆

第一辑

新民主主义教育探索

儿童教育中的主观主义

记得前年延安举行儿童节纪念大会，有好些小学生登台演说，一个个都学延安的干部一样，满口时髦名词，慷慨激昂地讲出成篇的政治大道理。第二天，我们的报纸还大加宣扬一番，称赞这些小朋友为小政治家。

小小的娃娃，居然也能像大人一样，大谈其政治。这在我们那些比较好的小学里，已经是家常便饭了。上面所举登台演说的那些孩子，并不是什么特殊的例子，他们和一般孩子不同的，只是口才特别好些罢了。至于谈政治，那他们的同学，同样也会来一套的。

你只要去看看我们编的教材吧。那马上就可发现几乎没有一种教材不是连篇累牍的大谈政治，甚而至于国语、常识等教科书，都编成了政治课本。至于儿童生活所需要的实用知识，在我们的教科书中，那是不占什么位置的。

所用的教科书，既然如此，再看看教员的教学吧。对于那些有教科书的科目，不用说是照着教科书，成天教着娃娃们喊着“打日本救中国”的口号。对于那些没有课本的科目，是怎么办的呢？教员们自己去找教材。哪里去找呢？《新中华报》《解放报》，以及中国现代革命运动史之类的解放社出版的书报，就成了他们找教材的源泉；再不，就是把他们在延安干部学校所学的一套搬出来。这就很显然的，教员的教学，也是口口声声不离开政治了。

在这样一切都变成政治的教学情况之下，好的小学当然是不难制造出一些小政治家来；就是一般乡村小学，虽然训练不出前面所说的那样登台演说的雄辩的小政治家，但他们所教出的学生，喊喊“打日本救中国”的口号，那是绝不成问题的。我们把儿童教育办成这个样子，老实说，并不是我们的成功，而是我们的失败，是我们走错了路。这是由于我们中了主观主义的毒，在儿童教育上造成了一种不正确的偏向。我们得老老实实地承认，我们在这里办儿童教育，是既不了解儿童，也不研究教育，只知道“教育服务于政治”这一真理，而不知道儿童学的原理，教育学的原理。结果是我们的儿童教育，患了消化不良的毛病——太政治化的病症。这就是说，儿童只学会了一套政治名词语句和口号，但是并不能了解这些东西的内容。要知道政治要求决定教育目的，这只是真理的一方面；另一方面，实现这目的方法，必须要以儿童学的原则为根据。这就是说，政治要求的提出，必须适合儿童身心的发展，才能收到效果。因此，在进行教育的当中，不仅要注意政治的要求，更要紧的是要注意儿童的能力、兴趣和需要。如果违反了儿童学的原则而提出政治要求，那不仅是不能达到原来的目的，并且将会妨碍儿童的正常发展，造成前面所说的病态。过去我们不懂得把政治要求和儿童学的原理很好地配合起来，只知道强调政治。我们编制课程和教材，在方法上，又是十足的主观主义。不作调查研究，不认清对象，不顾及儿童的兴趣、能力和需要，单就根据自己的主观愿望、政治要求，来制课程、编教材。结果是教育和儿童生活不发生关系，变成了党八股。

这样，教书的人，也是不研究儿童，不了解儿童的兴趣、能力和需要，只知拿着书本子去教儿童读死书，死读书，只知对儿童大讲政治道理，只知教儿童背诵教条。结果，教学和实际脱节，变成了教条主义。前面所说的“小政治家”也者，不过是“小教条主义者”的代名词罢了。

由此可知，我们的儿童教育，并不是以儿童生活为中心，而是以成人为本位。我们是把儿童当作成人似的在那儿训练他们。这完全是一种主观主义的做法。要知道儿童毕竟是儿童，不是成人。在心理上和生理上，儿童和成人是大有区别的。

儿童教育必须要以儿童生活为中心。我们必须把儿童教育和儿童生活结合起来，必须把教学和实际联系起来。那种背诵教条的教条主义教学，必须废止，那些党八股的教材，必须毁掉，而代之以能指导儿童行动、启发儿童思想、丰富儿童知识的生动有趣为儿童所欢迎的新教科书。书本是一种重要的教学工具，但不能看作唯一的工具。书本教学必须使之和实际生活问题发生密切的关系。在教科书之外，儿童周围的环境——社会和自然界——都可利用作活的教材。

我们的儿童教育中主观主义的毒很深，需要大加改造。怎样改造，这还需要我们来好好地研究，上面所说的那些原则，只不过是提出来以供参考罢了。

（原载于《解放日报》1942 年 4 月 4 日第 4 版）

论国民教育的改造

旧的传统教育的最大毛病，是它和群众不发生关系或很少发生关系，是书本与实际生活的分离，是学与用的脱节。几年来在陕甘宁边区及其他抗日根据地，虽然是把理论与实际相联系这一原则提出来，作为办理国民教育的一个重要方针，但在实践中仍然没有完全铲除传统教育中这些老毛病。

首先就国民教育和社会斗争的关系来说。在各抗日根据地都强调政治教育，并且要学生参加抗战活动和政治活动。这是很好的，而且也是必要的。但是我们在这方面却有了偏向，那就是“太政治化”了。所谓“太政治化”，不是别的什么东西，实际上就是一种教条主义的政治教育，只是教学生学习一大堆抽象的政治名词和空洞的政治口号，而不注意或几乎不注意群众生活所需要的社会知识，做一个现代公民所应具备的常识。例如陕甘宁边区的历史和边区的地理，就未能系统地进行教学，以致儿童关于这方面的知识非常缺乏。至于边区以外的世界，那对他们更是漆黑一团了。这说明了什么？说明了我们的国民教育与社会斗争是脱节的。

其次再说到国民教育与生产斗争的关系。教育与劳动分离，这原是旧教育的一个最大的毛病。“他教人吃饭不种稻，穿衣不种棉，住房不造林。……他教人分利不生利。他教农夫子弟变成书呆子。”这是陶行知先生给中国旧教育的一个很好的写照。可惜得很，各抗日根据地的国民教育，都还没有纠正这一缺点。只知一味强调政治，而不注意自然科学知识、生产斗争知识的教学，这恐怕是一种普遍现象。只要检讨抗日根据地的国民教育教材，就可以看出最缺乏的是这方面的知识。群众对自然现象的变化，原是只知其然，而不知其所以然的，对某些现象还是以迷信眼光看的，但我们并没有向他们作科学的解释。老百姓在生产上还是墨守陈法，而我们的教育也没有在这方面配合着经济建设教他们一些科学方法，使他们去改进生产。还有群众对于生产劳动，都有很多亲身经验，而我们也没有就这类问题，给以科学的说明，使他们的经验上升为理论知识。一句话，对于群众，对于自然的蒙昧无知与对生产的墨守陈法，我们仍然是熟视无睹的。我们还没有以科学来丰富群众的知识，指示他们改进生产的途径，借以推动与帮助他们增加生产。

最后再说教学方法吧。一般说来，还是在沿用教条主义的教学法。许多教员只知教学生死读书，读死书，好像填鸭似的，拿知识概念硬填塞到学生的头脑里去，而不知去启发学生思考，更不知道引导学生去行动。他们往往把教学停滞在书本上，限制在教室里，而不知道利用自然环境与社会环境做教室，不知利用自然环境与社会环境中的活的事物来做教材。

另一方面，有些小学校虽然进行社会活动，如宣传工作，社教工作等，但教员又只是把这种活动看作“社会服务”，而不知同时又把它有计划地当作一种教育活动来进行。这就是说，不能把这种活动与教室内的教学联系起来。结果是这种社会活动，只有单纯的社会服务的意义，而活动中的教育作用则不能充分发挥。

总起来说，我们的教学仍然是踏了旧教育的覆辙——仍旧是把书本和实际生活分离开了。我们往往不是根据群众的实际需要，而是根据主观愿望来办教育。我们的教育和群众的实际生活联系得还不够密切，我们教育中的教学和实践还未能完全一致。因此，在边区有些老百姓说："读了书，就不会种地，吃不上饭。"这句话反映出了群众不愿送子弟上学的原因，同时也正道破了我们的教育的毛病。

怎样改造我们的国民教育呢？怎样把它和群众的实际生活联系起来，把学用结合起来？

这一方面要求把教育和社会斗争密切地联系起来。现阶段的国民教育的政治任务，应该是以新民主主义的思想来教育人民大众，并且要以培植一代建立新民主主义社会的新公民为目的。这就要把教育的实施与新民主主义社会建设的事业密切地联系起来。

为了达到此目的，那就不应该再教群众学习那种抽象的政治名词，空洞的政治口号，而应该教他们学习那些切合实际应用的社会知识，建立新社会所需要的具体知识，如政治、经济、历史、地理等之类的实际知识。使得群众认识他们所处的社会，知道怎样去改造这个社会，知道怎样在这个新社会做一个公民，怎样为参加新社会的建设事业而奋斗。这就要我们不但要教学生读书，并且还教他们去参加一定的实际活动。

另一方面，就要求把教育与生产斗争联系起来。我们所要培养的新公民不是不劳而获的寄生虫，而是新社会的建设者。他不只是要有文化知识，同时还要能够劳动生产，能够参加新社会的建设工作，为着这种建设而努力。新教育不但要和政治结合起来，同时还要和劳动携手。

当然，在目前条件下，要使教育与劳动很好地结合起来，还有很大的困难。但我们却不能不朝着这个目标努力，同时，即在目前，还是可能教学生学习一些切合实际应用的自然科学知识和生产斗争知识的。例如乡村教育，就可以教一些选种、施肥、防除病虫害、改良土壤等之类的农业知识，使得农村子弟不致因受教育变成书呆子，而是因受了教育变成一个有科学头脑的劳动者，知道使用科学方法来从事劳动，改进生产。若是我们的教育能做到这样，那一定就为大众所欢迎了。

再就是要求我们打破教条主义的教学方法。那就要在教学过程中，注意把学和用联系起来，把书本上所讲的东西和实际问题联系起来研究，使学生学会运用这些知识于实际生活中。这就是说，不要教学生死读书，而要教学生活用书。

要打破教条主义的教学法，就要运用积极活泼的方式，使学生在学习过程中处于主动地位，独立地、自觉地来工作，自由地、活泼地来思想问题。儿童本是富有好奇心的，最好发问。教员应该善于指导他们从具体的事物中发现问题，分析问题，解决问题。要打破教条主义的方法，就要使书本知识的教学和感性知识的教学统一起来，使用脑和用手联合起来，使劳心和劳力结合起来，使知和行联系起来，使教学和做统一起来。这当然在目前条件下，还有困难，不可能完全做到。但在一定范围之内，还是可能的。例如教学自然，可以做实验与观察。教学农艺，可以实地到田园去耕种。教学某些社会问题，可以作实地参观与调查，可以实地参加一定的社会活动，如宣传工作、社教工作，等等。

另一方面，群众有很多感性知识，如农夫对农事的经验与常识，这就要在教学过程中，把他们的经验与常识给以科学的说明，使之提升到理论知识。

要打破教条主义的教学方法，不能把教学局限在教室里、书本上。而要善于利用周围环境，来教育学生。把学生关在教室里死读书的时代应该结束了。教室只可看作一个教学活动的重要据点，书本只可看作一种教学的重要材料。在教室之外，山野、田园、市场、工厂、作坊、医院等场合，都可利用作活的教室。在书本之外，自然界和社会中的事物，都可利用作活的材料。我们应该善于利用这活的教室和活的材料，来配合着书本进行生动的教学活动，使学生从这些实际活动、实际事物中，去求得具体的知识，征服自然与改造社会的实际知识。

但是这并不是说要抛弃书本。书本仍是一种重要的教学工具，绝不能抛弃的。因为书本知识是人类社会几千年来积累下来的关于社会斗争与生产斗争的经验结晶，学习这种知识是完全必要的。不过要知道这种知识对学生“是倒转的、逆行的、片面的，是人家证明了，而他们自己没有证明的”，“不是他们自己亲身得来的知识”。因此在可能范围内，在教学生从书本学习之外，同时还可教他们到实际中去学习，把书本和实际联系起来，使理性知识的学习与感性知识的学习统一起来，使学生学得比较完全的东西。这是非常必要的，而且也是很好的。

总之，把书本和实际生活分割开来，这是旧教育遗留下来的不良传统。新教育要打破这种传统，就一定要把书本和实际生活联系起来，使教育和群众生活发生密切的关系。我们应本着这个方针来改造我们的国民教育。

（原载于《解放日报》1942 年 9 月 4 日第 2 版）

关于学生自治的问题

学生自治是一种社会政治教育的有力的工具，是实施民主教育的一个中心环节。实行学生自治与发扬民主精神，是密切地联系着的。我们可以通过学生自治的形式，来施行民主教育。

我们主张实行学生自治，目的就在于使学生在学校中建立他们自己的集体生活，在实践中学会管理自己的事情，过惯民主生活，培养形成主人翁的感觉与大众的民主作风，了解民主集中制的实际，并学会运用它。

其次是要使学生在实践中养成集体主义的意识与自觉的纪律。

再次是要在实践中锻炼学生的组织与工作能力，培养他们的自动性、积极性与创造性。

为此目的，从小学起，就应实行学生自治。学生自治并不是学校的敌对物，而是学校教育工作者的一个得力的助手。它可以辅助学校推进工作，提高学生学习与工作的自动性、积极性与创造性，保证学校教育计划的完成，争取他们学习的改进与自觉的纪律的建立。

因此我们的学校允许实行学生自治。但是在这方面，在边区某些学校里还搞得不很好，还有缺点，有些问题，似乎还有些人没有弄清楚。

是哪些问题没有搞好呢？这就是自治的组织形式的问题，自治与纪律的问题，自治与领导的问题等。

有些学校，在它们的教育计划中，提出了实行学生自治的口号。究竟应该用怎样的方式来实行学生自治呢？对这个问题却似乎又有些糊涂了。在这些学校里，学生是有他们自己的组织的，那就是学生会。但是学生会并不负责管理学生的生活与学习，仅仅管一些体育娱乐等课外活动。而学生的生活与学习，主要是依靠学校行政方面来管理。各班设有班长等学生干部，管理各班的生活与学习。这类学生干部，都直属教导处领导指挥，而与学生会是平行的。

学生的生活与学习，既是由学校行政方面管理，这就不容易发挥学生自治的精神，并且容易产生片面的命令主义。事实上确实有些学校遇事就是发号施令，教导处命令班长，班长命令小组长，小组长命令组员，一层层地命令下去。

这样命令的结果又如何呢？那就是命令传下去，下层群众行动消极，做事很勉强。结果是不能发扬民主，提不起学生工作与学习的自动性、积极性与创造性，以至于引起学生不满。

另一方面，由于学生的生活与学习主要是行政方面管理，因而作为学生自己组织的学生会所管的事就很有限，好像是一个文化娱乐团体，只管一些文化娱乐的活动，对自治并不起重大作用，有时甚至被忽视而变成个有名无实的空架子。

固然，班长这类学生干部，都是学生自己选举的，这还是民主的，但是真正的民主主义教育，不只是限于选举方面，并且还应该使学生群众在自己的集团里面积极活动起来，敢于与善于提出问题，发表意见，共同商议自己的事情，解决自己的问题，督促自己的组织执行决议，使学生群众学会管自己的事，学习怎样做主人翁。

这就要求我们的学校实行真正的学生自治，使学生根据民主集中制的原则，建立自己的组织，管理自己的生活与学习，制定自己的纪律。这就是说，学校活动的某些方面，是可以由学生自己的组织支配管理的。在许多方面，学校可以通过学生自己的组织形式，来进行它的活动，而不必直接去指挥管理的。具体地说，如教室、寝室等处的日常事务的管理，出版墙报和歌咏、戏剧、美术、文艺、科学等正课以外的学习活动，体育娱乐活动，社会活动等，都可以交给学生自己的组织去办理。

学生自治应该有它自己的办事机关。在全校应有一个总的自治机关，领导全校同学的活动。各班又应有各班的自治组织，管理各班的事。许多中等学校现有的学生会和小学校现有的儿童团，都应该使它们转变成为这样的名副其实的自治机关。许多学校现有的班长制似乎可以与学生会的组织合并。或者是把班长改成为学生会的组成部分，属它领导，或者是取消班长制，各班设立学生会分会，管理各班的生活与学习。这样可以使学生的组织归于一元化，便于统一领导。

学生会这类自治机关，应该成为学生生活与学习上的领导者。它应该领导着全校同学努力追求学校教育计划的完满实现与自我纪律的建立。这是它的主要目的。同时学生会是全校同学的代表者，它可以派遣代表出席学校的某些行政会议，反映同学的意见于学校当局。但它无权干预学校行政，因为对学校行政负责的主要是校长。

学生会这类自治机关，在组织上虽说保持有它的独立性，但它仍是不能脱离学校领导的。而学校对于实行学生自治，也不是说就可以袖手旁观，百事不问了。学校当局对于学生会仍是负有领导与教育责任的。这且留待后面再讲。

学生自治精神发挥得不够，不只是表现在由学校行政方面管理学生的生活与学习上面，同时还表现在纪律的问题上。有些学校关于学生生活与学习上的很多规则，如教室规则、寝室规则等之类，全是由学校制定颁布的。

在我们看来，在纪律问题上，可以施行集体的自我教育，与其由学校制定现成的纪律加在学生身上，那还不如由学生根据自己的集团的需要来创立自己的纪律更为适当。我们所要求的纪律，应该是自觉的纪律。我们相信只有自觉的纪律，才是真正的铁的纪律。这种铁的纪律，不单是含有强制性，而且更重要的是建立在群众的自觉性上。因此应使学生明白他们应该为了维持他们整个集团的共同利益，制定出他们行动的法规，他们的纪律。应使学生明白纪律对他们之所以必要，是为了他们本身的利益，而不是为了学校、为了教师的利益，因而使他们自觉地去遵守纪律。

学生生活与学习上的规则，都可以“共同立法，共同守法”的精神，由学生自己起草成为公约，由大家讨论通过，采入集体生活之中。学校行政上的负责人和教员，可以从旁指导与辅助他们创立纪律。

在这种场合，可能发生纪律松懈的散漫现象，或者是在执行纪律中，会产生使用过分的处罚的事情。这特别容易发生于小学校中。因此学校当局和教师，在纪律教育问题上，应随时注意这些偏向，予以及时适当地指导和纠正。

实行学生自治，还可能发生另一种偏向，就是极端民主化的偏向。也就是忽视领导的偏向。我们讲学生自治，是以民主集中制为它的基本内容，是以民主与领导并重这一原则为准绳的。我们让学生实行自治。这并不是说，学校行政负责人如教导主任、级任教员或指导员等，就对学生不负责，由他们去任意行动了。实行学生自治，这些人仍然负有他们的责任。

固然，学校当局和教员，对学生会这类学生自治机关，应在组织上尊重它的独立性。但这并不是说就放弃对它的领导了。学生自治如果没有领导，那一定会走入歧路，闹极端民主化。在这个问题上，我们的态度，是既要发扬民主，又要注意领导。

对于学生自治，学校当局和教员，是负有领导责任的。他们对学生自治的领导，目的在正确地发扬民主精神，他们应善于一面放开手，让学生去干，使学生有敢于自由的思想，敢作敢为；一面又要善于指导学生以正确的方向，不走上错路。但要注意，不要把领导变为直接管理，指挥命令，变为包办——这是不对的。对学生自治的领导，应着重于指导与辅助，应以循循善诱的手段，去指导与辅助学生实行自治，不要以“行政官”“指挥官”的面目出现于学生面前，发号施令，指挥一切。因此现有的班主任或级任，可以改名为指导员，负责指导班上学生的生活与学习。各班学生会分会的会议，各班的指导员可以列席指导。他们应善于使用启发、暗示、诱导、说服等教育方式，辅助引导学生工作，善于把学生的注意力引到他们当前的问题上来，帮助他们理解这些问题，并指示怎样解决问题。他们最好是和学生共同生活，共同工作，和他们打成一片，指导与辅助他们进行工作，建立生活秩序与工作纪律。在生活上与教学上，他们都应以身作则，为人模范。一句话，他们应使自己变成学生的良师益友又兼顾问，随时随地都要在学生生活上、学习上、工作上予以正确的指导。

有时候，学生会的决议，说不定会违反学校教育方针或教育计划的。在这种场合，学校当局是可以推翻、否决他们这种决议的。但是这种非常手段，若非迫不得已，还是不要轻易使用。滥用权力，绝不是良好的教育方式。学生如有错误，应该尽量去开导他们，教育他们，使他们明白自己的错误，自觉地来纠正错误。干涉、处罚等办法，只有迫不得已，才可使用。

以上所讲，都是就学校应如何对待学生这方面讲的。另一方面，在实行学生自治中，学生应如何对待学校呢？这就是既不要依赖教员和行政上的某些负责人，自己的事情都要自己来做，不会做的事情，可以学习做，但又不要忽视或反对学校的领导，而应尊重与接受他们的领导，更不能干涉学校行政。对学校如有不同的意见，切不可随意和学校闹对立，而应经过一定组织，依定手续，向学校提出磋商，求得适当的解决。学生会应努力从各方面帮助学校推进工作，保证学校教育计划的完成，领导同学努力学习，求得学习的进步，养成“自由思想、实事求是、埋头苦干、遵守纪律、自动自治、团结互助的学风”。

（原载于《解放日报》1942 年 11 月 14 日第 4 版）

怎样以反对党八股的精神编教材

抗战以来，各抗日根据地都编了不少国民教育和干部教育的教材，在提高群众与干部的文化和政治水平上，确实获得了相当的成绩。今天若拿反主观主义、反宗派主义、反党八股的精神来检讨这些教材，那么我们就可以发现它们有很大的缺点，是需要改正的。

有哪些需要改正的缺点呢?

我们的教材的第一个大缺点，是不看对象。以前我们有很多人编教材，老实说，是没有看清对象的。对于对象的特点与需要的了解，是很模糊的。有很多编者都是根据自己的“想当然”来拟定编书计划。记得最初我们在边区教育厅编小学教科书，那完全是按照个人见解来写的。事先并没有什么调查研究，对于边区儿童与群众生活是不大了解的。当时只知战时教材必须与抗战联系起来，就一味对着小娃娃高谈抗战的大道理，至于这种大道理是否能为儿童所理解，那是不管的。这可以说是不看对象地“乱弹琴”了。

由于不看清对象，我们编的教材，遭受了很大的失败，在内容上不切合实际需要，在程度上往往是太深，不容易为学生所接受。经验教训了我们：编教材一定要首先进行调查研究，认清对象。对象有年龄、成分、性别、地域、习俗等等之类的区别，因此各种对象的心理与生活情况，是不相同的。例如，儿童与成人的心理，就有很显著的区别。农村农民与城市工人的生活，就有很大的差异。儿童教材必须切合儿童心理，要以他们的生活为中心。民众课本就必须切合群众心理，从他们的生活出发。编者一定要先把对象的心理与生活情况调查研究清楚，明了他们的特点和需要，然后才能“因材施教”，决定教材的内容，然后才能“量体裁衣”，决定编写的方法。

我们的教材的第二个缺点，是“太政治化”。有不少的文化课本，都编成了政治课本，对政治问题讲得很多，对文化课本身的要求反而不很注意。最典型的例子，就是我最初所编的小学国语课本，几乎课课都是讲抗战。其他如小学的地理、常识与师范的国文、自然等，同样或多或少都犯了这毛病。

抗战以前中国一般的教科书的最大毛病，就是不谈政治，和抗战没有联系，脱离了实际，所以不合用。为了纠正这种毛病，我们主张要把教育和政治、抗战联系起来。使教育为抗战服务。我们非常强调政治教育，因此编教材就尽量和政治斗争联系起来。这是我们的一种进步表现。但是我们犯了形式主义的毛病，在这方面做得过火了，不问学科的性质，不分青红皂白，不管什么教材都要讲讲政治，反而忽视了各科教材本身的教学目标。这就变成“喧宾夺主”了。要知道各科教材都有它本身独有的教学目标。例如国文的教学目标，应该是使学生学会阅读与写作。自然的教学目标，应该是教学生获得自然科学的知识。各科教材应该依照本身的目标来决定它的内容。

在我们的教材里面，宣传新民主主义，宣传抗战建国，这完全是必要的。谁也不能说这是不应该的。但是我们得承认我们的宣传有党八股的毛病，有教条主义的毛病。那就是不看对象，夸夸其谈地搬弄政治名词，空谈抽象的政治原则，和群众实际生活不发生关系。对群众的宣传，不应该是抽象的，而应该是具体的，要和群众生活的实际问题联系起来。向群众宣传新民主主义，与其谈抽象的政治原则，倒不如多讲些做一个新民主主义社会公民所必需的具体知识。因此编文化课本，不谈政治并不妨事，要紧的是要和新民主主义社会建设的实际问题有联系，给群众一些实用知识。比如自然教材，就应该与经济建设有密切的联系，给群众一些实用的科学知识。

我们注重政治教育，这是对的。但是政治教育的实施，必须符合教育学的规律，否则，就不能达到目的。实施政治教育，必须要估计到学生的生活经验，接受能力与兴趣。比如说，对小学低年级学生是不是可以讲政治呢？当然是可以的。但是你要对他们讲持久战的原则，那就不行了。如果不谈这样的大道理，而讲些儿童团的抗战活动和本村的某些具体的政治活动，那完全是可以接受的。过去我们的毛病就在这里，只注意政治的要求，而忽略了教育学的规律。这是急需要我们纠正的。

教育是服从政治的。有什么样的政治就有什么样的教育。有新民主主义的政治，就应有新民主主义的教育。而新民主主义教育，应该是以马列主义的立场、观点与方法来说明问题，解决问题的。如果我们真正要使教材符合于政治的要求，那并不一定要到处讲政治，但是有一点，我们必须要把握着，就是要能运用马列主义的立场、观点与方法来编写教材，来观察问题、分析问题与解决问题，使各科教材都浸透着唯物主义的思想，使学生在这样的教材中去接受唯物主义思想的教育。我们有很多人的思想方法，是主观主义的。这不一定是由于读过什么唯心论的哲学，实际上有很多人并没有读唯心论哲学，但是他们从小起所读的教科书，不可否认地都包含有很多唯心论的思想，因此他们的思想都变成了主观主义的思想。今天，我们若能真正用马列主义的立场、观点与方法编出一套中小学教科书来，那对党可说是一个不小的贡献。

我们的教材的第三个缺点，就是内容不切合实际的需要。师范学校的教材，不切合小学教育工作的需要。小学教材不切合群众生活的需要。干部教材，不切合干部的工作需要。外边的中小学教材的缺点，是脱离了实际，有些还包含有洋八股、洋教条。前面说过，它们和政治斗争联系差。这不过是它们脱离实际的方面。另一方面，那就是与生产劳动联系差。我们的教材，和政治固然是比较有联系，至于和生产劳动的联系，也和外边一样差。生产劳动是群众生活中的一个重要环节，教育如果只和政治有联系，和劳动少联系，那可说是一种跛脚的教育。

不论什么教材，它的内容必须切合学生的实际需要。必须要“对症下药”。学生需要什么，就应该给他们什么。群众缺乏卫生知识，就应该给他们卫生知识。群众缺乏改进生产的科学知识，就应该拿改进生产的科学知识给他们。群众对民主政治的知识差，就应该给他们民主政治的知识。做一个现代公民，必须具备有现代生活的知识。国民教育的教材，必须要给群众许多现代生活的知识。因此编教材，一定要作调查研究，分析学生的现实生活，找出他们的需要，然后才能规定教材的内容，使它切合实际应用。

我们的教材的第四个缺点，就是“开中药铺”。整个的教材，没有很好的科学系统。各科教材，彼此没有很好地配合。各科教材本身，有很多都是一堆材料的堆积，缺乏科学的说明与系统。这样的教材，只能给学生一堆零碎的知识。

世界原是个整体。科学的分类，原是为研究的便利。学校中教学的分科，也是为了教学的便利。平常人们在分科教学之下，往往是各自为政，彼此没有联系，使学生只见局部不见整体。为了避免这毛病，就应使各科教材彼此取得联系，作适当的配合，使全部教材构成一个整个的认识。另一方面，每门教材又要注意本身的科学性，使学生对每门科学又得到一个明确的概念。

我们的教材的第五个缺点，是不够大众化。不够大众化的第一个表现，是语言文字不通俗。有人说中国中小学的教科书都不是第一流的文字。的确，一般教科书的文字，都是干燥无味，读起来是味同嚼蜡一样。而我们的中小学教材还不如人家，文字更拙劣，不通俗。我们虽高喊着“大众化”，实际上我们还不能去掉那种“学生腔”，还摆脱不了书本的公式，还带着洋八股的气息，还不会“用简单的语气，具体的口吻，用群众懂得的比喻，来和群众说话”。

大众化是中小学教材和干部文化课本所必须具备的一个重要条件。要做到大众化，那首先就要我们向老百姓学习，学习民间语言，用老百姓的口吻来和他们讲话，使得每一句话都能反映出他们的思想和情绪，能为他们所了解，所接受，为他们所喜闻乐见。不够大众化的第二个表现，是不具体化。我们的师范和小学的教材，很多抽象的说理，空洞的原则，对于事物的解释非常不具体，这是学生最头痛的事。具体化可说是中小学生的一个普遍的要求。怎样能使教材写得具体化呢？当然，这首先要内容切合实际，不能空洞，在写法上要能善于使用简单的语气，具体的口吻，恰当的比喻，生动的例子，巧妙的故事，浅近的解释，适当的形容，形象化的描写等手法，来说明事物。对于问题不但要解释得简单、明确、浅近、明了，而且要生动有趣。

我们的教材的第六个缺点，就是独断的叙述法。有很多的教科书和讲义，对事物的解释，都是记账似的独断的叙述，只叙述“当然”，不说明“所以然”。这种教材只是灌输给学生一些现成的死板公式和空洞的教条，使得学生只知道死读书，读死书，死记公式，死背教条，而不能启发学生思想，教导学生思考问题。

对于事物的解释，不应该单是叙述“当然”，并且还应该说明“所以然”，指示出看事物要从各种现象的关系上去研究它。简单地说，我们对事物的说明，应该是辩证法的。我们应该以对事物的辩证地说明，来启发学生思想，教他们学习辩证地看问题。

教材不过是教学的一种工具。我们编教材，不要写成现成的公式，让学生死记，而应善于启发学生的智慧，指导他们行动，指导他们思考问题，解决问题，培养他们的创造性，推动他们继续不断地去努力求知。

（原载于《解放日报》1942 年 12 月 5 日第 4 版）

边区小学急需改进的两件事

边区的小学，一般说来，都是农村小学。但是我们的小学课程里，并没有农业课。农村学校不教农业课，这正是教育与实际脱节的一个证明。毛主席在《经济问题与财政问题》里面，指示出“边区的小学和中学应该设农业常识课”，就是针对着这个毛病而开的一味药。我们应该遵照这个指示执行。

事实告诉了我们，边区小学生的出路有两条：一条是革命知识分子的路，一条是劳动农民的路。这是客观现实替边区小学生所规定的两条大路。边区社会，需要大批的知识分子，来做文化教育及其他革命工作，同时更需要大批的劳动农民，来从事生产。边区的小学生必得在两条路中选择一条。我们的高小毕业生，多走前一条路。他们毕业后，有些是马上被留下来，分配做教员或在党政机关群众团体里工作，有些是被送进师范或中学学习，以备将来工作。初小毕业生不能升学的，多走后一条路，仍旧回去拿起镢头种地。这两条路，都是光明大道，同是正当出路。客观现实既已为边区学生规定出了这样的正常出路，那么，我们就应该按着这个方向来办学校才对；要不然，就不对头。

生产是边区建设的第一件大事，而发展农业生产又为生产的中心环节。边区农民需要的是好劳动力，增加生产。但是我们的国民教育和生产问题很少联系，没有顾及到群众的这种需要。难怪老百姓说:“念书不顶事，吃不上饭。”不愿送子弟上学。这是值得我们教育工作者反省的。

农业生产，既为边区建设中的中心任务，是边区小学生的正当出路之一，那很显然的，教育和农业的携手，就成为迫切的需要了。小学里添设农业课，也就成为非常自然而必要的事了。

传统教育遗留下来的最大毒害之一，就是教育与劳动的脱节。它会把农民子弟造成书呆子或二流子之类的人物，只知消费，不事生产，使他们一双有用的手变得软弱无力，不能劳动。同时它还给人们灌输一种“劳心者治人，劳力者治于人”的思想，教人轻视劳动，认为种地是“受苦”，“升官发财”是光荣，使人们都想不劳而获。我们应该努力消灭传统教育所遗留下来的这种毒害，克服教育与劳动脱节的毛病。边区的国民教育，应该与边区的生产问题取得密切的联系，使农民子弟在受过教育之后，能够更会劳动，以促进边区生产的发展，提高群众的生活水平。

我们的小学教育，应该从各方面来消除那种轻视劳动的思想意识，使人认识到“劳动创造世界”的真理，因而重视劳动，认为劳动是神圣的，对劳动怀着高度的热忱。另一方面，就要从农业课上，使学生学到更多的农业知识，学会更好地使用他的双手来耕种，能够得到更多更好的收获，使他变成劳动的能手，生产战线上的积极分子，发挥更多的生产积极性和创造性，“以达到改良农业，增加农产的目的”。如果我们的国民教育能做出这样的成绩给农民看，那农民们一定会愿意送子弟上学，不再说“念书不顶事，吃不上饭”这样的话了。

农业课是一种实用科目。但如以教条主义的态度来对待它，从外面搬些洋教条来教边区的小学生，那是一点用处也没有的，徒然浪费学生的时间和精力。因此教这门功课，一定要防止教条主义从中作怪。毛主席在《中国革命战争的战略问题》那本书里，论到学习问题的时候，指出了一个重要的学习原则，就是“学的时候使用这种方法，用的时候也使用这种方法”。这就是“学用一致”的原则。我们就应该照着这个原则来教学农业课。我们所应教授的，应该是切合边区实际的农业知识，在边区可能办到的改良农业的科学知识，使学生学了之后可以拿到实际中去应用。也只有教学这样的知识才能帮助解决实际问题，其他任何好听的理论都是空谈。另一方面，农业课的教学，单是纸上谈兵也不够，还得实地动手干才对。这可以使书本教学和实际结合起来。因此在小学里开辟一块小园地教学生种点东西，也是必要的。

在农忙时节，农家把子弟叫回家去帮忙，这本是农村家常便饭。因此，有些地方的农村学校为了适应农村需要，就放农忙假。特别在缺乏劳动力的边区农村，更有这种需要。可是过去咱们边区一般小学校，却偏偏采用了外边一般中小学的放假制度，放寒暑假，不放农忙假。曾有一个地方的小学，因不放农忙假，学生在家长的鼓动下，都逃光了。

由此可见，边区的小学，对放假制度，有立即改变的必要了。根据农村的需要和习俗，边区的小学和中等学校，一年可放三次假：一次年假，两次农忙假。依照习俗，年假应在旧历年节期间放；农忙假，一次应在夏收的时候放，一次应在秋收的时候放。只有这样放假，才比较适合于农村环境。

（原载于《解放日报》1943 年 4 月 4 日第 4 版，原题为《儿童节随笔——边区小学急需改进的两件事》）

关于办正规学校的问题

一、问题的提出

要办正规学校这个问题，是去年东北第三次教育会议提出的。当时为什么要提出这个问题呢？以前东北解放区的中学，未经思想改造，学校改革不多，一般学生思想中都有盲目正统观念，同时解放战争和群众工作又迫切需用知识分子干部，因此我们确定中学教育的方针，是经过思想改造，争取改造青年学生，使之参加革命。在这期间，我们的中学像其他干部学校一样，否定原有的学制和课程，减少文化课，集中力量进行短期的政治思想教育，这种教育方针，是适合于当时的革命形势和革命任务的。

经过一年多的思想改造，到了去年夏季，东北解放区的中学，多数都变成了人民的学校，校中年纪较大、文化较高的学生，大部分被动员去参加革命工作或转入干部学校，而留下的多是文化低，年纪小的学生，需要继续学习，提高其文化水平。同时东北即将全部解放，生产建设已成为头等主要任务。中等学校教育也应适应这种新形势和需要，有所改变，因此就提出要前进一步，办正规学校，在毛泽东思想指导下，加强文化教育，培养有革命思想和中等文化程度及科学知识的人才。这对新东北和新中国的建设前途着想，是非常必要的。

办正规学校与新型正规化的问题，就是在这种情况下提出的，这是提得适合时宜的。

二、问题的实质

说办正规学校，说正规化，究竟是什么意思？

这里主要包含有两点意思：（1）是加重文化课的比重；（2）是建立统一的正规教育制度。

一般短期政治训练班，是以突击、速成的方式，给原有的有相当文化知识的知识分子以短期政治训练，使之初步具有革命思想，建立一个正确的政治方向，就动员去参加革命工作。它的特点是：（1）集中进行政治教育，改造思想；（2）没有定型的学制、课程及其他教学制度，流动性大，变动性大；（3）学习期限短，带临时性、突击性与速成性。

一般正规学校，则是按部就班，循序渐进，培养知识分子，既有政治课，又有文化课，还有业务课，它所要培养的人才，不只是要懂政治，建立正确的政治方向，而且还要有相当的文化科学知识与业务知识。它的特点是：（1）文化课占课程的主要部分，政治课所占比重小；（2）有正规的教育制度（包括学制，课程等）；（3）学习期限较长，学习是按部就班，循序渐进；（4）除了上政治课外，还寓政治思想教育于文化课之中。

以前，为了适应解放战争与土地斗争的迫切需要，我们的中学，主要是搞短期政治训练。今后为了适应新的革命形势和革命任务，需要使我们的中学转入正轨。这就要求我们的中学，改变改造思想期间的一套做法，加重文化课的比重，建立正规教育制度。这就是目前办正规学校的实质。因此就要求我们统一学制、课程、教材以及各项教学制度。

三、新旧正规化的区别

在抗战期间，在建立正规教育制度这个问题上，曾经有些地方走过一段弯路，当时在提出正规化口号后，曾有人错误地把国民党的一套教育制度搬运到解放区来。这是一种旧型正规化的思想。

今天提倡办正规学校，建立正规教育制度，应该记取这段历史教训，引以为戒，不要重犯历史的错误。

要明白国民党的教育制度，是半殖民地半封建社会的产物，是封建主义和官僚资本主义的政治经济的反映，并为它服务的。相反的，我们所建立的新民主主义的教育制度，必须是新民主主义政治经济的反映，并为它服务的。也就是说，新民主主义的教育制度，必须与新民主主义社会的生产方式相适应。

因此，我们办正规学校，建立正规教育制度，绝不能无原则地抄袭旧的一套，对旧的东西只能批判地接受，我们建立正规学校教育制度，必须符合新民主主义教育方针，必须符合新中国的实际情况与建设需要。

因此，区别新型正规化与旧型正规化，不要单纯从表面形式上去看，应主要从内容实质上去看。

比如说我们的中学，目前的学制暂时仍用三三制，课程的科目变换也不多，现在正在开始克服过去短期训练班那种缺乏正规制度的做法，建立起始业、毕业、考试、升级、放假、校规等制度，并且有的学校还开始注意研究改进教学方法，提高教学效率——这算不算正规化呢？要承认这是在走向正规化。

但要追问这种正规化是新型的呢还是旧型的？这就要看它的教育内容，究竟是教些什么。如果教育内容还是国民党的那套旧东西，那当然是旧型正规化了。如果教育内容是新民主主义的，那当然要算是新型正规化。

要知道建立统一的正规教育制度，国民党早就这样做了，而且他们已经建立起了相当完整的教育制度。目前是一个新旧交替的过渡阶段，要通盘彻底改造国民党那套学制、课程等教育制度，时机还不成熟，因此目前只能采取改良办法，中学小学学制暂时不变，课程的科目，除了某些政治课目之外，变动也不多。那么我们办正规学校，建立教育制度，又如何区别于国民党的学校呢?

目前主要的区别，是改变教学内容，特别是政治思想显著的课目，如政治、国文、历史等课目，必须去旧换新，去掉那些封建主义、官僚资本主义和帝国主义的内容，换上民族的、科学的、人民大众的新民主主义的内容，去掉旧观点，换上新观点。再就是废除国民党那套专制主义的训育制度，实行新民主主义的指导制度，实行有领导的有组织的有秩序的民主的学生自治，建立民主团结的正确的师生关系。

办正规学校，建立正规教育制度，目前只能是开步走，但我们必须紧紧地把握着这一点，就是要首先改变必须改变的教学内容，不要单纯在技术上打圈子。再进一步，就要彻底通盘改造旧的学制、课程、教材以及教导方法，努力在实践中创造一套新的学制、课程、教材以及教导方法，建立一套符合于新民主主义教育方针、新民主主义建设需要及新中国情况的新教育制度。

四、正规化问题中的偏向

中国传统教育有一个最大的毛病，就是教育脱离实际，脱离生产，就是学用脱节。在旧式学校里，多是闭着门教学生死读书，读死书，也不问教学的东西有用无用。结果是学校所教学的东西和社会上所用的几乎是漠不相关。这就是所谓所学非所用。

自从我们提出办正规教育，注意课堂教学之后，有个别学校，有关门教学生死读书、读死书的偏向，也不教学生参加社会活动。这是不对的。

我们办学校，必须努力防止或克服理论和实践脱节的老毛病。要把教学和实际需要，和生产建设联系起来，把学和用结合起来。今天学校教学的东西，必须是明天社会需要的东西。只有这样，才能使学生离开学校后就能用他所学的东西为人民服务。要不，我们的学校教育就会遭受人民大众的唾弃。

主张学生参加社会活动，这是我们学校教育的特色之一，它可以使学生接触实际，接近群众，从中接受教育，这是有教育意义的。过去在改造思想期间，有些学校参加社会活动太多了。因此我们说要减少社会活动，以免妨碍课堂教学。但这绝不等于说取消社会活动。今后仍然应配合课堂教学，进行适当的社会活动。

必须告诉学生，因为注意学习政治，就轻视学习文化，这是一种偏向；相反的，因为注意学习文化，而轻视学习政治，则是另一种偏向。这两种偏向都应该纠正。正确学习的态度，是既要学习政治，学习毛泽东思想，学习马列主义，又要学习文化，学习现代科学知识。前者的目的，是要提高政治认识，培养革命思想，建立一个正确的政治方向，养成一个科学的革命的人生观、社会观与世界观。后者的目的，是要提高文化水平，掌握现代文化知识与科学技术，以便为人民服务。做一个新时代的新青年，必须既懂政治，有革命思想，把握一个正确的政治方向，又要有文化，能为人民服务。因此，学习政治与学习文化，两者不可偏废。因此教学的人，绝不可把政治学习与文化学习对立起来、而应善于把两者联系起来进行。

总起来说，教学与实际脱节，不参加社会活动，轻视政治学习，单纯注意技术问题等毛病，都是和旧型正规化思想有联系的。

因此，最后再让我重复一句，今天办正规学校，建立正规教育制度，要时刻记住过去的历史教训，注意防止或克服旧型正规化的思想作怪。

（原载于《东北教育》1949 年创刊号，第 2—4 页）

论东北教育的改革

——在东北第四次教育会议上关于东北三年来教育工作总结报告

一、历史简述

九一八事变后，东北由半殖民地半封建社会沦为殖民地，日本侵略者为了适应殖民地的政治经济的需要，在东北建立了典型的殖民地教育，这是日本侵略者在精神上压迫和麻醉中国人民的统治工具，是为日本帝国主义及其走狗汉奸服务的，其目的是训练奴隶和顺民。在学校里，将国文改为“满语”，将日语列为必修科，取消中国历史、地理，改教日本与伪满的历史、地理，并添设“国民道德”，通过这些课程和教材，来消灭中国人民的民族意识、民族文化和进步思想，积极提倡封建道德，散布奴化思想与法西斯主义文化。这种法西斯主义的奴化教育，给东北人民精神上遗留下了相当深的毒害和影响。除此之外，就是加重实务科，教人一些低级技术知识，以便为发展殖民地经济服务。因此伪满时期的国民教育，散布了不少奴化思想的毒素，降低了文化水平，使青年学生普遍缺乏中国历史、地理知识，国文程度很差，开口动笔都用“协和语”。特别是在太平洋战争爆发后，敌人经常强迫学生“勤劳奉仕”，耽误不少学习时间，更加降低了学生的文化程度。

苏联红军解放东北后，美帝国主义的走狗蒋介石国民党来强占东北，所到之处，都施行了反动的“党化教育”，传播反苏反共反人民的反动思想，散布封建买办法西斯主义的毒素。这种党化教育，实质上是一种愚民教育，也是一种奴化教育，和敌伪的奴化教育是盟兄弟，因此两者一接触就沆瀣一气，合而为一，为帝国主义、封建主义和官僚资本主义服务。国民党的这种党化教育与欺骗宣传遗留给人民的一大显著毒害，就是由奴化思想脱胎而来的盲目正统观念。另外就是国民党匪帮破坏了学校，荒废了青年学生的学业、降低青年学生的文化水平。例如：沈阳解放后，我们在四五千中学生当中，举行了一次测验，结果只有百分之十三的人及格，考零分的不少。另外在我们干部学校招生时，举行口试，对于极普通的数理化试题，很多人回答不出。追问他们为什么这样糟，他们很率直回答说，国民党在这里两三年，并没有好好给他们上课。

简单说来，日本侵略者和国民党所遗留下来的教育遗产，就是这样：一方面是奴化思想的遗毒，造成普遍的盲目正统观念；另一方面青年知识分子的文化程度降低，缺乏知识，特别是国文程度低，缺乏史地知识。

这就是说，我们从敌伪和国民党手里接收下来的教育遗产，是很糟的，是一个破烂摊子。三年来我们就是在这样一个破烂摊子的基础上，从事教育工作的改造。这是一个旧教育的废墟，我们就是在这个废墟上建立起来了人民教育事业。

二、发展过程

东北解放区教育事业的发展过程，大致可分为两个大阶段：自

1945 年冬到 1948 年夏季以前，为第一个阶段，自 1948 年秋到现在，为第二个阶段，即现阶段。前一个阶段教育工作的特点，主要是教育与解放战争和土地改革相联系，现阶段的工作的主要特点，是教育转向与生产建设相联系。现在就按照这两个阶段，来简略地讲一下。

头一个阶段，当时东北局势动荡，我们党和人民政府集中力量于进行人民解放战争，发动群众，实行土改及肃清土匪，对教育工作，无暇作通盘计划。此时为了适应解放战争与群众工作的急切需要，开办一些抗大式的大学，如军大、医大、东大等，采取短期训练方式，大批训练干部。另外，就是集中力量编辑新教科书，用以代替反动的课本。对原有中、小学校，虽恢复起来了，但配备干部很少，只掌握着少数中学，多数学校仍然是掌握在原有教职员手里，维持原状，改革不多。农村小学，试行“民办”，实际上多听其自流。在一般学校里特别是在中等以上学校里，盲目正统观念普遍而严重地存在，反动分子、坏学生在学校称王称霸，歪风居上，进步学生受打击。教员情况，也很复杂。这是一般的情况。

就是在我们所掌握的中学里，虽然进行了某些改革，增加政治课与课外活动，除了个别地区少数学校收到少许效果外，其余学校，由于我们初到，对东北青年学生的特点没有摸清楚，没有加以分析研究，而是机械地搬用关内老解放区的经验，上大课、做大报告，但结果不管讲什么东西，学生不是不接受，就是接受不了，甚至根本反对，反动分子、坏学生仍然很嚣张。

1947 年春，东北局鉴于东北解放区青年知识分子多数集中在中学里，决定加强中学教育工作，争取改造知识青年，并决定东大以训练中学师资为主，从东大抽出大部分老干部去办中学。除了东大之外，各省多少也派出了一些干部到中学去，因而掌握了相当一部分大型中学，进行政治思想启蒙教育，开始削弱盲目正统观念，转变学校的空气。

1947年秋，东北政委会召开了第一次教育会议，汇报和总结了这一时期各地教育工作，批判了某些学校阶级观点模糊的现象，确定东北教育工作重心是经过思想改造，争取改造知识青年。其次是“发动人民自己教育自己”，实行“民办公助”“以民教民”，恢复和发展小学教育与社会教育。教育工作从此才开始从认识与领导上逐渐走向统一。

这时期东北解放区正发生平分土地的群众革命运动，教育工作配合了这一运动，在各级学校里，进行政治思想启蒙教育，进行了土地改革教育，进一步粉碎了盲目正统观念，使多数学生初步接受了反帝反封建反官僚资本的革命思想与为人民服务的观念，转变了学校空气，即在学校内扫除了反革命气焰，树立起了革命空气，并争取了大批青年转向革命。据不完全统计，1947年春到1948年夏，参加工作及升入干部学校的中学学生，共达二万六千人。这是我们配合着军事斗争与土地斗争的胜利，在思想战线上所获得的成就。

但在进行思想改造过程中曾经一度发生“左”的偏向，表现在机械地搬运农村斗争方式，在学里查阶级、挖根、斗争、打人、站队排号、戴高帽子游行；表现在停课搞运动，甚至有的半年还未讲完三课国文；表现在单纯根据成分洗刷“地富”出身的教员、学生。这种偏向，在农村的中、小学里更为严重。

1947年冬，配合着东北局的争取改造知识分子决定，东北政委会召开了第二次教育会议，初步批判了这种偏向，并开始加以纠正，但在认识上、行动上还不够统一，故直至第三次教育会议，方才得到确实的转变。

第二个阶段，即现阶段。1948年夏秋间，由于东北形势起了根本变化，接近全部解放，生产建设已成为东北的中心任务。在这种新形势和新任务之下，我们召开了第三次教育会议，总结了思想改造的成绩，系统地批判了“左”的偏向，确定教育为生产建设服务，其中心任务，是办好中等以上学校，培养大批有文化知识、专门技术、进步思想的建设人才。其次是注意恢复和发展小学教育，再其次是有重点地进行社会教育。同时提出，要使学校教育转入正轨，建立新型正规教育制度，先生教好，学生学好的方向，在新区采用逐渐改良的方针，从此东北教育工作，就开始转变，转入正轨，转向与生产结合。

在这个方针之下，一年来我们的学校教育，是前进了一大步，初步转入正轨。这表现在：（一）由短期训练班的形式转变为正规学校的形式，由以政治教育为主转入以文化教育为主，初小全部为文化课（政治常识包括在国语与常识课中），高小与中学课程90%为文化课，大学课程85%为文化课。（二）克服了缺乏正规制度与计划的混乱现象与游击习气，开始建立起始业、考试、放假、升级、毕业、校规等正规制度，并制订有教育计划。（三）教员教学与学生学习的积极性大大提高。教员成立各科教学小组，研究教材、教法，制订教案，并开始转变旧的教学态度，要求学习新的知识与方法，一种严肃认真的教学作风，是在萌芽中了。在学生中，也很快建立了浓厚的学习空气，注意文化学习。青年团、学生会为保证学好，也配合着作了许多有益的工作，起了积极推动作用。有个别地区，并已着手学习苏联办学校的经验，在编辑出版方面已开始介绍苏联教育的理论和实际。

结果，是一年来学校教育，很受学生、教员与社会的欢迎，大批学生，特别是劳动人民子弟，纷纷涌入学校，使学校得到很大的发展，即以黑龙江与松江两省中学为例，最近一年学生增加百分之二十三四。另一方面是学生文化学习，有显著的进步，开始提高文化水平，学生思想也有进步，某些学校则开始创造出若干教学方法。

新解放区，在改良的方针下，不只是迅速恢复了原各级学校，而且有了很大的发展。学生、教员在革命斗争节节胜利的形势下，加上我们的教育，思想也很快转向进步，学生的文化学习，由于领导上的重视，也有进步。

这一年来，我们的学校教育，还存在着不少缺点。主要是主观主义的毛病，表现在制订教育计划与教学进度，不切合实际，课程繁重，课外活动太多，有些学校为了完成教学计划，“硬赶进度”，有的学校突击似地进行“重点教学”或“阶段教学”，有些学校还开展“学习竞赛”，所有这些都使得学生、教员过分的忙碌，形成学习上的消化不良，影响学生的健康。这是值得我们提起注意的。所以产生这个毛病的原因，一方面是由于犯了急性病采取突击的方式教学，另一方面，是受旧教育思想的影响，没有打破旧的学制、课程与教材的束缚。

还有一种主观主义的教学法就是教条主义的教学法。这表现在有些教员以单纯的注入式，只教学生死记公式条文，抄黑板笔记，也不管学生理解如何，忽视实验与实践，不会把书本教学与实际联系起来。这完全是一种传统的旧式教学法。又有些教员拿文化课当政治讲，尽讲一套党八股。

再有一种主观主义的毛病，就是经验主义的毛病。这表现在有个别学校教自然科学，删掉理论部分，只讲一些自然现象和一些技术知识。另外有些学校，机械地把过去思想改造的方式搬运用到文化学习中来，如采取突击的方式教学，课外社会活动搞得太多，等等。再有就是学校里青年团的工作，还多少有些老一套的做法，转变不够，忙于课外活动，学生中的积极分子，担任工作太多，忙于开会，耽误了学习，结果是积极分子思想进步，工作积极，而学习落后于群众。这是很值得注意和纠正的。

其次是有些形式主义的毛病，表现在对于提高教育质量注意不多，如招生只求数量，不注意质量，有些中学连初小学生也收了下来。编班也有些形式，不按学生文化程度编，以致形成同一班级学生程度非常参差不齐。有的学校学习苏联，本是很好的，但多少有些流于形式，没有很好掌握和运用苏联办学的精神实质来改进我们的学校教育。

第三是教学上的放任自流，降低教员的作用。有些学校，提倡“自学辅导”，过分强调学生“自学”，忽视教员的作用。例如：有个学校一课国文，教了十二小时，有三分之二的时间，是让学生讨论，只留三分之一的时间，给教员作总结和写笔记。另外有些教员，误解“民主启发”，上课时教员站在一旁，尽让学生离题万里地去“民主讨论”，不加以指导。这两种现象，都否定了教员在教学中的主导作用和教育作用。这对学生学习是有害的。

第四是教学上的平均主义。有个别学校，过分强调集体互助，形成学习上的填平补齐现象，这也是有害的。

最后一点，就是一般教育行政部门与学校主要领导者，对教育工作，只限于一般方针政策的指示，具体业务指导比较差。

关于东北教育工作的发展过程，大致就是这样。

三、工作现状

三年来，在中国共产党的正确领导下，在毛主席的思想指导下、在解放战争胜利与土地改革成功的有利形势下，我们配合着战争与土改，摧毁了敌伪奴化教育与国民党党化教育，初步肃清了它们的遗毒，并在它们的废墟上，着手建立起了新民主主义教育，使东北教育改变了面貌，获得了空前发展。这表现在下列几点：

（一）学校的空前发展。据最近不十分精确统计，现有小学 35 691 所，学生 3 777 151 名（81 895 班），教员 85 146 名。比“九一八”前二年学校增加了 170%（即 2 246 所），学生增加了 397%（即 3 017 323 人）。比伪满教育最发达时期（1943 年）学校增加了 66. 9%（即 14 314 所），学生增加了 55. 1%（即 1 235 829 人）。比国民党统治时期，学校增加了 143%（即 8 795 所），学生增加了 158%（即 1 204 886 人）。

（国民党时期的统计是根据辽宁、辽北、吉林、辽西四省及本溪、鞍山、沈阳、哈尔滨四市的材料统计）。

现有中等学校 270 所，学级 2 749 班（缺职业学校班级数），学生 150 301 名，教员 5 355 名（缺职业学校教员数）。比“九一八”前二年学校增加了 10. 6%（即 26 所），学级增加了 111. 1%（即 1 447 班），学生增加了 270. 9%（即 109 780 人），教员增加了 85. 2%（即 2 463 人）。比伪满时期，学校减少了 16. 7%（即 45 所），但学级却增加了 76. 4%（即 1 191 班），学生增加了 118%（即 81 355 人），教员增加了 130. 5%（即 3 032 人）（比伪满学校减少了的原因，是由于我们合并学校）。比国民党统治时期学校增加了 69. 8%（即 111 所），学生增加了 95. 9%（即 73 569 名），教员增加了 206. 5%（即 3 608 人）。

现有高等学校 12 所，学生 14 306 名，比“九一八”前学校增加了 36%（即 4 所），学生增加了 188. 19%（即 9 342 人），比伪满时期（1940 年），学校数目相同，学生增加了 173. 95%（即 9 084 人），比国民党统治时期，学校增加了 200%（即 10 所），学生增加了 102. 33%（即 7 236 人）。但必须说明，在此 14 300 余名学生中，约有 8 000 左右是大学生，仍然超过“九一八”以前，伪满和国民党统治时期。

成人补习教育，过去是没有基础的，只有少数城市有个把民教馆，另外就没有成人补习教育的组织。在战争和土改期间，我们对成人文化补习教育也无暇顾及，直到最近一两年，才开始注意。在乡村和城市着手建立了一些冬学、夜校、识字班、读报组、文化馆、俱乐部、黑板报等。去年（1948 年）冬学运动，据不完全统计，共开办冬学 30 762 所，参加学习者 1 232 299 名。工人的政治文化教育，据东北总工会文教部 7 月 14 日的统计，全东北有组织的职工共有 1 117 202 人。根据我们试点调查，推算全东北职工有文盲 562 176 人，占总人数 50. 32%；半文盲 300 800 人，占 27. 73%；非文盲 178 306 人，占 15. 96%；知识分子仅有 66 920 人，占 5. 99%，将近 6%。在 1 117 202 名职工中，现在参加各种训练班和学习的有 325 957 人，占总人数的 29. 1%。在沈阳工人参加学习的达 2 万余人，在哈尔滨有 1 万几千人。工农群众翻身后迫切要求提高文化。

（二）学生成分的变化。过去上学的多是地主资产阶级子弟，现在上学的，则是劳动人民子弟占大多数。根据嫩江、热河、沈阳、鞍山四个地方不完全的统计，现在小学入学儿童的总数中，工人子弟占 6. 4%，贫雇中农占 71. 5%，小资产阶级占 11. 9%，共计 89. 8%。根据最近的不完全统计，老区中学学生总数中，贫雇中农占 51. 8%，工人子弟占 6%，干部子弟占 0. 99%，小资产阶级占 31. 1%，工农与小资产阶级共占 89. 8%。

（三）学生思想变化。在老区由于进行了政治思想教育，粉碎了盲目正统观念，学生初步具有反帝反封建反官僚资本的革命思想与对革命胜利的信心及为人民服务的思想，热烈地拥护共产党和毛主席，对于社会主义苏联有了初步认识，基本上树立了中苏人民友好团结的思想。新区学生，一般对国民党的幻想已经没有了，对共产党人民解放军及人民政府已有了初步认识，要求进我们的学校学习，要求进步，倾向革命。由于思想改造的成功，1946 年至 1948 年三年中，中等学校前后派出了 37 526 名学生参加工作或转入干部学校，高等干部学校前后派出了 37 971 名学生参加工作。

（四）学生文化的提高。由于我们最近一年来加强文化教育，开始将学生文化提高了一些。例如，现在有些城市初小二、三年级学生，赶上伪满四年级生。中学文化学习，有明显的进步，特别是低年级学生进步比较快，基础打得比较好。

必须指出，东北教育，目前数量虽有了巨大的发展，但学校教育的质量并不高，还存在着由历史所造成的弱点，主要是学生文化程度低，而且参差不齐。今天东北的大、中学生，有相当一部分是不够格的。一般学生文化程度比“九一八”以前的学生低，比关里的学生低，特别是国文程度差，缺乏史地和现代知识。现有中学生一般说来，要比原有水准低半年至一年。在思想政治方面，老区学生在政治认识上虽较进步，但思想意识中还存留有旧社会旧教育的影响。新区学生在政治认识上还有些模糊不清。

再就是师资质量差。教员深受旧教育的影响，缺乏新观点、新方法和新知识，很少人能教政治课，对我国的国文、历史、地理等新课本，多不会使用，不会教学。这就是说，我们的新教本，旧教员多不会教。在大学里，原有教授能胜任教社会科学与新文学者，是寥寥无几。整个说来，东北教员，文化程度是不够高的，有中学教员只有中学程度，小学教员只有小学程度的现象。

师资不仅质量低，并且很缺乏。大、中、小学教师都不够用。

还有就是物资设备差。中学绝大多数缺乏仪器，图书也不多。小学设备更不如中学。大学图书仪器设备较中小学强，但也只限于少数学校。多数高等学校也缺乏设备。再就是校舍，多年久失修，而且不够用。

由此可以得出结论，今后东北教育，要注意质量的提高，文化水平的提高。这是要求我们除了用大力培养新的师资之外，还要注意现有师资的改造和提高。同时还要重编适合于经济文化建设发展的教科书，和增加图书仪器设备，借以提高教学效率。再就是建立统一的适合我们需要的正规教育制度，保证教育计划的完满实现。

四、经验教训

三年来东北解放区教育事业之所以获得这样巨大的发展与根本改变，首先由于解放战争打垮了美帝国主义走狗蒋介石国民党的统治，同时土地改革也打垮了剥削制度，这就打垮了束缚东北人民经济文化发展的锁链，替我们开辟了经济建设与文化教育发展的广阔道路。除此之外，还有下面几个原因：

（一）执行了新民主主义教育总方针。我们在东北建立起人民政府之后，即确定我们的教育方针，是摧毁敌伪奴化教育和国民党的党化教育，肃清其余毒和影响，建立以无产阶级为领导的，人民大众的反帝反封建反官僚资本主义的新民主主义的教育，亦就是民主的（原文如此——编者注）科学的人民大众的新民主主义的教育。我们在东北办教育，开宗明义第一章，我们就宣布教育方针是在废除敌伪的奴化教育，并肃清其遗毒和影响，建立新民主主义的教育。我们三四年来，即在这样总的方针下进行工作，恢复、发展和改革了东北的教育事业。

（二）执行了改造与培养大批知识分子的政策。我们一直到现在是大批改造和培养知识分子，把这个工作作为我们的中心任务。自 1946 年到 1948 年夏，我们采取思想改造的手段，争取了七八万青年参加东北前线战争和后方土地改革与建设工作，这是我们执行了中共中央的知识分子政策的结果。而我们在这三四年当中，不但是注意改造原有的知识分子，而且注意训练培养了新的知识分子，从工农中间来培养知识分子。这个工作开始做，是在农村里面，在中学里面办了短训班、农民训练班，培养了不少的农民干部。在工厂方面，也曾开办训练班，训练了大批工人干部。在第二阶段（即现阶段）办正规教育，注意文化学习以后，我们开始注意培养建设人才，我们这样一个转变是适合于时宜，适合于今后的经济建设、文化建设的需要。自然这一个转变还在开始，转变得还很不够，特别是大学还仅仅是开始，我们还要好好努力。

（三）执行了恢复和发展初等教育的政策。由于人民群众翻身都希望他们的子弟学习文化，所以东北解放区小学教育不但是恢复，而且是有空前的发展，超过任何历史时期。我们能够有这样大的成绩，主要是执行了恢复与发展初等教育方针政策。我们曾经提倡“民办公助”，在东北小学恢复和发展这样快，农民是出了很大的力量，特别是在土地改革当中，农民拿出一部分土地作为学田，拿出一部分斗争果实作为开办经费，农村小学很多都是在这种情况之下办起来的。但是我们也要指出，一般农村小学，除了学田收入以外是没有足够的基金，再加上我们地方政府对于小学教育，特别是农村小学的领导，帮助很少，因此我们学校形成“民办公不助”。农民办起来之后，不容易维持下去。因为这个原因，到去年秋天，就决定农村小学由地方粮支付，城市小学由省款支付。过去经验证明，农民办小学的垮台，有两个原因：一个是物质原因，即没有足够的经费来源，学校不容易维持下去；第二个是领导上放任自流。所以从这里得到一个经验教训，今后办小学要想办法解决小学经费问题，必须指定一定的足够的有保障的款项来解决。

（四）执行了开展成人补习教育（即社会教育）的政策。我们提倡“发动人民自己教育自己”，实行“以民教民”的方针。在这个方针下，我们在乡村里，在城市里，都开始建立起了一些成人补习教育的组织，比如冬学、识字班、读报组、夜校、补习学校、黑板报、文化馆等。去年冬学运动，建立了三万多个冬学，动员一百余万农民参加冬学学习。参加学习的占农民的百分之二十九。最近一年把各个大城市文化馆成立起来。这里说明了我们以前把成人教育重点是放在农村里面，以翻身农民为主要对象，但是自从去年秋季以后，我们转变了方向，规定成人补习教育应把重点放在城市与工矿地区，以工人为主要对象。特别是在二中全会以后，东北局、东北政委会决定开展工人政治文化教育以后，就更加注意了工人补习教育，这样一个转变我们认为是对的。但是必须指出，工人业余补习教育的开展还很不够，需要继续努力。

以上所讲的是东北解放区发展的主要原因。下面再讲我们工作中的几个主要经验教训。

第一，教育和实际结合。在解放战争与土地改革期间，我们努力使教育和解放战争与土地改革相结合，并且为战争与土改服务，积极宣传解放战争和土地改革，提高群众觉悟，动员广大群众积极参加土改，参加与支援解放战争，中等以上学校配合着军事斗争与土地斗争，针对着当时知识青年的思想实际，在文化战线上与反动思想进行了剧烈的斗争，并取得了胜利。训练和派出去七八万知识分子参加解放战争和群众工作。

现阶段，我们教育工作为了要适应生产建设需要，就转为结合生产，为生产服务，着手从事培养建设人才，提高群众生产积极性，动员群众努力发展生产。这一转变仅仅是开始，我们还缺乏经验，不善使教育与生产结合起来。几千年来中国教育就是脱离生产、脱离实际、脱离群众的，我们没有完全克服这个毛病。因此，今后要努力克服教育脱离生产、脱离实际、脱离群众的老毛病，使教育和生产、和实际、和群众密切结合起来。

第二，城乡兼顾。过去我们在建立农村根据地的时期，我们是以农村群众为主要教育对象，这是对的。但在当时，在长春、沈阳未解放以前，还是有一些大、中城市的。我们却没有很好注意和照顾到城市群众的教育问题，例如对城市工人群众的教育就注意不够。又如我们编小学教科书也没有照顾到城市。这都是不对的。再有我们编教科书，是注意联系战争与土改，对于联系生产则很差。直到去年第三次教育会议，才开始转变，把群众教育重点放在大、中城市与工矿区，以工人为主要对象。虽然如此，我们转变还是很慢。直到最近文化教育部才开始着手改编小学教科书，工人教育今天还没有很好地广泛地开展起来。从这里得出教训：今后的群众教育，重点固然应该移到城市，以工人为主要对象，但不可因此忽视农村群众；教育联系生产，固然应注意工业生产，但决不可因此忽视农业生产。简单地说，今后的教育工作，固然重点在城市，还一定要城乡兼顾，工农兼顾。

第三，掌握课本。教科书是教育工作的基本工具。我们必须掌握这个工具来教育青年儿童和工农群众。因此我们开始布置教育工作，除确定教育工作方针外，就集中力量，为中小学校编印新教科书。并规定各校一律采用新课本，不准采用其他课本。随后又编印了一些农民和工人的课本。正因为如此，这几年来，我们是一直掌握着这个武器，通过它来传播新民主主义的文化思想，反对日伪和国民党的反动思想。这对思想启蒙和提高文化，是起了积极作用的，对解放战争和土地改革是有贡献的。特别是在小学里，几年来，依靠什么东西来进行思想启蒙、提高文化呢？主要是教科书，另外靠改造旧教员。过去编的课本，是以战争与土改为中心内容，今天形势变了，当然有改编的必要。由此可见，人民政府必须掌握与运用课本这个基本教育工具来教育青年儿童及广大群众。东北已由战争转入建设，应及时改编或重编教科书，并编印大量的工农读物，以适应国家建设与工农群众的需要。

第四，改造教员。三年来我们采取各种各样方式方法，如寒暑假集体训练和平日学习等，组织在职教员学习，进行思想改造。老区教员的思想，一般地说，都比新区教员进步。其重要原因之一，就是我们对于他们进行了较长时期的教育。同样，新区教员也由于受了我们的一些教育，思想也有转变，要求进步。由此可见，今后要改造和提高师资，就要进一步深入地组织在职教员学习。

第五，适当解决教育经费。过去由于经费不足，教师薪金很低，生活苦，引起教员相当不满，认为教育工作不是革命工作，不安心于教育工作。同时又由于教育经费少，校舍没有很好的修建，图书、科学仪器也很缺，结果使学校发展和提高都受到限制，教学受到了影响。由此可见，今后为了迎接文化建设高潮的到来，必须要适当解决教育经费，改善教员待遇，并添置图书、仪器，修建校舍。

第六，改进教育方法。三四年来，东北解放区学校取消了旧式的专制主义管理方法，实行民主管理，使学生过惯民主生活，并且在实践中克服了极端民主化的偏向。改善了师生关系，这对培养学生纪律性，也起了很大的作用。最近一年来，学校转向正规以后，有些学校已经开始组织各科教学研究小组，改进教学方法，这对于提高教学效率起了一定作用。但是目前教学中，还存在着不少缺点，须要加以纠正，才能把教学进一步提高。由此可见，今后要提高学校教育质量，必须注意改进教育方法。

第七，三年来我们有些地方领导机关对于教育工作的领导是注意不够的。最明显的例子，是农村小学形成了“民办公不助”，使得农村小学陷于极其穷困的境地。其他如学校干部少、师资缺、经费少、校舍缺等困难，都使学校教育工作遭受到很大的困难。又如对成人补习教育也注意不够，使得成人补习教育，也没有得到应有的发展。不论什么工作，领导上如不注意，那是不会搞好的。由此可见，今后要准备迎接文化建设高潮的到来，做好教育工作，就必须加强对教育工作的领导。

五、今后的方针政策

前面已经说明，东北教育工作，已初步奠定基础，今后一个时期主要应是注意巩固与提高。现在东北已成为局部和平建设的环境，全国很快就将全部解放，经济建设为今后一切工作的重点所在。在经济发展的基础上发展文化教育。发展经济，必然要求与之相适应地发展文化。因此教育必须与生产相结合，为生产服务。这是今后教育工作的基本指导原则。

在东北，革命战争的胜利结束与土地改革的基本完成，为发展人民经济与人民文化，扫清了道路。经济的必然发展，又为发展文化打下物质基础。这是今后发展人民教育事业的有利前提。毛主席指示我们说：

"随着经济建设高潮的到来，不可避免地要出现一个文化建设高潮。"因此今后逐步发展人民教育，不只是必要而且是有很大的可能。

根据上述教育工作情况与生产建设的需要，今后教育工作的基本方针，是适应东北人民经济与文化建设事业的需要，提高与发展东北人民教育事业，从事提高人民文化水平、培养建设人才与新的国民。因此首先应提高高等学校与中等学校，培养大批的新民主主义建设人才。高等学校的任务，是培养新民主主义建设的高级专门人才；中等职业学校的任务，是培养新民主主义建设的普通技术人员；师范学校的任务，是培养新民主主义的小学师资；普通中学的任务，是培养具有中等文化科学知识的革命知识分子。

高中是升大学的阶梯，又为培养中等技术人才的场所。东北目前高中少，应注意发展和办好高中。应鼓励初中毕业生升高中，高中毕业生升大学。高中实行分科，可分为文、理两科。目前师范还不多，为了准备普及教育，应有计划地办师范学校，培养师资。

要有计划、有步骤地普及初等义务教育，培养有新民主主义文化教养的新国民——爱祖国、爱人民、爱劳动、爱护公共财物、遵守革命纪律并且有文化知识与健康体魄的新国民。同样，初等教育的重点，虽然应移到城市，但决不可因此忽视乡村，必须城乡兼顾。

要有计划、有步骤地开展成人补习教育，培养训练工农干部，提高劳动人民的文化政治水平、生产积极性与创造性，使之积极参加生产，增进生产效率。发展劳动人民业余补习教育，首先是发展工人文化政治与技术教育，其次是农民文化教育。必须指出，成人补习教育的重点在城市，在工人方面，但绝不可因此而忽视乡村，忽视农民，必须工农兼顾，城乡兼顾。

普及教育，提高人民文化水平，培养建设人材，这是一个基本方针。今天东北教育，特别是学校教育，已有很大的发展。当然我们不应以此为满足，还需要继续向前发展。但是必须指出今天东北学校教育本身质量相当低，同时东北的财力、物力、人力也有限制，所以东北学校教育当前的方针不是发展，而是巩固与提高现有成绩，为进一步发展打下基础，为迎接文化建设高潮的到来做准备。

提高学校教育质量，究竟包括什么意义呢？简单地说，就是提高学生的文化程度和觉悟程度。怎样巩固现有学校，并提高学校教育质量呢？应该实行一些什么切实有效的办法？根据过去的经验，必须要执行以下八项办法：（1）加重文化学习；（2）注意思想教育；（3）改编教科书；（4）培养和提高师资；（5）改进教学方法；（6）统一学校制度；（7）改进学校领导工作；（8）解决教育经费困难。

现在将这八个问题，分别来讲：

（一）加重文化学习。

前面讲过，提高学校教育质量的任务之一，就是提高学生的文化程度。这是新民主主义建设事业向学校所提出的要求。今后东北培养出来的建设人才，必须要掌握足够的、充实的文化科学知识，因此仍然应贯彻第三次教育会议的方针，加重文化学习，有计划、有步骤地逐渐提高东北学生的文化程度，给青年学生以足够的现代科学知识。为了迎接经济建设高潮的到来，为了准备迎接文化建设高潮的到来，一句话，为了建设，号召青年学生向文化科学进军，努力学习，掌握文化科学知识。

有个别地方，现在还提出以思想改造为主，这是不妥当的。今天与过去情况大不相同。过去是处在革命战争情况下，青年学生思想中又是盲目正统观念占统治地位。今天东北已转入局部和平建设。一般青年学生都要求进步，倾向革命。因此，今后应注意培养建设人才，这就要加重文化学习。至于思想改造，今后则不采取短期突击的方式，而采用长期教育的办法，与文化学习结合着进行。这个问题下面就要讲到。

（二）注意思想教育。

改造思想，本是长期工作。过去我们学校进行思想改造，主要是进行政治思想启蒙，集中力量粉碎盲目正统观念，转变青年学生的主要的错误的政治认识。这个任务，基本上已经完成。但这绝不等于说，将青年学生头脑里的旧的落后的思想意识与观点全部肃清了，或者说新的革命思想与观点完全培养成功了。这些旧的思想意识与观点，也绝不是一朝一夕所能消除的，必须要经过长期教育改造才能逐渐解决。因此今后思想改造工作，应作长期打算，采取教育培养的手段，去旧换新。这就是要一面进一步肃清旧的落后的反动思想，另一面就应积极发展为人民服务的革命思想，培养新的道德观念及科学唯物主义的世界观。

新的道德教育，应使学生具有全心全意为人民服务的思想，立志献身于人民革命事业与人民建设事业，把人民的利益看为最高的利益。

新的道德教育，应使学生养成高度的人民爱国主义精神。热爱人民祖国，爱护国家财物，痛恨人民公敌与民族敌人，以平等友爱态度，对待与团结国内各民族，使青年一代都愿为保卫人民祖国英勇牺牲、努力奋斗。

新的道德教育，应使学生养成国际主义精神，团结国际友人，以互助友爱的态度对待我们的国际朋友，真诚拥护中苏友好合作，拥护以苏联为首的国际和平民主阵营。

新的道德教育，应使学生养成自觉的遵守纪律的精神，服从人民政策法令，遵守革命的纪律和秩序。

新的道德教育，应使学生养成劳动观点，以劳动为光荣，重视劳动，爱好劳动，并养成勤劳刻苦的朴素作风。

我们说加重文化学习，绝不等于说放松思想政治教育。相反的，除了上一定的政治课、教学最基本的政治科学知识外，思想政治教育应与整个文化课密切结合着进行，并且应与日常生活密切结合着进行。换句话说，要在所有教育活动中贯串着思想政治教育，要善于适用各种具体科学知识来帮助学生形成新的道德观念与科学的世界观，要在日常行动中注意道德的训练。

文化科学是离不开政治思想的，因此在文化科学教学中，必然寓有思想政治教育的意义。比如在理、化、生物教学中，就可以进行辩证唯物主义的世界观的教育。在历史教学中，就可以进行历史唯物主义的教育，在国文、地理等科教学中，就可以进行爱国主义教育。思想政治教育，应注意实践，注意言行一致，因此不仅是教学生知道某些科学知识，并且还要教学生把所学的知识，运用于日常行动中。应在学生的日常生活中进行思想教育，应适当地运用鼓励与批评，表扬其优点，批评其缺点，要教育学生学会运用批评与自我批评的武器，纠正自己的毛病，不断求进步。

（三）改编教科书。

目前用的中学教科书，一部分是华北编的，一部分是我们编的。这些教科书，都有些不切合实际：首先是程度深，不切合学生的实际程度。其次是自然科学教科书，观点陈旧，联系生产建设差，不合实际需要。这些教科书，目前虽不可能一下都重新改编，但迟早是需要根据新民主主义教育方针、国家建设与人民生活的需要与学生程度加以改编或重新编的。过去我们编的小学教科书。多少都带有些临时性，因此差不多每个学期都要修改，但总还是赶不上形势的要求。现在东北已经稳定下来着手建设了，文化教育部为了适应这个新形势的要求，正在作长期打算着手改编小学教科书，计划今年冬完成，明年春季开学就可以使用。过去的教科书，主要适应战争及土改的要求。这次主要是根据结合生产、为生产服务这个原则来改编的。某些课本，如自然课本，我们是参照苏联的自然教本编的。这是一个尝试。苏联的课本，是用新的观点和方法编的，和生产、和实际都有适当的联系。这是值得我们学习的。

（四）培养和提高师资。

先谈培养问题。为了迎接文教建设高潮的出现，为了东北教育的发展，我们应该有计划地大批培养、训练师资，这个重要准备工作，是不容忽视的。中学师资，由文化教育部作培养训练计划，主要交给东北大学负责办理。小学师资，则由各省市自行负责培养训练，各省市应作出培养训练的计划，并根据此计划办师范学校或者办师范师资训练班。

再讲提高师资问题。目前我们学校的教师大致有两种类型：一类是原有教员，占现有教师的大多数。他们受旧教育与旧社会的影响很深，虽然或多或少地受过我们一些教育，政治认识上有了一些进步，但是旧的思想、旧的观点、旧的方法，还去掉不多，或者没有去掉。他们缺乏新的知识、新的观点、新的方法，还不善于使用新的教科书，他们绝大部分要求进步，要求学新的知识、新的方法，用新的观点和方法来教学。另一类是新教员，是由我们干部学校训练出来的一批青年教员，政治上较进步，工作很积极，但文化低，业务知识技能差，又要求学习，提高自己的文化业务水平。这两种教员，有一个共同的要求，就是学习。这个要求，是客观需要的反映。教员是学校教育计划的执行者，国家建设的支柱之一，但目前多数教员，对新的教育工作却不免有些力不胜任。因此要提高学校教育质量，就要求改造和提高现有师资。这就要求组织在职教师加紧学习，实行“先学后教”“边学边教”。因此领导上应把领导教师学习作为一个主要任务，教师自己也把学习作为提高自己、改造自己的一个必要步骤。

教师应该学习些什么呢？教师学习，应本着“学以致用”的精神，密切联系着、围绕着教学工作进行，以求达到提高自己的教学能力，增进教学效率。学习范围，大致可分为业务学习、政治学习与理论学习三方面。

过去对业务学习，是注意不够。今后对所有在职教师，都必须给以业务教育，号召大家实行“教什么，学什么”“先学后教”“边学边教”。教师们必须学会与精通业务，以求教好功课，教好学生。这是第一个教育任务与学习任务。各校校长必须组织与指导各该校教员进行有计划、有次序的学习。业务学习范围，包括：1. 教育政策。人民政府颁布的教育政策、法令、决定、指示等，都必须学习研究。2. 自己所教课目的科学知识。如国文教员学文学，历史教员学历史，政治教员学政治学，生物教员学生物学，其余类推。这是为得使各科教员掌握各科专门知识，充实教学资本。3. 教材研究与教学法。如数学教员研究数学课本及教学法，化学教员研究化学课本与教学法，其余类推。这是为使教员掌握教材与教法，这种学习应与准备功课统一起来，应与总结工作结合起来，应随时通过总结教学经验，改进教学。4. 教育理论。要号召大家学习教育理论，特别是苏联的教育理论，吸取苏联的经验，来改进我们教育工作。

有很多学校，都建立有各种教学研究小组，对改进教学工作起了一些作用。今后应进一步通过这个组织，来进行业务学习，改进教学工作。没有建立各科教学研究小组的学校，就应着手建立。

政治学习，是学习一般的时事政策。这在过去比较注意的，今后仍然不应放弃。

理论学习，是学习马列主义的基本知识，学习毛泽东思想，学习辩证唯物主义与历史唯物主义。用马列主义的观点和方法来武装教师的头脑，使教师们逐渐学会运用马列主义的观点和方法分析和解决教育问题。把理论水平提高，业务水平也会跟着提高的，这是一个基本问题。

教师们要学的东西很多，而时间有限。因此学习必须要有计划、有重点地进行。各校必须从具体情况出发，分别轻重、缓急，订出计划，有步骤、有次序地进行学习。学习要保持经常性，不要突击，要避免贪多嚼不烂的毛病。只学政治、理论，不学业务，这固然是偏向。反过来，只学业务，不学政治、理论，同样也是偏于一面。不应把业务学习与政治、理论学习对立起来，而是应使两者取得适当的配合。就是业务学习，也绝不是单纯研究技术问题（过去有些学校有这个偏向），必须还要研究业务方面的理论与政策。

学习时间问题，是否可以把每日两小时学习时间，拿出一部分来学习政治、理论，抽出一部分来学习教育政策或教育理论。业务学习主要是和准备功课在一起，并且利用一部分课余时间。

根据过去的经验，教师学习的形式。大概有：1. 假期集训；2. 抽调轮训；3. 平时学习。各地仍可按照当地情况，采取这几种形式来计划进行。另外，如有可能，各地可召集各科教学专门会议，来研究专门教学问题，总结各科教学经验。如召集一个地方的国文教员开国文教学研究会议，召集政治教员开政治教学研究会议。这个方式，各省市如有可能，就可以试试。

关于学习方法问题，集体讨论、研究有好处，可以收互相切磋、集思广益的效果。但过分强调集体学习，忽视个人学习，就显得偏了。学习一定要靠个人用功。因此今后应以个人学习为主，配合以必要的集体研讨。

（五）改进教学方法。

理论与实际一致，是我们教学的基本原则。目前我们学校所存在的主观主义、教条主义、经验主义等毛病，刚刚是违反了这个原则。因此目前改进教学，就要克服这些毛病，贯彻理论与实际一致的原则。

教学应实事求是，切合实际。摆在教学前面，有两个实际：一个是学生，一个是社会。教学必须切合这两个实际：一要切合学生的学习心理与文化程度，二要切合社会实际需要，即国家建设与人民生活的需要。教学若只从社会需要出发，不切合学生心理，那就会成为主观主义。相反，若只愿迎合学生心理，而教些不适合新社会需要的东西，那就变成形式主义。因此教学先要研究学生状况与社会需要，然后根据学生状况与社会需要，制订教学计划，进行教学活动。

事实证明：正常的学习，不宜突击，不宜躐等，不宜贪多，而应循序渐进，由浅入深。因此“硬撵进度”“学习竞赛”“重点教学”“阶段教学”等突击式的教学方式，都不宜采用，应加否定。目前课程繁重，学生消化不了，就应加以精简，减去一些不急需的或反复轮回的学科，酌量减少一些上课时间，减少一些课外社会活动（每周不超过六小时），精简一些会议，给学生一些必要的时间自习，咀嚼消化课堂教学的东西。

现在谈谈课堂教学问题。上课是我们学校教学的主要方式。在教学过程中，教员应站在主导地位，积极发挥教育作用，要启发学生学习的自觉性、积极性与创造性。在这里，既反对单纯的注入式教学法，同时又反对教学上的放任自流，忽视教员作用。教员讲课，不应教学生只是死记公式条文，而应把课本对学生深入浅出地讲解透彻，使学生能了解其内容，并且还要循循善诱地、有系统地发问，启发学生思考，帮助学生了解问题，获得正确的知识；另外，还要配合着作必要的实物教学，如做理、化、生物实验，观察标本、模型、实物、挂图、田园和郊外，参观工厂、矿山和医院，以及工厂实习，借此使学生在学得理性知识之外，还学些感性知识，使书本教学和实际生活取得联系，使学生学得的知识有积极的实践的意义。课堂是我们的教学据点，但不是唯一的教学场所，我们应该把课堂范围扩大，动物园、植物园、工厂、矿山、医院、田园、郊外，都可以利用作课堂。我们不是只要利用自然环境和社会环境教学，并且还要提倡自己动手创造教学条件，如发动学生采集标本，制作模型与挂图，搜集散失的仪器图书，开辟植物园，建立动物园等。

在教学中，既要反对只是死记公式条文，忽视实验应用的教条主义的教学法，同时又要反对只教现象与技术知识，不教理论的经验主义的教学法。

上课之外，必须指导学生作必要的自修，进行复习、预习和有关的课外阅读。配合着课堂教学，还应进行一些有教育意义的课外活动，使学习和生活实践联系起来。

集体学习，如集体讨论研究、集体互助，对个人学习是有帮助的。旧式教学没有集体学习，我们的教学法采用集体学习，这本是个进步，但是过分强调集体学习，忽视个人学习，或过分强调集体互助，形成学习上的“填平补齐”的现象，都是错误的。应鼓励学习上的积极性、创造性，发展每个人的智力。学习上的填平补齐，实际是向落后看齐。这对青年学习是有害的，应加以纠正。集体讨论研究，可以收互助切磋、集思广益的好处，若果因此忽视或取消个人自学，那又不对头了。学习必须依靠自己用一番头脑，才能收效。因此必须要有个人自习。结论是课外自修，应以个人自习为主，配合以适当的集体讨论与研究。

学校里的青年团的任务，主要应是保证学校教育方针与教育计划的实现，青年团员与学生中积极分子，应在学习上与遵守纪律上起积极模范作用，应该学得更好。

在学校中，教学积极而有成绩以至有创造的教师，应给以奖励，借以推动工作。

（六）统一学校制度。

自第三次教育会议提出办新型正规教育的方针以后，各地学校都制定了一些制度，初步转入正轨，但还不很统一。为了使全东北各地学校进一步走入正轨，走向统一，我们草拟了一套中、小学校实施办法等教育法规，将提出这次教育会议讨论，然后再加以修正，提请东北人民政府讨论通过颁布，作为全东北暂行的教育法规。在中央人民政府未颁布全国的统一的教育法规之前，全东北学校，都要执行这套法规。将来中央人民政府颁布全国教育法规后，我们就执行中央人民政府的法规。

旧的学制和旧的课程，都有很大毛病，和新社会的政治经济制度是不很适合的，有改革的必要。但由于条件不够，时机不成熟，彻底地通盘改造，一时还不可能，目前还只能是局部逐渐改革。因此学制问题，除大学有些变更外，中、小学校则没有什么改变。课程问题，是有些改革，如取消了某些反动课目，如公民、党义之类，而代之进步的政治课目，改换了某些科目的内容，如国文、历史之类。自然科学方面的科目，基本上没有改变。一年来的教学实践告诉我们，旧的学制、课程和教科书都需要改革。我们应在实践中研究这些问题，积累经验，逐步加以改革，以至于最后创造成完全符合于新社会政治、经济制度的新教育制度。必须提高对新教育思想的认识，逐渐摆脱旧教育思想的影响，防止形式主义的产生。

（七）改进学校领导工作。

我们学校的校长，在过去思想改造期中，在最近一年多以来，都出了很大的力量，对我们的学校工作，是有贡献的。但是不可否认，我们学校校长工作，多少是有些毛病的，例如有些学校的校长，就犯了事务主义的毛病，忙于行政事务工作，对教学工作的领导注意不够。学校的任务是教育青年、儿童，因此教学工作应是学校工作的中心任务，至于行政事务工作，也是为了保证这个中心任务的实现而努力。因此学校领导人应善于抓住中心环节，注意领导教学工作。今后不仅把行政事务工作办好，更应进一步把学校教学工作领导好。按目前我们学校的实际情况，校长的任务，主要应管这样三项：1. 计划、督促、检查学校的教育工作；2. 计划、督促、检查学校的行政工作；3. 领导教员学习。

关于教育厅局，除执行上级政府有关教育的政策法令、处理教育经费、人事及其他日常行政工作以外，也要进一步拿出一部分力量，用来领导和检查学校教学工作与教职员学习。因此各地都要建立视学制度。文化教育部也打算把视学制度建立起来，经常派人下去视学，检查各地学校工作。还有一个建议，就是每个省市，都要有意识地集中一部分人力物力，办好一两个或几个中学和师范，作为取得经验的地方，作为典型示范的学校。

（八）解决教育经费困难。

大、中学经费由国库开支，基本上没有问题。关于小学经费问题，农村小学工薪由地方粮来解决，校舍可利用农闲发动农民修建。城镇小学经费，由省负责筹措。东北人民政府关于教职员工薪标准已经公布了，各地应按着工薪标准来评定与发给教员工薪，提高教员地位，主要应该提高教员的薪金。

“工欲善其事，必先利其器”。图书仪器等教育工具，应根据财力酌量添置，这对增进教学效果是起很大作用的。大家应从别方面尽量节约，省下一些钱来添置图书、仪器。文教部已订购了一批仪器，日内即可分配给各省市，各省市拿这些仪器有重点地分配给一些中心学校。我们目前还不可能一下子购买许多仪器，分配给所有中学，但我们应有计划地添置，逐渐使所有的学校都配备起来。

现在战争还未结束，经济建设刚刚开始，并且还要着手国防建设，在这样情况下，拿很多钱来办教育是不可能的。而且东北教育经费是不算少了。东北局和东北人民政府号召精简机构，厉行节约，节衣缩食，发展生产。我们教育工作者应该响应这个号召，“厉行节约，办好教育”。我们在这样情况下，要以“花钱少，收效大”的精神来办教育，要在不妨碍上课与健康的原则下，号召师生自己动手，解决困难，创造自己的教学条件。例如没有标本，我们可以自己出去采集，没有挂图、模型，可以自己动手造，缺乏仪器，可以设法搜集散失的仪器。有些试验用具，买不着或买不起，可以想一些穷办法用代用品，这里所说的一些办法，并不是空想，而是有事实证明，确是可以依靠发动群众（学生教员）来实现的。

另外要精简机构。我们有些学校，职员与勤杂人员太多，就该加以精减，把节约下来的费用，用来添置图书仪器。应提倡节省行政开支，增加教学设备。

关于提高学校教育质量的办法，就提出这样一些意见。这些意见主要是对中等学校讲的，但这些原则也可以供高等学校和城市小学做参考。

六、学习问题

过去三四年，大家都出了力，做了工作，而且有成绩。不论在过去思想改造期间和目前办新型正规学校教育工作中，多少都摸索出了一些经验。但要承认这仅仅是新教育事业的开端，特别是新型正规教育的开端，决不能以此自满。谁要自满，故步自封，那就会阻碍工作进步。我们要努力学习马列主义理论与毛泽东思想，研读毛主席所指定的十二本马列主义著作和毛主席著作，提高我们的理论水平与政策思想，学会运用马列主义的观点和方法，运用毛泽东思想来分析、研究、解决实际工作问题。旧中国已被破坏了，新中国已开始在着手建设。这里面就包括有新教育事业的建设。要承认旧的经验，有很多是过时了、不合适了，我们还缺乏新的建设经验。要承认目前在教育工作中或多或少还有些经验主义，我们要继续努力来克服经验主义。要承认旧教育思想，或多或少还在影响我们，我们必须要注意和旧教育思想做斗争。因此教育行政领导干部，不仅要领导、组织教师学习，自己也要虚心学习。我们要把工作做好，把工作提高一步，关键就在善于“学习，学习，再学习”。

另外我们还要学习业务，以求学会与精通业务，做好工作。我们如果要想给下面一些具体指导，就得深入到工作中发现、钻研问题，吸取经验，总结经验。我们要学习苏联的教育理论与实际。我们如果要想少走弯路，就应该学习与运用苏联的先进理论与实际经验来改进我们的教育工作。

教育工作是百年大计，是今后建设新中国必不可缺的一大建设事业。大家要响应林主席①号召，以“鞠躬尽瘁、死而后已”的精神，来埋头干这工作，把这事业逐步提高，逐渐推广。

（本文为1949年9月26日董纯才在东北解放区第四次教育会议上所作的总结报告，原载于《东北教育》第2卷第2期，第18—28页）

① 指东北人民政府副主席林枫——编者注。

第二辑

社会主义教育建设

学习苏联，改造我们的教育

中国革命经过长期摸索，终于在十月革命后，找到了一条光明大道，这就是“走俄国人的路”；结果是获得了今天的基本胜利。同样，建设新中国，也必须“走俄国人的路”，才能成功。因此，不论是经济建设也好，文化建设也好，都要学习苏联。

苏联在教育建设方面，如同在经济建设方面一样，有丰富的、宝贵的经验值得我们学习。应该同时也是需要学习苏联，是没有什么疑问了。那么究竟如何学习苏联办教育呢？今天需要学习苏联教育建设中的哪些经验呢？有人曾向我提出了这样的问题。由于得到苏联教育资料不多，我对苏联教育的研究和了解也不多，现在只能在这方面谈一些感想，提供大家参考。

十月革命成功后，苏联即以马列主义的理论作为教育工作的指南，一面摧毁了帝俄时代的旧教育，一面即建立起了崭新的社会主义教育，为全世界人民教育事业树立了一个先进的楷模。列宁、斯大林和联共一直很注意人民教育事业的发展，他们给苏联教育规定出了基本原则。由于有列宁、斯大林和联共的指示和帮助，由于积累了丰富经验，现在苏联已从多年实践中创立了一种进步的教育科学——教育理论。并根据这种教育科学，建立起了一套较完美的教育制度。

我们学习苏联，首先而且最主要的是要学习马列主义的教育学说，学习列宁、斯大林与联共对教育所规定的基本原则，学习苏联的教育理论，以马列主义的教育学说和苏联的教育科学为指南，来改造和建设中国的教育事业。我们应接受苏联教育建设的经验教训，避免走弯路，缩短我们教育建设的路程。

帝俄时代，俄国文化很落后，文盲占全人口百分之八十。在十月革命成功后不久，一九一九年，在列宁的指示下，苏联政府就下令扫除文盲。列宁指出，实施强迫的、普及的教育以及不断增加识字者人数，乃是苏联一切公民自觉参加国家政治生活的必要条件之一。斯大林也指出，扫除文盲、普及教育是真正文化革命的必要步骤。

毛主席也指示过我们，“扫除文盲，是建立新中国的必要条件”。由此可见，学习苏联，就应对扫除文盲这件大事有所准备，有所计划。旅大学习苏联，在这方面已获得初步成绩，在那里已经开始建立一个识字网——文化网，有百分之七十的文盲已参加识字运动，这对提高人民的文化与觉悟水平及生产积极性，都开始发生了积极作用。

苏联是怎样扫除文盲的呢？主要是组织一支文化军，即组织识字的人教不识字的人，凡机关、工厂、学校里的识字者，都要参加这个工作。当时的重要口号是“每个识字的人，都要教会一个不识字的人”。

毛主席也曾指示过我们，开展民众教育，主要的是“要发动人民自己教育自己”，“以民教民”。由此可见，我们学习苏联开展识字运动，就应走群众路线，组织一支广大的文化军，实行以民教民。旅大的识字运动，主要是依靠“群众教师”来教识字，也证明苏联识字运动的办法与毛主席的指示的正确。

在革命成功后，苏联就确定当时一切学校的政治任务，就是培养新知识分子和改造旧知识分子。苏联在建国初期，设立了各种训练班，吸收工人农民，提高他们的文化水平和技术水平。为了从工农群众里选拔优秀分子，进一步提高他们的文化水平，把他们培养成新的知识分子，还设立了工人大学。同时又经过各种训练班，改造旧知识分子。对于改造旧知识分子，根据苏联的经验，是需要相当长久的时间，需要很大的耐心，这工作是很艰苦的。

培养新知识分子，改造旧知识分子，是早已提到我们面前了。对于改造旧知识分子，我们做了一些工作，并且也收获到相当成绩。但我们必须认识到，我们要接受苏联的经验，还要继续努力来把这个工作当作长期工作，要耐心地来干，绝不能操之过急。这是旧社会留给我们的一宗遗产，我们有义务来改造他们。而旧知识分子也必须认清要努力改造自己，提高自己，全心全意为人民服务，今后只有走这条路，才是光明的道路。

至于对从工农中选拔培养新知识分子的工作，我们虽也认识到这个问题的重要，并且也着手做了一些工作，但整个说来，做的还很不够，今后我们应注意这个问题，在我们学校里吸收工农分子，或开办工人大学之类的学校，来培养工农知识分子。

列宁曾强调地指示苏联青年，要坚决地、系统地学习科学。斯大林也号召革命青年们，为了建设，要“向科学进军”“掌握科学”。1931年苏联政府曾发现苏联学校有个缺点，就是在学校课程内容上没有使学生得到科学基础知识。联共中央特别强调学校课程最重要，绝对不能轻视，要在学校课程内容上，规定必须使每个学生能够掌握科学基础知识。后来苏联学校就是按照这个原则指示来教课的。因此现在苏联的学生科学知识很丰富，程度很高。

目前东北不是已经开始着手经济建设吗？而我们的学生的文化水平不是很低吗？我们学习苏联，必须记住列宁、斯大林的这些宝贵的指示，必须要充实我们学校的课程内容，学习苏联学校那样认真教学，提高学生的文化知识水平，使得学生能够得到科学基础知识。当然，这种科学知识，是进步的、科学的、马列主义的唯物主义的科学，而不是其他。

列宁对青年的教育，很强调共产主义道德的培养。苏联学校很注意思想政治教育，很重视道德训练。不用说，在苏联学校里，都是用马列主义的科学唯物主义来解释社会发展和自然现象，使学生养成科学的唯物主义世界观。关于道德教育的目标，是培养一个深爱祖国，愿意而且能够保卫祖国、抵抗侵略的勇敢公民，培养一个了解公民义务并且能够为国家事业而奋斗，为劳动人民利益而努力的人，创造一个能自觉遵守纪律的、意志坚定的、忠心的、公正的、诚实的、勤劳的、积极而果敢的人。在对德的战争中，红军所表现的英勇牺牲的爱国精神和坚强士气，正显示出了苏联教育的结果。

我们学习苏联，必须学习苏联那样在整个学校教育中注意思想政治教育，在文化课中，在政治课中，在日常生活中，以科学的唯物主义，以人民爱国主义，以纪律性来教育青年儿童，把年轻一代，都培养成为具有正确的世界观、热爱祖国、热爱人民、热爱科学、热爱劳动、热爱公共财物、自觉遵守纪律的好公民，能为保卫祖国英勇奋斗，能为人民忠诚服务。

苏联建国初期，有些学校，曾犯过错误，走了一段弯路，就是受了西欧和美国反动资产阶级的教育思想的影响，不加批判地采用道尔顿制、设计教学法之类的美国教学法，打破了学习系统，不顾学习目的重复教学，这类教学法，降低了学校的作用，否定了教员的作用。后来联共中央，批判了这种反动的资产阶级的教育思想，这种教育思想，是一种幼稚的左倾思想，虚伪的科学观点，美国科学观点，是反列宁思想的、反科学思想。同时又有些学校力求保存原来的学院派的旧的教学方法。这种右倾教育思想，同样也遭受了联共中央批判。联共中央暴露了所有这一切反列宁的倾向，纠正了苏维埃学校的发展路线。

我们学习苏联，必须好好牢记住苏联教育的这段历史教训。要知道西洋的，特别是美国的反动资产阶级的教育思想，在旧中国教育界是占统治地位的。在国民党统治期间，中国的整个教育制度（包括学制、课程以及教学方法），主要是从美国抄袭来的。我们还不能说今天在新中国教育界里，不受这种反科学的教育思想的影响。谁能说今天新中国教育界没有这种思想的残余呢？在我们东北教育界，不是还有人在提倡“自学辅导”降低或取消了教员的作用吗？由此可见，我们要想少走弯路，必须要检讨，清算今天还在教育界存在的反科学的美国教育思想的残余，跟这种反动思想作斗争。这对人民教育事业的发展是非常必要的。

苏联学校是以上课为教学基础。上课因科目性质不同而采取各种不同的方式方法。一般的方法，是开始用一部分时间，复习前次的功课，即出题询问几个学生，并记下学生的分数，然后再用一部分时间讲新的功课，最后指定学生须学习的功课和练习题。教师在教学中，以一种极其认真负责的精神，以丰富的材料，反复讲解，间或提出问题询问学生，启发学生思想，帮助学生了解问题。

苏联学校教学，很注意理论与实践的联系，在教学中重视实验、观察、参观与实习，经常使用仪器、模型、标本、挂图、幻灯、电影等工具配合着讲课。除此之外，还常领学生外出参观工厂、矿山、医院、森林、古迹、陈列馆、展览会以及远足旅行等。

除了上课之外，还配合有一定的自习和课外活动。苏联学校的自习与上课时间，一般是一与二之比。例如俄文每周上课八小时，自习就是四小时。为了加强教学效果，增进学生知识水平，苏联学校还有校内校外的课外活动，使学生参加实际生活，学习应用既得的知识。但校内课外活动，每周不能超过四小时（校外活动不在内）。

苏联很重视教师的作用，认为教师是全部教育程序中的中心因素。教师必须有透彻的科学根基，丰富的知识学问，和正确的广阔的人生观。他们必须熟练教学技术，了解和爱护他们的学生。教师必须在所有的问题上和道德上成为学生的模范。教师们对教学工作，是非常认真负责的。他们不仅在课堂内负责把学生教好，并且还要负责指导学生课外活动。他们对学生是全面负责的。因此他们受到苏联人民的爱护，有好些模范教师受到政府的奖励。

我们学习苏联，必须学习苏联学校这种认真负责、循循善诱的教学精神，采用它那种注意联系实际的教学方法，来改进我们学校的教学，提高教学质量。我们应该重视教师的作用，这就要求我们注意对教师的领导，组织他们学习，提高他们政治思想水平与教学业务水平，使他们能胜任教学。另一方面，教师们自己也应加紧学习，改造和提高自己，要学习苏联的教师那样认真负责地教学，不仅在课内，并且还要在课外，指导学生学习，使自己不愧为人师，争取为人师表，真正能够担当得起“人民的教师”这个光荣的称号。

我们学习苏联改进教学，必须要学习苏联学校那样注意联系实际，重视实物教学，注意理、化、生的实验，工厂实习，校外各种参观，野外观察等。这对增进教学效果，是有很大帮助的。

有些学校，已经开始在采用苏联学校的五级分制记分。旅顺中学在这方面已经获得一些经验教训。旅中开始是单纯采用五级分制记分，并没有改革整个教学方法，教师们更没有了解掌握五级分制记分法的实质。结果是表面上采用的是五分制记分法，而实际上仍然以百分制的精神记分，这样不但没有收到应有的效果，教员们反觉麻烦。五级分制记分法的精神实质，是在平时经常注意考察学生的成绩，督促学生学习，使每个学生学习都收到应有的成绩，达到预期的应有的目标。由此可见，采用五级分制记分法，同时必须改革旧式教学方法，采用苏联学校的教学方法，教员们更应转变教学态度，要有苏联教师那样认真负责的精神，那才能收效。

在教育方面，我们要学习苏联学校的地方还很多（如学制、课程、课本、制度等的改造，都需参照苏联的教育理论与实践，来加以改造），目前，只就感想到急须学习的几个问题，提出供大家参考。

（原载于《东北教育》1949 年第 2 卷第 3 期，第 2—4 页）

改革我们的中学国文教学

一、东北地区中学国文教学现状

自从我们的中学转入正规以来，国文教学是有成绩的，是在着手努力提高学生的国文程度，教学方法开始有了若干改进，有个别学校已开始试行新的教学法，学生的国文水平确是提高了一些，特别是低年级生进步快。但同时还存在着很大的毛病。在学生方面，缺点是：（一）国文程度相当低；（二）有相当数量的学生对国文课不够重视。国文程度低，表现在：1. 阅读能力和理解能力低。很多学生不能很好地朗读课文，不能理解体会课文的思想感情，对文章分析能力差，有好些极普通的名词，如“军阀”之类，也不会讲。2. 写作能力低，一般中学生（不只是初中学生，甚至有不少高中学生），只能写三几百字的文章，而且是空话连篇，词不达意，文法不通，不大会使用标点符号，错别字相当多（据沈阳调查，高中学生与高小学生写错别字的比例相差不多）。有些中学生连日常用的条子也不会写。一个反常的现象，就是，有些高年级学生国文程度甚至不如低年级学生。

多数中学生对国文课是重视的，但也有相当数量的中学生，不注意国文学习，对国文课兴趣不高，原因是：1. 教员教不好，引不起兴趣；2. 有些学生对国文课本有不正确的认识，认为我们的新国文课本“太浅”“文言文太少”“抒情文太少”，这是一种对新国文课本的旧看法，是一种旧教育思想的反映，是国文教员中的一种旧教育思想的反映；3. 有些学生有单纯技术观点，说什么“学会数理化，吃穿都不怕”，忽视国文学习。

对课外阅读，还不够注意。在课外阅读中，虽说是新文学作品占多数，但神怪、武侠、言情、侦探等等之类的含有封建迷信反动思想毒素的旧小说，仍在中学生中有市场。

今天东北中学生的国文程度所以这样低，对国文课又有错误认识，这并不是偶然现象，而是有历史根源的。这就是伪满的奴化教育和国民党的党化教育所造成的。日本侵略者到东北实施奴化教育后，就企图消减中国语文与民族意识，改国文为“满语”，造成一种不三不四的“协和语”，并在教学中尽力灌输奴化思想，培养单纯技术观点。国民党在占领东北的期间，在学校里继承日本的奴化教育精神，实行封建的、买办的、法西斯主义的教育，并且没有好好上课，荒废了青年学业，中学国文课尽是教含有封建的、买办的、法西斯主义的思想毒素的文言文。这些历史事实，显然说明了今天东北学生国文程度所以这样低以及对国文课的错误认识，正是过去反动的教育所造成的恶果之一。

在国文教员方面，近年来在学习和教学中都有些进步，但有两个弱点：一是国文素养差，特别缺乏新文学素养；一是政治素养差，缺乏新思想、新观点与新方法，教育思想陈旧，对传统的旧教法改革不多。具体地分析一下，目前东北中学国文教员大致可分为三种类型：第一类思想较进步，受过新教育训练，有些新知识，学过一些新文学，教学观点比较新，教学态度积极认真，教学方法有若干改进，也不太死板，较受学生欢迎。这类国文教员人数不多，确是今天东北国文教学中的积极分子。他们当中有些人文化水平低，需要提高；有些人矫枉过正，走了极端，把国文课当政治课教，其原因是中了党八股、教条主义的毒，须要加以纠正。

第二类有一定的国文水平和若干新文学知识，思想倾向进步，但他们当中有些人却主张什么“纯文学观点”，主张“为艺术而艺术”，说什么“艺术形式，不需要政治内容”。这些人教国文，多不注意思想内容，而单纯着眼于语文技巧，好搬弄洋八股、洋教条。原因是他们虽受了“五四”以来新文化运动的影响，反对文言文，赞成教白话文，反对老教条、老八股，赞成科学和民主，但他们却又中了资产阶级的形式主义与超阶级观点的毒。中了洋八股、洋教条的毒。努力克服洋八股、洋教条与形式主义的病根，这是改造和提高他们的关键。

第三类有相当的文化程度或旧文学知识，并有旧的教学经验，但思想保守，故步自封，对学习新东西兴趣不高，缺乏新思想、新观点和新方法。他们现在教国文，多数还是老一套，墨守成法，单就字面讲一讲，教学生死读书；对新课本，还不会讲解，因而他们讲书，往往是牵强附会，随意歪曲，胡诌乱扯，敷衍了事。有些人甚至不惜用低级趣味，引起学生哄堂大笑，借此以混钟点。这类国文教员的教学思想，中老八股、老教条的毒比较深。原因是这类人受“五四”以来新文化运动、新文化思想的影响少，在“九一八”以前，在伪满统治时代，在“八一五”以后国民党统治期间，他们一直是在教含有反动思想毒素的文言文，教老八股、老教条。今天时代大变了，他们一时还来不及跟着时代转变。这就是问题的本质。因此今天采用新课本，教学含有新思想的白话文，对他们是有困难的，于是就有人说什么白话文没有什么可教的。努力学习新知识、新观点与新方法，改造自己的旧思想、旧观点与旧方法，这就是他们的新生之路。

以上所讲的就是东北地区中学生与国文教员的简略情况。也就是我们改进国文教学的一个出发点。

二、中学国文教学的任务

从前面所讲的情况可以看出一个问题，就是国文教员对国文教学的目的还缺乏一致的、明确的认识。因此有些人单纯着眼于语文技巧的教学；另外有些人，只偏重于国文课中的思想教育问题，各走极端。这次会议对这个也展开了争论。

我们中学里的国文课，实际上包括中国语文和文学习读两部分东西，而这两部分东西又往往是结合成一体的。语文是表达思想的工具，思想必须要凭借语文的形式才能表现出来。人们是用语文形式来表现自己的思想感情。一切先人所积累起来的经验，是靠着语文的帮助，才一代一代传授给后人的。我们要把我们现代的生产斗争和革命斗争的经验表达出来，传留给后代，也要依靠语文。现在的中国语文，是我们祖先一代一代传留下来的，里面蕴藏着我们先人的生活和争斗的思想、感情和经验教训，青年儿童在学习语文中，就可以领会到祖先的精神生活和力量，从祖先那里得到启示、鼓舞和教训。我们要掌握社会科学和自然科学的知识，若没有一定的语文修养，就很难看懂社会科学与自然科学的图书。语文是学习和工作的一种基本工具，也是一种斗争武器。因此我们要教年轻一代学习掌握语文。

高尔基说："文学是社会阶级和社会集团的感情、意见、企图和希望等意识形态的形象表现。文学是宣传某种思想的最普通和最有效的手段。"文学通过艺术形象，对一般人说，比哲学和科学更有说服力量。革命文学，不仅反映现实斗争，并且还用新思想来教育人民，引导人民前进，对革命斗争起着积极作用。它培养人民的革命思想，激励鼓动人民去斗争，改造人民的性格，培植人民的新的高尚的道德品质。革命文学，是革命斗争的有力武器之一，是一种思想斗争的武器，一种有效的宣传教育工具。革命文学，具有改造社会、改造思想的伟大效用。年轻一代，可以从文学学习中受得很好的教养。因此，我们应教年轻一代获有一定的文学教养。

既然说语文是表达思想的工具，文学是一定的意识形态的形象表现。一篇文章，就是一定的思想的表现形式，思想是它的内容，文字是它的形式。在这里，文字与思想是不可分割的。也就是说，形式和内容是一个统一的结合体。讲一篇文章，就必须既要讲明它的思想内容，又要讲明它的表现形式。只讲一面，就是偏差，那是不对的。我们选择教材和评判文章，有两个标准，第一是政治标准，第二是艺术标准。毛主席指出："我们的要求则是政治与艺术的统一，内容与形式的统一，革命的政治内容与尽可能高度的艺术形式的统一。"

由此可以得出结论：中学国文教学的基本任务，是要使学生学会了解与运用中国语文，获得一般的文学教养；同时又从学习语文与文学习读中，获得革命思想与道德品质的教养。这就是说，中学国文教学的基本目的，是在使学生获得中等程度的国文知识，这里面包含有双重任务：语文教育与思想教育的双重任务。前者是语文课本身独特具备的特殊任务；后者则是各科共同具备的一般任务。各科教学，都必须服从总的教育方针和任务，除了完成本身独具的特殊任务外，还要对整个思想教育担负一定的任务。国文教学在完成本身任务的同时，就必然会对思想教育发生一定的作用。

具体地说，语文教学本身独有的特殊任务，是在提高学生了解与运用语文形式的能力，即提高学生的阅读能力与写作能力，作为学习与工作的基本工具。

阅读能力的标准，要求达到：能读一般的报章、杂志，普通的社会科学、自然科学与文艺的书籍。

写作能力的标准，要求达到：能写日常常用文件，如书信、函件、日记、笔记、记录、工作报告、工作计划、新闻通讯、调查报告、讲演提纲、普通论文等。

作为一个中学生，无论是升学也好，工作也好，都应该具备上面讲的阅读与写作能力，达到上面讲的标准。

中学国文课，按照上面讲的标准，究竟要选择什么教材来进行教学呢？文言文要不要教呢？按照上述标准，在阅读上要能阅读各方面的书籍，在写作上要能写作各种各类的普通常用的文章；那么国文教学就应该按照上述标准和“学以致用”的原则，选择古今中外各种类型的适合于中学生学习的模范文章来进行教学。列宁讲过，要教青年吸收全人类知识的宝藏。因此，中学国文，不只是要教学今天的语文，而且还要教古代的语文，不只限于教学中国的东西，外国的东西也可以教学。毛主席不是也教我们要学习古代语言和外国语言吗？但我们教学古代的和外国的语文，不是无条件，漫无标准，而是要有条件、有选择地教学。选择标准，就是选择古代的和外国的精华，去其糟粕。这就是说，封建的、反动的东西不要，而要选择进步的、有民主性的、有生气的、对我们有用的东西。中学国文课虽说是古今中外的文章，都可以教学，但必须有重点，我们必须着重教学今天的、中国的语文和文学，因为我们所培养的中学生，是生活在现代的中国，主要是使他们能掌握和运用现代中国的新的语文，以便进行学习深造和从事工作，使他们能阅读现代中国的社会科学、自然科学与文艺的书籍，使他们能写作现代中国新生活建设所需用的文章。这就是决定中学国文课选材的主要根据。

中学国文课教不教文法？中学国文课，是应该教学一些基本的文法知识的。我们中国的语文形式，是有一定规律的。我们无论是作一篇讲演，或写一篇文章，都必须有一定的组织结构，甚至讲一句话，也是如此。前面说过，现在东北中学生，有些人讲话讲不完全，或说得半通不通，写文章写不通，标点符号也不会使用。原因之一，就是缺乏语文知识。因此基本语文知识是要教学的。但如果有人说学习语文规律，就是国文教学的唯一的目的，那又只知其一，不知其二，把问题提偏了。反过来讲，如果说完全不需要教学文法，那也不对。前面已讲过，国文教学，既要讲到语文形式，也要讲到思想内容，两者是不可分割的，我们不应顾此失彼。语文既是思想的工具，那么语文规律必然和思想规律是一致的。因此教文法，也不应孤立地讲，而应配合着文章习读讲授。在中国，语言和文字之间，有相当的距离，很不一致。新的语言文字，应该尽可能取得一致。我们应朝着这个方向努力。

毛主席曾经指示过我们，中国的新的语言文字的形式，早已产生，但尚未充实，尚未获得普遍发展。必须要破坏洋八股、党八股，新的语言文字的形式才可获得充实，获得普遍发展。一般知识分子讲话和写文章有个通病，就是一股“学生腔”，语言不丰富，乏味得很，不受群众欢迎。因此毛主席号召大家要用很大的气力下苦功夫去学习语言：“第一，要学习人民的语言。人民的语言是很丰富，生动活泼的，表现实际生活的。……第二，要学外国语言。……不是硬搬外国语言，是要吸收外国语言中的好东西，于我们的工作适用的东西。因为中国语言不够用，现在我们的语言中就有很多是吸收外国的。……第三，我们还要学习古人的语言。现在民间语言，大批是由古人传下来的，古人的语言宝库还可以掘发，只要是有生气的东西我们就应该吸收，用以丰富我们的文章、演说和讲话。当然我们坚决反对去用已经死了的古典，这是确定了的，但是好的合理的东西还应该吸收。”毛主席还特别强调地指出：“学习各种语言中，特别是人民的语言要用功学习，人民语言中，又特别是工农兵群众的语言要用功学习。”

中外古今的语文都要学习，其目的则是要使学生学会新的语文，即民族化、科学化、大众化的语文。

由此可见，我们在国文课中，应注意语文知识的教学，而且应该依照语文这门科学本身的逻辑循序渐进地编排教材，进行教学。把国文课当政治课讲授，忽视语文形式的教学，那是忘了国文课本身的独特任务，这是不对的。

再讲国文课中的思想教育问题。思想教育在我们学校里，占有头等重要的地位；但我们并不专设一门思想教育课，而是把它贯穿在全部课程与整个学校生活中。我们学校的各门功课，各种活动以及日常生活，全要贯彻我们的思想教育。我们学校的教学，对于自然界与人类社会的各种现象，全要用科学的唯物主义的观点和方法来研究、分析与解释。我们曾经指出过，思想教育的主要目的，是培养科学的唯物主义的世界观，使青年对世界得到一种科学的认识，从而知道如何去改造世界。这种世界观，是要依靠各科系统的科学基础知识的帮助来形成的。同时我们也指出过思想教育还应进一步彻底肃清封建的、买办的、法西斯主义思想的余毒，注意发展为人民服务的思想和培养人民爱国主义的精神，国文课和其他学科一样对思想教育也负担有一定的义务的。

必须指出，除了政治课外，在文化课中，要算国文课中的思想教育意义最显而易见，因此我们很重视国文课中的思想教育。国文课教学内容接触面比较多，不仅谈到社会生活，并且还讲到自然知识，特别是文学作品，通过艺术形象的手法，比自然科学与社会科学理论书籍更具有强烈的说服力量，最容易感动人的心灵。因此国文教学，除了本身独有的语文教育的功用之外，对于改造思想，培养新的道德观念，能起很大的作用。因此我们要在国文教学目标中强调地提出思想教育的任务。至于所谓“为艺术而艺术”，所谓“艺术形式，不需要政治内容”的“纯文学观点”，这种超阶级观点，实质上不过是资产阶级掩饰自己的阶级实质的一种欺骗人的烟幕弹罢了。这种观点对青年是有危害性的，必须要加以纠正。

国文课的思想教育，除了注意培养科学的唯物主义的世界观之外，还要注意新的道德品质的修养。要激发青年有所爱，有所恨。要教育年轻一代，热爱人民，热爱祖国，热爱科学，热爱劳动，爱护公共财物。要教育青年效忠人民，效忠祖国，愿为人民事业服务，愿为保卫人民祖国英勇奋斗，甚至不惜流血牺牲。要教育青年团结国际友人，和他们亲密合作。要教育青年痛恨人民公敌，痛恨帝国主义，痛恨反动派卖国贼，使青年对人民公敌有深恶痛绝、不共戴天的仇恨。还要教育青年完全摆脱奴化思想的影响，养成主人翁的感觉，帮他们树立一个崇高的为人民事业奋斗的宏大理想和志向。

再有在国文教学中，要注意美育，培养学生有审美的能力，有高尚的情操，有欣赏文学作品的兴趣。

要声明一点，我们说在国文课中注意思想教育，并不是说要在国文教学中说教，把国文当政治课讲，国文教学还要按照国文教学的规律进行，同时又要注意善于利用语文教学，特别是利用艺术形象，来启迪、感动、激励学生，取得潜移默化的功效。

总起来说，中学国文教学，是要教学生了解中国语文，并学会正确地、恰当地用语文形式表现自己的思想，在这当中势必产生思想教育的效能。因此在进行国文教学的当中，除了注意完成本身独特的任务之外，还要注意从它那方面完成一定限度的思想教育。因此不要人为地把国文教学和思想教育对立起来，而应善于按照国文教学的逻辑把两者统一起来。

三、中学国文教材和教法的问题

先谈一谈中学国文教材。各中学必须按照东北人民政府所颁布的《中学教育暂行实施办法》的规定，一律采用东北人民政府教育部所规定的中学国文课本，如果需要编补充教材，应经过当地教育厅、局审查。教育部编的教材，基本上是正确的，是符合于民族的、科学的、大众的新民主主义的教育方针的。但在编写的技术方面有毛病，程度深一些，分量也重了一些，还不很适合学生程度，教师们在教学当中发现教材有毛病时，可以提意见，但不能乱讲，要经过一定的手续，经过学校与教育厅、局送到教育部来，作为将来修改的参考。

关于国文教学法问题。我在这里只提出关于国文教学法的几个基本原则来供大家参考。

国文教学跟其他学科一样，首先要教师有系统地、透彻地讲明课本的课文。要尽力设法解决学生学习中的疑难，使学生能了解每课所教学的东西。同时必须用适当的方法教育学生研读课本和有关的书籍，指导学生独立作文、自习、做其他指定的作业，教员应该有系统地教育学生独立研究、分析问题，尽力使学生能够掌握国文课所确定的语文知识。我们曾经指出，教学应循序渐进。所谓循序渐进，一方面是按各门科学本身的逻辑，顺着它的次序进行教学；另一方面，按着一般教学的基本原则，循序渐进，这就是要遵循“由浅到深”“由易到难”“由简到繁”“由已知到未知”“由一般到特殊”“由具体到抽象”“由整体到局部”几原则。

国文教学应该注意指导学生阅读，不仅是要注意默读，同时还要注意朗读，借以提高阅读能力。国文教师应该指导学生写作，提高学生的写作能力。写作应该多练习，因此定期的作文不应过少。除此之外，还应当指导学生做课外的习作，如墙报、日记、书信、记录等等之类。批改作文主要是教员的责任，教员应认真负责地批改，批改作文方法应该改进。旧式批改方法，以及那种笼统的批语，如“通顺”“明白”等，作用不大，也是老八股。批改应具体指出其错误及其纠正的办法。学生自己集体批改也不恰当。我们反对这个做法。

关于写字问题。应教学生养成正确整齐的书写能力和习惯。有些学生写的字非常潦草，看也看不清，认也认不出，是不好的。文章是写给别人看，字应该写得整齐正确。通用的简笔可以用，但要认识本体字。简笔字对改革方块字有它进步的意义，但是不要把简笔字和错别字混为一谈。我们赞同写简笔字不等于提倡写错别字，写错别字还是要纠正的，更不同意学生随意杜撰乱造字。

国文教学应当联系实际，主要是联系现实生活，和课外活动作适当的配合。如讲演、报告、晚会中的朗读、文学问答和讲故事、墙报、开会记录、书信、演剧、看电影等活动，都可以和课堂的国文教学联系起来，增加学生的文化修养，可以使学生学会把课堂里所学的国文知识应用到实践上去，使他们知道所学的东西有实践的意义。我们的学校里，都有一定的校外社会活动，如到工厂、农村去做宣传活动、社教工作、义务劳动以及旅行、参观、调查等。国文教师应该指导学生从这些校外社会活动中，去接近群众，了解群众，体验生活，同时还可以教他们把自己的见闻与所做的事情写出来，借以练习写作。再有，国文教员应该指导学生课外阅读。这种工作对提高学生阅读与写作能力，提高语文知识与文学教养，都有很大作用，国文教员应当加以重视，并有责任指导学生的课外文学阅读。教育部草拟了一个课外阅读的书目，提供大家做指导学生课外阅读的参考。

与教学方法有密切联系的一个问题是教学态度问题。教员要教好功课，必须要有认真负责的教学态度才成。苏联的教师有一个宝贵的品质，就是在教学上极其认真负责，把一个个学生都教好。教员对学生的学习，应该全面负责，不但要在课内负责教好，而且要对课外学习负责指导。在教学过程中，教员是个决定因素。当教员的人，必须要认真负责地干，那才能发挥他在教学上的积极性和创造性。因此教学必须要教员认真负责，那才能不断改进、提高教学质量。

在国文教学中，现在还存在着很大的偏向，不努力纠正这些偏向，国文教学就得不到改进，不能提高质量。目前国文教学的主要毛病，就是形式主义，教条主义。犯这种毛病的人教国文，多是教学脱离实际，教学生死读硬记，记下一堆既不知应用也不理解的抽象的文字，讲课是逐字逐句讲，光在字面上打圈子，把语文形式硬和思想内容分割开来，单纯着眼于文章技巧，不是搬弄老八股，就是搬弄洋八股，硬套公式，讲什么“烘云托月法”“开门见山法”，把有生动内容的文章变成了刻板的公式和死硬的教条，把学生教成咬文嚼字的书呆子。有些教员，教不了新课本，甚至采用什么“换语法”，以字换字，如讲“太阳从东方出来”，就是“日头从东山上来”，还有的人把白话改成文言，如讲“天蒙蒙亮”就是“黎明”。这些人往往是不顾学生的实际水平和接受能力，硬赶进度。他们制教案，是墨守成规，死板地填公式。

另有些人却走到另一个极端，你提倡理论与实际联系，在教学当中要注意实物教学，他就把联系实际和实物教学绝对化了，公式化了，于是在国文教学中，也不免出现了牵强附会的实物教学，生拉硬扯地联系实际的现象。比如有的教员讲“人皮”那首诗，就在教室中照着诗中的写景，画张人皮挂在树上，用暗淡的灯光照着，把教室布置成阴森森的环境来进行教学。又有的教员讲毛主席的时候，就教学生扮演毛主席。像这样的实物教学，是有弊病的，是不可效法的。实质上这也是矫枉过正，流于形式，是对实物教学与联系实际的一种歪曲，需要加以纠正。要明白使教学联系实际，主要是使教学与实际生活联系起来，使学生学习在实践中运用既得的知识，使学生所学得的知识具有积极的实践的意义。

至于把国文课当政治课教，则是一种新八股，是一种教条主义的表现形式。

形式主义、教条主义的教学法，是旧式学校遗留下来的传统教学法，有长久的历史。必须用很大的努力来克服形式主义、教条主义，才能产生理论与实际一致的新的教学法。

其次是教学中的放任自流现象。有些人提倡采用自学辅导的方式，进行教学。另外又有些人提倡用什么“民主启发式”进行教学，教员上课的时候，自己不讲课，退作壁上观，而让学生去“民主讨论”，最后把学生讨论的意见简单归纳一下，叫作总结，这样就算完事，甚至还有连总结也不做，而采用学生举手表决的方式解决问题，结果闹出不少笑话。本来在教学上提倡民主，采取启发的方式，是有积极意义的。但有些人深受形式主义的影响，好走极端，你提倡民主，他就民主到放弃领导，你说启发好，他就把启发变成自发，结果跟自学辅导一样，是降低教员作用，使教学带上自发的性质。更糟的是有的人甚至假借“民主启发”之名，来掩饰自己教学上的无能或偷懒。总之，不论如何，这种教学上的自发论是错误的，必须加以纠正，要做到先生教好，学生学好，必须要积极发挥教员的作用才成。

在目前改进国文教学中，必须努力一方面对教学中的形式主义、教条主义做斗争，克服这种右倾的保守思想；另一方面，要对教学中的放任自流现象做斗争，纠正左倾的反科学的教育观点。只有纠正这两种偏向，才能使我们的国文教学得以改进，提高一步。

四、中学国文教员的学习问题

前面已经讲过了，目前东北的中学国文教员的教学思想很混乱，有些人文学水平也不高。而教员却是教学过程中的一个决定因素，提高师资是提高教学质量的一个关键。因此，改造和提高师资质量，有非常重大的意义。应该认识到，我们学校的教员是人民政府有力的支柱之一，人民政府给他们一个光荣而艰巨的任务，这就是要他们以毛泽东思想来教育、训练、改造青年，为新中国培养年轻的一代，为新社会培养建设者。人民政府的教育政策与教育计划，毛泽东的教育思想都要依靠教员来执行和贯彻。教材与教员是实现新教育思想与教育计划的两个主要环节。今天人民学校的教员，应该是新教育思想的体现者。人民政府和中国共产党历来都很重视教员与教育工作者，当教员的人应该深刻地体会到自己所担负的任务的伟大意义，应该认识到当教师的人应该做青年的师表，因此，教员们应该力求进步，以身作则来影响青年，做青年学生的模范。

为了要完成人民政府所给他的光荣任务，把学生教好；为了不辜负人民对自己的期望，教师一定要努力学习，改造旧思想，树立新思想，改造旧作风，树立新作风，改造旧方法，使用新方法来提高自己的思想水平和业务水平。

今天当一个好的教员应该是才德兼备。做一个才德兼备的新时代的教员应该具备政治、学术与教育三方面的修养。前面讲过了，当前中学国文教员有不少人受旧教育的影响深，还保留有旧观点、旧方法，缺乏新知识、新观点、新方法，这就有加强学习的必要。国文教员们应该在政治上、文学上和教育上加紧学习，提高自己。

第一，要学习政治和理论。应该学习马列主义的基本理论和毛泽东思想以及时事政策。教员们要教育学生树立一个科学的唯物主义的世界观，那他们自己就应该先学习掌握马列主义的基本理论，学习运用辩证唯物主义和历史唯物主义来进行教学，用以解释自然界和人类社会发展状况，用以分析、研究、解说各种问题。教员们要教学生树立一个正确的坚定不移的政治方向，那他们本身就应该有一个正确的坚定不移的政治方向，坚决地跟着毛泽东的旗帜前进，因此就需要学习毛泽东思想，中国革命基本问题，中国共产党和人民政府当前的具体政策。比如《共同纲领》是我们中国当前的根本宪章，毛主席的《新民主主义论》与《论人民民主专政》这是当前中国人民民主革命的指南，教员们都应该好好学习。政治理论的学习是个基本的学习，应该重视。轻视政治理论学习，是错误的。

第二，要学习文学。前边已说过了，今天教员中有相当一部分人缺乏新文学修养，还保留着旧文学思想。这些人就应当学习新文学，增进新文学知识，并以新文学思想来代替旧文学思想，从而改变国文教学观点与方法。在这方面，如毛主席《在延安文艺座谈会上的讲话》《反对党八股》和《宣传指南》《马克思主义与文艺》，郭沫若在最近全国文代会议上的报告以及东北文代会议上的报告等文献都应该成为国文教员的必读书籍。除此之外，如有空闲可阅读近代中外有名的著作提高自己的文学素养。

第三，要学习先进的教育科学。教学工作是教员的专门业务。因此必须学习教育科学，借以精通教学业务，这是教员们完成教学任务所应有的条件。在这方面，应该特别注意学习苏联的先进教育理论和实践，要学习马恩列斯的教育学说，还要学习毛泽东的教育思想，应该学习用马恩列斯的教育学说和毛泽东教育思想来武装自己的头脑，应该用这些先进的教育理论来代替各种旧教育思想（如封建的、买办的、法西斯主义的教育思想，资产阶级的旧民主主义的教育思想等）。用先进的教育方法来代替陈腐的教育方法。用理论与实际一致的教育方法代替与实际脱节的教育方法。用自觉的纪律代替强迫的纪律。用有领导的民主管理来代替专制主义的训育制度。

学习的目的在于应用。国文教员的学习，为的是要改造自己的思想，从而改进国文教学。那么理论学习也是要达到这个目的，文学学习也是要达到这个目的，教育学习也是达到这个目的。因此，政治、文学、教育三种学习，都应围绕着国文教学业务互相配合着进行，而且要有计划、有步骤、有重点地进行。应该善于把学习和实践结合起来，要善于应用已学到的理论知识，在教学实践中，改进自己的教学。

因此，除了政治、文学、教育理论学习之外，还应该从教学中学习教学，随时在马列主义理论与毛泽东思想指导下总结国文教学经验，找出国文教学规律，并用这些规律去改进自己的教学，这样学习是最实际最有效的。

有些人很愿意学习，这是好的。但是目前也有些人不愿意学习，认为自己已经有一套了，用不着学习了。要知道你那一套是老一套，不合时宜了。“老一套”有两种：一种是旧社会的老一套，不是老八股、老教条，就是洋八股、洋教条，这个老一套，是错误的、反动的、反科学的、垂死腐朽的东西，应该加以清算，弃之如敝屣。旧的不去，新的不来。你们只有下决心打破旧思想，那才能树立新思想。另一种是从老解放区搬来的老一套。老解放区的教育工作在 20 多年中，确实创造了很多经验，但是要知道，这是长期农村环境与战争环境的产物，今天全国已经由战争转入和平建设，过去的经验有很多是很宝贵的，是新教育的基础，但是有些已经不适合了。因此，机械地搬用老解放区的老一套，可能会犯经验主义的错误。我们绝不能满足于过去的成绩，必须继续努力学习新的东西，才能进步。因此，大家应努力学习，打破老一套，那才能产生新的进步的东西。

现在的学生进步比老师快；古语也说过：“后生可畏”。教师们要是愿意全心全意为人民服务，不甘愿落在青年后面，不甘愿做个向隅而泣的时代落伍者的话，那么你们就应该努力学习，力求进步。希望你们努力争取做一个新时代的教师，完成人民祖国所给予你们的教育青年一代的光荣而伟大的任务！

（本文为 1950 年 2 月 28 日董纯才在东北区中学国文教学研究会上所作的结论，原载于《人民教育》第 1 卷第 2 期）

注意全面发展，增进学生健康

一、目前学生健康状况及不健康的原因

近年来，东北区中、小学生的政治觉悟与文化水平是显著地提高了，在身体健康方面，虽有若干进步，但一般说来是很不好的，不少学生的身体不够强健，营养不良，多有疾病。

当前学生不健康的历史原因是日本侵略者和国民党造成的遗害。今天的中、小学生，都过过伪满和国民党统治下的悲惨奴隶生活，身体健康都受到损害，再加上伪满和国民党，都忽视学校的健康教育，因此他们在少年或儿童时期，身心发育都是不好的。

还有在解放战争时期，人民政府须集中力量来进行解放战争，当时的学校教育，也不可能用大力增加体育卫生设备与改进健康教育。

形成学生不健康的原因，除了上面所讲的历史根源与战争环境之外，还有四点：（一）学生负担过重；（二）不注意卫生；（三）不注意营养；（四）不注意体育。

学生负担过重，来自两方面，一方面是功课繁重，另方面是课外社会政治活动过多。自 1949 年秋以来，曾先后采取精简课程，规定每周

上课时数与课外活动时间，制定各种教学进度，改用新教科书等措施，借以减轻学生的学习负担，这在初中是取得了一些效果的。但要承认，直到去年下学期，中学生特别是高中生课程仍未彻底精简。目前初中功课主要重在：（一）补充教材，多而深，学生接受不了。（二）留习题太多，学生赶不及，做不完，形成负担。（三）硬赶进度，学生吃不消。

高中学生功课重，第一是课程标准高，学生程度低，教学内容与进度都超过了学生的接受能力。第二是高中二、三年级还采用一部分旧教科书，分量较重，各校在规定时间内很少能学完。第三是经过文理分科的学生，理科抛掉了文、史、地等学科，文科抛掉了数、理、化。1950年秋季调整课程后，文理科学生都感觉相对地加重了课程分量。高中教师在教学中赶进度的现象也相当严重。

小学主要是高小的功课也有些过重，学习时间过多，再就是有的教材分量重，程度深，学生接受不了。

课外社会政治活动过多。首先是学生干部课外负担太重。他们兼职多、会议多、任务多，影响到健康与学习。

产生这些情况的原因，首先是学校行政、学生会、青年团工作内容重复，而工作系统和办法又各搞一套。例如行政布置时事学习，团也布置，不能很好结合。同时学校里临时任务多，宣传、文娱大事小情总得由青年团学生会号召、布置、检查、总结。此外有些学校，还把学生当职员使用，把一部分行政管理与思想教育工作都推在学生干部身上。有的学生反映：“我们成了总务处的附庸了。”某些学生干部代替辅导股做工作，掌握全校学生思想情况，考虑如何帮助教育，解决思想问题。

一般学生的课外社会政治活动也太多。一般中、小县城，特别是边僻县城的中、小学校的校外社会政治活动更频繁，负担更重。开大会布置会场，当记录、招待，担任宣传，出演戏剧、秧歌等，都是学生们的事。学生在一般晚会中演剧，每天出演总得花两小时左右，事前排演花的时间当然是更多，而且常常突击排演到深更半夜，白天下课休息还背台词，甚至占用正课时间排练。扭秧歌、演大剧不分性质一出演就是半天，事毕常有人请病假。有些学校，因出演剧目繁多，有的学生竟至化好妆在堂上听讲。抚顺市有个完小在去年下学期四个月零四天当中演了三十多个戏，共出演四十到五十次。吉林有一个学校，一年演了一百三十九次戏。这简直变成了剧团，那还成什么学校。

有些学校领导上强调生产或建校，劳动过多，也形成学生的负担，影响到健康和学习。有些学校有将劳动代替体育的看法，体育课经常进行劳动。总务工作同志，有时从经济观点出发动员学生劳动。此外学生还要轮流打更、站岗。

不注意卫生，这在我们的学校里，是个普遍现象。一般学校环境卫生都不好，多数学生都缺乏卫生习惯，缺乏卫生常识，不少的学校学生不常洗脸、刷牙、梳头、洗脚、洗澡，不用手帕，不常洗换衣服、被褥，满身虱子，喝生水，随地吐痰不注意公共卫生，共用手巾脸盆洗脸。女生处理月经多使用农村落后的办法，这就是形成月经病的根本原因之一。另外还有些女生有束胸的恶习。

学校环境卫生不好，多少是受一些条件限制的，如有些学校校舍，原来建筑就不合式，如光线不足，面积狭小，潮湿，缺乏通风设备等。又如有些学校的学生用桌椅也不合规格，或是太高，或是太低。再就是学校发展很快，因受经费限制不能增加校舍，但为了满足人民与国家建设的要求，又不得不多收学生，以致超过校舍应有容量，形成教室与宿舍的拥挤。这是问题的一方面。

另一方面则是学校当局主观努力不够，即对卫生问题不注意或注意不够，这表现在几方面：（一）不注意清洁、洒扫，不少学校的教室、宿舍、厨房、饭厅、厕所等场所都很脏。（二）因陋就简，没有积极想办法改进卫生设备。有些是在今天条件下可以改进的也没有加以改进。（三）对学生缺乏或很少进行卫生教育，没有给学生以应有的卫生常识，并使之养成卫生习惯。（四）不注意女生的卫生。如女生月经来时，照样参加体育运动或生产劳动，这就是形成女生月经病的另一个原因。

营养不良。这在一般学校中也是个普遍现象。这和人民经济生活的水平是相联系的。今天工农群众的生活水平比过去是提高了，但一般说来，由于解放时间还不久，还来不及提到应有的标准。因此，一般工农子弟，在家庭所吃的伙食，不能是营养丰富。有些地区一部分自费生的伙食标准较低，还达不到机关大灶的标准，一般学校住宿生伙食标准也不能高。但这只是这个问题的一方面。而且要指出：伙食标准是随着人民经济生活的上升而逐渐提高，绝不能一下子就达到目的。

当前的营养不良问题，还包含着伙食的管理与调制不适当的原因。首先在伙食管理上没有注意到营养、卫生问题。没有根据现有条件选择价廉而又富营养的食物，没有制定可能办到的食谱。很多学校，在主食方面都是偏食和粒食（即吃颗粮）。在偏食方面，天天吃一样的饭菜，不仅使学生不感兴趣而且形成营养素偏于一方面，不容易得到身体需要的各种营养素。粒食（颗粮）的毛病，就是吃整粒米饭不容易消化，因而营养素不能被充分吸收。再就是暴食，平时吃不到油水，隔一个时期会餐一次，大吃一顿，每次会餐之后总有学生闹肠胃病。因为一次吃油腻过多，不能消化。还有吃饭时间相隔太久，走读生早晚吃饭都是两头不见太阳，中间相隔常在十小时以上。冬季大多数学校是每天两餐饭，两餐之间相隔九至十小时。中午不吃饭，午后学生常感觉肚子饿，这就形成学生早晚两顿拼命多吃，吃得过饱，给予肠胃过分负担。另一个原因即对管理员与炊事员缺乏政治与业务教育，因此，他们不注意卫生及改进烹饪的办法，不注意节约，以致影响到伙食的改善。

体育活动少，这也是一个普遍现象。多数学生只注意政治课文化课，认为体育课是可有可无的课程，因此在课外活动时间，很多学生还在屋子里埋头用功，不爱参加体育运动，缺乏应有的体育锻炼。其原因是学校对体育不注意，没有明确的教学目的，没有统一的教材，没有统一的计划，缺乏督促与检查，由体育教员各搞一套，引不起学生的兴趣与重视。体育课时常被占用来补别的课或进行课外活动。体育设备也差，有的学校甚至还没有运动场，体育教员水平不高，其中有很多人是没学过体育的，很少或缺乏体育教学的业务修养。有些人指导体育运动是不分性别、年龄与体力，让学生一律做同样的体育活动，高年级与低年级不分，男生女生无区别，甚至女生月经来时同样要她们参加运动。这就违反了体育的目的，有损学生的健康。

再进一步追究下去，所以造成上述四种现象的根本原因，则是主观主义与客观主义思想作祟，则是受传统教育、旧教育思想的影响，缺乏全面发展的教育思想，只注意到政治教育与文化教育，忽视健康教育。在我们中小学规程中，明确地规定了政治教育、文化教育、健康教育三项施教目标，但有很多人只注意前两项忽视了后一项，认为体育课是“副课”，是“下三门”，不过是“跳跳蹦蹦”而已。而教育部门对健康教育的实施的督促检查与具体指导也是很不够的。

二、注意全面发展，改进健康教育

前面已讲到目前学生健康不良的状况是非常严重的，这应引起我们的特别注意。如果再让这种现象继续下去，就要使青年一代的身心遭受损害，这对国家民族是不利的。我们必须遵照毛主席的指示，采取切实有效的办法，增进学生的健康。

为此，必须首先克服忽视健康教育的思想与做法，树立全面发展的教育思想，反对主观主义与客观主义，改进健康教育。

须知，健康就是力量；增进青年一代的健康，就是增进国防力量与生产力量。因此，我们应努力设法提高学生的健康水平。

新民主主义教育的任务，是为民族教育新后代，为国家培养建设人才。毫无疑问，新民主主义教育所培育出的新后代与建设人才，绝不是畸形发展的人物，而应是全面发展的新人。因此它必须包括智育、德育、体育、美育四个构成部分。由此可见，健康教育（实质上就是体育），是以全面发展为目的的新民主主义教育的不可缺少的一个有机组成部分。它是配合着智育、德育与美育，共同为实现总的目的，来把学生培养成为全面发展的新人。旧式学校，从封建社会的蒙馆和书院演变到半封建半殖民地社会的“洋学堂”，一般说来，都是“重文轻武”，只注重书本知识，忽视身体锻炼，往往是把学生培养成肩不能挑担，手不能提篮的畸形发展的文弱书生、书呆子。我们的学校，必须革除这种传统教育的积弊，应努力使青年一代得到个性解放与个性发展，使青年一代获得比较全面的个性发展，将来到社会主义社会和共产主义社会，还要再进一步使青年获得更完满的个性全面发展，即完全消灭体力劳动与智力劳动之间的对立。

因此，轻视健康教育的偏差，必须予以纠正。今后对政治教育、文化教育与健康教育几方面，即对智育、德育、体育与美育四方面都应给予应有的重视，使青年一代在智力、道德、体格、美术等方面都得到适当的发展。

健康教育（体育）的目的是在为祖国培养强壮有力、忠诚勇敢的建设者与保卫者，使他们热爱祖国，愿为祖国的安全与建设事业而献身奋斗。为此，就要使青年一代的身心得到健全的发展，身体强壮、精力旺盛，以作将来参加劳动与国防的准备。

健康教育，即体育的任务，包括下列几项。

（一）保证学生身体的正常发育，使身体各部器官的机能得到适当的发展和加强，借以提高体力，增进健康。

（二）使学生具备一定的体育、军事与卫生的知识和习惯。

（三）锻炼学生的意志和性格，使他们意志坚定，富有毅力，并具备刻苦、耐劳、勇敢、果断、敏捷、精确、遵守纪律与团结友爱的品质。

卫生教育是健康教育的重要一环。讲究卫生是增进健康的基本方法。从小学起到中学都应进行卫生教育，使学生充分认识卫生的重要，得到必要的卫生常识，自觉地注意卫生，把所学的知识应用到生活实践中去，和不卫生的恶习做斗争，养成自觉的良好的卫生习惯。为了使学生从小起就过惯有规律的生活，养成自觉的良好的生活习惯，学校应建立严格合理的生活日程表，学习、运动、休息、吃饭、睡眠时间，都规定妥当，让学生遵照执行。

儿童与青年正在发育期间，要求有足够的睡眠时间，初小学生每夜睡眠不得少于十小时，高小与初中学生要睡九小时，高中学生要睡八小时。

儿童、青年每日学习时间也应适度，不宜过多，过多就会损害身体健康。高小学生每日学习以六小时为限度，初小还要减少，初中学生以八小时为限度。高中生以九小时为限度。

食物消化过程，约需四小时左右，因此两顿饭之间不宜相隔太久，相隔太久是不卫生的。每日以吃三餐饭较为适宜。儿童青年每日必须要有两三小时在新鲜空气中游戏、运动、散步，星期日、假日，最好抽出半天时间。

环境卫生对学生健康有直接影响。日光、空气、水等外界生活条件，是儿童和青年身体健康所必需的要素。这些条件如果不够，能降低儿童和青年身体发育的速度和质量。因此，学校要注意环境卫生。新建校舍应合乎卫生要求，应注意采光、通气、温度、湿度、容积等问题。

如教室采光，宜从学生左面射入，光线要适当，太暗太明都不适宜。室内要空气流通，因此应有通气装置，最好常常开窗换气，窗上应安小窗，以便冷天换气。室内温度应不低于摄氏 15 度，宿舍可高一些，过冷过热都不相宜。室内湿度不宜过高。室内也不可太挤，面积以每人占一平方米为标准。教室桌椅须高低合度，应使学生坐着时，两臂能平放桌上膝弯成直角，桌椅过高过低都妨碍身体的正常发育。黑板宜纯黑色而不光滑，不反光。宿舍同样也应有适当的光线、空气、温度、湿度与面积。还有厨房、食堂、浴室、厕所等建筑都应合乎卫生要求。

学校应有校园，以供学生游戏，园内应多栽树木花草，借以调节空气，增添学校景色；还应有运动场，以供学生运动。

今后建筑新校舍，要合乎上述卫生要求，依照一定标准办事。至于现有学校环境，则应按照各校具体情况，量力改良，能改良多少就改良多少。在这里，既反对有可能改良而不改良的保守思想，同时也反对不根据条件，勉强从事，操之过急的急性病做法。

疾病是健康的敌人，是儿童和青年身体发育的最大障碍。对于疾病，应防患于未然，宜以预防为主，治疗为辅。因此学校应注意采取各种预防和减少疾病的措施。

清洁是预防传染病最好的办法。学校各部分，室内、室外都应经常洒扫，保持清洁，地板、门窗、墙壁、天棚，都应保持干净，不应堆积灰尘。室内要经常更换空气，保持空气清洁新鲜。学生自己的衣服、被褥，也应经常换洗、曝晒，还要天天洗脸、漱口、刷牙，经常洗澡。洗脸手巾、脸盆、碗筷、茶杯等器具都不宜公用，而应各人用各人的。要定期进行身体检查。有病的学生就要设法治疗，有传染疾病和传染病嫌疑的学生都应实行隔离。学校都要进行防疫，给学生注射天花、霍乱、伤寒、鼠疫等预防疫苗。各校应在可能条件下，设置校医，增加一些必要和可能的医药设备，为学生进行疾病治疗与卫生检查。

儿童和青年，正当发育时期，营养需要特别丰富，配合适当。学生的食物，应含有足够的蛋白质、碳水化合物、脂肪、水和盐类；除此以外，还要有足够的各种维生素。营养失调，往往成为疾病的根源。因此，如何改善学生的营养，是个很重要的问题。

改善学生伙食，增加营养，包含两个问题：一个是提高伙食标准，一个是改进伙食管理与调制方法。提高伙食标准，在目前情况下，即在国家财政还有困难，人民经济发展还有限度的情况下，一时还难以普遍做到，这是要随着人民经济生活之日渐上升而逐步提高的。对享有人民助学金的学生的伙食，则希望能达到机关大灶的标准。

关于伙食的管理与调制，这在目前是很需要而且可以想办法来改进的。对于改进伙食的管理与调制的问题，提下列几个原则，供大家参考。

（一）对学生的食物，要有所选择，选择标准是“营养和经济”。反对盲目地随意采购食物，反对只图便宜，不注意营养的单纯经济观点。

（二）制定营养而经济的食谱，少偏食，多混食，饭食和蔬菜宜时常变换。

（三）食物营养的标准应含有：（1）足够的热量；（2）适当分量的含有氨基酸的蛋白质；（3）适当分量的无机盐类；（4）各种维生素。

（四）改进调制方法，少吃颗粮，改吃粉粮（即将粮食磨成粉制成糕馍等）、烹调应注意清洁和便于消化。

在伙食管理上，要注意节约，反对浪费；对食物贮藏，食具保管，食堂和厨房等都要保持清洁。对炊事员要进行政治与业务教育。发挥他们的积极性与创造性，要教育他们认真负责，全心全意把饭做好，注意营养、经济、卫生清洁的问题。

在有条件的学校，可以考虑自己动手进行可能的生产，借以提高伙食标准。所谓自己生产的意义是指学校雇一定的人员进行生产，如蔬菜生产，并可在不妨碍学习与健康的原则下，动员学生参加这种生产劳动。

体育训练是锻炼体魄，增进健康的一个根本方法。把体育看成“副课”“下三门”是错误的看法，必须加以纠正。各校必须把体育训练放在一个适当的地位，给以足够的注意。

体育活动（包括游戏、体操与运动）应根据学生年龄、性别、身体发育等特征，分段进行，即初级小学以游戏为主，高小除游戏外，略加体操，借使学生身体各部得到平衡发育，增进身体健康。中学生主要是通过体操、运动锻炼学生体格，增进健康。

体育教学，采取体育正课、早操或课间操、课外运动三种方式进行。

体育正课由体育教员教课，每周时间：初小 1 小时，高小 2 小时，中学 2 小时。

早操或课间操。每天早起举行早操 10—15 分钟。各班可分别举行，由优秀学生领操，级任教员出席指导。冬季严寒时期，可改在上午 10 时到 11 时之间，举行课间操 10—15 分钟。借以使学生精神振作，由优秀学生领操。

课外运动，每周 4 次，每次 1 小时，全体学生，都须参加。课外运动可依运动种类分为各种运动小组，学生可按自己的兴趣，选择参加。各班可设体育干事。负责推动课外运动的工作，课外运动时应有教员在旁指导。

各校应按照东北人民政府教育部的规定，添置必要和可能办到的体育设备。体育经常费不得移作别项费用或体育修建费。

今后，中、小学校的健康教育，应由校长直接领导，教务长协助管理。各校必须制定健康教育计划，并把它列入整个学校教育计划之中，校长与教务长应经常进行督促检查，保证健康教育计划的执行。身体健康应列为学校教育成绩之一。

学校进行健康教育，应与家庭合作，取得家长的支持与帮助；同时又可以通过学生推动家庭，改进家庭卫生与注意公共卫生，把改进人民健康的工作，由学校推展到社会中去。

在改进学生健康教育的同时，也应在可能条件下，注意教员健康的改善，而教师们自己也应克服由民族压迫与封建压迫所造成的不注意卫生、体育的恶习，以身作则，注意清洁卫生与体育运动，借以增进健康。

增进学生身体健康，除了上面所讲的改进健康教育之外，还要积极减轻学生负担。要减轻学生负担，必须精简课程，减少课外活动与改进教学方法三方面着手。关于精简课程，东北教育部已有指示，这里不再重复。要减轻课外活动与改进教学方法，就要克服学校教育工作中的主观主义与客观主义两种思想障碍。

反对主观主义和客观主义

从前面的分析中，可以看出当前学生健康不良的主要原因之一，是我们学校教育工作中还存在不少的主观主义，以致形成学生负担过重的现象。因此要增进学生健康，必须首先克服主观主义，改进学校教育工作。

当前学校教育工作中的主观主义有两种：一种是表现为形式主义，另一种是表现为经验主义。它们都带着主观性的片面性，与实际脱节。

前面所讲的硬赶进度，补充教材多而深，留题太多，学习时间过多等现象。表面看来做了很多工作，但实质上是脱离实际，学生并没有真正消化了解所学的知识，因而也就没有完成教学任务，达到教学目的。这就是形式主义的表现。

要克服这种形式主义，教学应切合学生程度，使学生真正能消化、理解与掌握所学的知识。为此，（一）应以学生的实际程度为教学的出发点，按照教学计划与教学进度，循序渐进，反对硬赶进度；（二）补充教材，应服务于教学的目的与任务，因而应选择最能说明主题本质的生动事实，实际材料，反对“离题万里”，盲目地旁征博引、堆砌材料；（三）留习题与作业，应按照学生的程度、精力与自习时间来决定，留得不可太多，不可积压在一起，不可故出难题。每日学习时间应依据上述规定，不得超过。

当前学校教育工作中的经验主义，表现在机械地搬用过去农村根据地游击战争时期的某些不合时宜的老一套做法，因而对于学校教育还存在一些糊涂思想。如学校的任务问题，对学生的要求问题，对课外活动的认识问题，对学校生产劳动的认识问题，对体育卫生的认识问题等。

学校是教育机关，而不是宣传队之类的工作机关，它的任务是为国家培育新公民和建设人才，这点是应该肯定的。那么，无疑的，就不应把学校当作宣传队之类的工作机关来使用。因此，叫一个学校一年演几十次以至一百几十次戏，那也就不对了。当然这也不是说学校就一点也不可组织学生参加一些课外社会政治活动。学生参加这些活动是有一定的教育意义的，而且有时也是必需的。但是一定要有限度，即以不妨碍正课学习与身体健康为限度。

学生的任务是学习，是为将来参加劳动与国防准备必要的条件。这也是应该肯定的，那么无疑地就不应该给学生过多的校外工作任务，不应该把学生当行政干部使用，不应该对学生有过高的要求。这是不是说，一点工作也不可给学生做呢？不是的。有些工作，例如青年团、学生会的工作还是应该而且必须让学生做的。就是某些行政工作也可以让学生做，做这些工作也有教育意义，而且有时也是必需的。当前问题的症结不是做不做的问题，而是工作过多，有碍学习与健康。

青年团与学生会的任务是保证学校教育计划的执行和实现，而不是另搞一套，这也是早经肯定的。那么时事学习，进行思想教育，改进教学方法等，主要就应由学校负责计划，青年团、学生会保证执行。

进行课外社会政治活动，本是我们学校的一种优良传统，一种教育手段。过去，我们的学校带短期政治训练性质，着重政治思想教育，以课外社会政治活动作为一种重要的教育方法，而且这种方法对于思想改造起了很大的积极作用，就是今后仍然会对思想教育起积极作用的。但是必须认清，今天的学校已转为新型正规化学校，在正常状态下，学生学习是以正课学习（课堂学习）为主，课外学习为辅。各种课外活动，必须与正课学习相结合，或作适当配合，以补正课之不足。因此，今后课外活动的进行，应服从总的教育目的与教学计划，应以不妨碍正课学习为限度。

大家都知道，生产劳动与体育运动是有区别的。生产劳动的目的是生产经济价值，虽说在某种程度上有运动的作用，但它是以服从劳动操作的规则为目的，而不是以体育需要为依归。至于体育的目的，是锻炼身体，它是依据这个目标，按照学生年龄、性别以及身体发育的规律，来进行操练活动的。由此可见，可以肯定地说，以生产劳动代替体育运动的做法或想法是不对的。那么，也许有人要问：你们不是提倡学生劳动吗？是的，我们确实提倡学生劳动，但是必须指出，过去在根据地学校里进行生产劳动主要是生产自给，克服困难。今天我们仍然提倡劳动，但是这种劳动是当作教育活动来进行，如种实验园地，是科学的实验活动，是教学活动的一个组成部分。又如学生自己洒扫，就有培养劳动习惯与劳动观点的作用，再如进行某些蔬菜的生产劳动，是为了改善生活，同时也有劳动教育的意义，但同样也要以不妨碍学习与健康为限度。

根据这一原则，今后的课外活动，必须有限度，为此，对课外活动特作如下规定：(一）减轻职务。学生积极分子，只准一人担任一项职务。(二）减少会议。学生社、团会议时间，规定中学生每周总计不超过 4 小时。(三）减少社会活动。平均每周 1 小时。(四）减少劳动。每周平均不得超过 2 小时。(五）学校如需分配给学生做一些工作，必须以不妨碍学生健康与功课为原则。以后课外活动，必须按照规定执行，不得违抗。

有一种误解，认为我们的学校，可以不讲究体育卫生。不错，过去农村根据地的学校的体育卫生设备确实很差，但必须指出，这并不是我们有意这样做，而是受客观条件的限制。事实上，就是在当时，很多学校也很注意体育卫生。

又如有些人以为服装不整齐，头发不梳等是“工农化”“大众化”，不爱干净，不讲卫生是“无产阶级化”，因而有些天真的青年学生故意弄得很脏，认为这样才算“无产阶级化”，并把爱清洁、卫生说成是“小姐作风”，这种认识是幼稚的，错误的。

什么叫作大众化、工农化？毛主席早告诉过我们：大众化、工农化就是知识分子应使自己的思想情绪和工农大众的思想情绪打成一片，在生活上也应有能和工农大众打成一片的精神。

什么是无产阶级化？这就是知识分子应以无产阶级的立场、观点来代替非无产阶级的立场、观点，就是要以无产阶级的革命利益为利益，也就是要以无产阶级思想意识与作风为自己的思想意识与作风。例如无产阶级对革命最坚决，最彻底，最有觉悟性，最有组织性和纪律性，最能刻苦耐劳，最实事求是，知识分子就应该学习无产阶级的这样的崇高品质。

要知道“不卫生”是旧社会的残酷剥削制度所给予工农大众的一种祸害。工农翻身后，特别是经济状况改善后，就会逐渐注意清洁卫生的。土改后的农民就比从前穿得干净多了。对这种“工农不讲卫生”

的幼稚的糊涂思想，也必须予以严正的批判和纠正，以便于我们改进健康教育。

要改进健康教育，还要克服客观主义思想的障碍。一提到改进健康教育，就有些人过分强调客观条件困难，认为没有经费，不增加许许多多设备，就不足以改进健康教育。这可以说是只看到问题的一点，而忽视了其他许多点。只看到客观条件困难，而忘了主观的能动作用，认识的能动作用。要知道今天改进健康教育，必须要采取前面所讲的种种措施来进行，增加经费，添置设备只不过是其中的一个条件而已。当前更重要的还是提起大家对这个问题的重视，积极想办法来减轻学生负担和加强教育的问题，这当中有许多措施并不是什么经费、设备的问题。由此可见，过分强调客观困难，单纯从经费着想是不对的。关于物资设备，当然是需要增多一些的，而且今天在我们的教育经费中，体育经费是占有一定数量的。若要性急，想一下子把一切设备都搞得十全十美，那当然是办不到的。如果不这样想，而采取逐步建设的方针，那经过若干年也会逐渐把设备搞好。要知道性急是不能解决问题的。

还有一种错误思想就是“等待思想”。有些人过分强调客观条件困难，就是说当前条件困难，对改进健康教育，采取自流主义的态度，“等待将来有了条件再办”。这种思想是客观主义思想的另一种表现。

总之，前面所说的几种错误思想，都是当前改进健康教育的思想上的绊脚石，我们必须努力扫除这些绊脚石，才能使我们改进健康教育工作大踏步地前进。

另一方面，还要注意防止矫枉过正，走到另一极端，就是把“健康第一”，曲解成“健康唯一”，因而忽视政治与文化学习，或者是把减轻学生课外活动曲解成为取消课外活动，把减少学生劳动曲解成取消劳动或反对劳动。这种偏向是可能产生的，而且事实上已有一些萌芽，我们也应该防止和纠正。

总之，我们应该看到，改进健康教育是要经过一番思想斗争的。在这里我们既反对假借这个那个理由来拖延改进健康教育工作的偏向，同时也要防止矫枉过正的毛病。只有这样才能达到注意全面发展，增进学生健康的目的。

（本文为 1951 年 4 月 14 日董纯才在东北区中、小学健康教育会议上的报告，原载于《人民教育》第 3 卷第 4 期，第 12—17 页）

在生产实践中继续学习

诸位高小毕业同学们！诸位初中毕业同学们！

你们已经知道我国过渡时期的总任务，是逐步实现国家的社会主义工业化，并逐步完成对农业、手工业和资本主义工商业的社会主义改造，是要用一切力量把我国建成一个伟大的社会主义国家，达到富强、幸福和文明的境地。这个美妙的理想的实现，再也不是遥遥无期了。从去年开始，我国已经开始了第一个五年计划，开始了大规模的经济建设，其目标就是要实现这个伟大的理想。要实现这个伟大的理想，绝不是少数人所能办得了的事，必须全国人民万众一心、共同努力才行。要完成这样一个伟大的任务，不单是靠老一辈，并且还要靠你们青年一代的努力。

全国青年们自从学习总路线之后，为实现总路线而奋斗的热情是一天天在高涨，在生产、工作和学习当中都出现了新气象。很多青年都愿意献身给祖国的社会主义建设和社会改造的伟大事业。许许多多的高小和初中毕业生都投入生产战线，他们已开始亲身体验到他们是在为着国家过渡时期的总路线和总任务而劳动的意义和乐趣。这些青年学生们从事生产后，由于他们自觉地、积极地劳动，已出现许多劳动模范，给青年一代增加了很大的光荣，像大家所熟知的徐建春、吕根泽、吕宜宝、郭统绪、李思凤等名字，就是这种光荣的象征。

但有些青年学生认为“不识字的人才种庄稼”，“与其毕了业还种地，不如当年不入学”，“这几年的书，真是白念了！”就他们的眼光看来，种地是不需要文化的，觉得自己读了几年书搞农业生产是“耻辱”，是“屈才”。这些想法对不对呢？完全不对。要知道，建设社会主义没有文化是不成的。建设工业不用说是非有科学技术不可。就说发展农业吧，随着农业社会主义的逐步改造，随着农业生产逐步发展的要求，那些古老的旧式农具，陈旧的耕种方法和老式经营管理方法，都有些过时了，需要加以改良，需要采用新式农具，使用新的科学技术和新的经营管理方法。这就要求农民要有一定的文化水平。因此，对老一辈，要扫除文盲，提高文化；新生的一代就要进学校受教育，培养成全面发展的有政治、文化教养和健康体质的新人。青年有改造农村的责任，没有科学知识，怎能实现这个任务呢？举个例子来说吧，辽西省义县开州村农业生产合作社社长吕宜宝，是个初中一年级学生，他从事农业生产后，曾经碰到过许多困难，但因为他有热心为人民服务的精神，还有文化，学习科学技术就比较容易，所以能在生产技术上进步很快，他们社里有一台综合铲蹚机，社员们都使不好，他蹲在跟前一琢磨，按照标明的数目把调节器扭一扭，铲蹚机就不再碰坏小苗了。社员们说：“还是要有文化，看主任学点啥多快！”又如山东黄县有个高小毕业生张万敏，由于他有一定文化水平，又热心为人民服务，他为了解决本村缺乏劳动力的困难，就积极钻研，创造了一种把犁、耙、耧和滚子四种农具联合起来的新式播种器。用这种新式播种器播种小麦，比用旧式农具每种 10 亩地可省 12 个劳动力，若全黄县都用这种播种器种小麦和苞米，总共全县全年可节省 70 多万个劳动力；每个劳动力按 1 万元计算，一共可节省 70 亿元以上。这只是许多事实中的两个例子，但它可以说明要实行农业社会主义改造，离了文化不行。你们上学念书的目的，本来就是为了更好地从事生产劳动。因此，你们过去上学，并不是“白白地学了几年”！

有些青年们也许会说，搞生产要有文化，这是对的，但生产在发展，技术在提高，自己的文化不够用，如果不升学深造，怎能适应国家建设的需要呢？他们说：“看来，我这辈子的学习就算完了！”这些青年们希望提高自己的文化水平，使生产劳动更有效率，这种要求是很好的。但是要知道，学校并不是学习的唯一场所，离开了学校到社会去服务，还是可以继续学习，不断进步的。学校教育，只不过是给一个人一生学习和工作打下一定的基础，一个人要学到真本事，还要靠他在离开学校之后，在这个基础之上，在长期的生产实践中继续学习。实践是知识的源泉。只要肯用功学习，在生产实践中，还可以学得更多更丰富的知识学问。毛主席说过：“读书是学习，使用也是学习，而且是更重要的学习。”事实证明，要想生产得好，就要学习得好，而最好的学习方法是“学以致用”的方法。就是把学习和生产结合起来的方法，就是“边做边学”的方法。一切知识都是从生产劳动和社会活动中产生的，劳动是一切知识最本质最丰富的源泉。你们已经在学校里学得了一些书本知识，这些知识都是前人或别人从生产实践和社会活动中积累起来、总结起来的。你们从事生产劳动之后，就要学会在实际活动中应用这些书本知识，把书本知识和生产劳动结合起来，运用这些知识来改进耕作方法和提高劳动生产率，同时又从劳动实践中来不断吸取新的经验、新的知识，借以不断充实自己、提高自己。只要你们努力生产、努力学习，一个普通工人或一个普通农民，也都可以变成专家和最有学问的人。你们大概都知道全世界有名的苏联伟大作家高尔基，是完全由于自学和不断地努力而成功的。还有，植物学家米丘林，也没有上完中学，在20岁以前就在一个偏僻的城市充当了一名低级的铁路职员。但他靠自己的努力，终于成为对人类有巨大贡献的专家。高尔基和米丘林都是在帝俄时代长大的，在旧社会既能如此，在今天我们的新中国，中国共产党和人民政府还积极组织和帮助工农群众进行业余学习，不论是谁，只要肯努力学习，就可以得到成功。

工人农民和专家之间是有一定距离的。但这个距离是可以消灭的。在今天的新社会里，只要在工作中努力学习，工人农民是可以变成专家或干部的。新中国的许多事实，已经充分证明了这一点。毛主席教导我们：在实践中学习是最主要的方法。并告诉我们：研究学问入门既不难，深造也是办得到的。“世上无难事，只怕有心人”。我们应深刻体会毛主席的教导，在实践中努力学习。

一般学生参加农业生产后，第一个要求就是掌握农业生产技术。这就要求你们以“边做边学”“学以致用”的精神，来努力学习农业生产技术，在农村里有很多老农和劳动模范，积累了几十年的丰富的农业经验，你们应拜他们做老师，虚心向他们学习。事实告诉我们，有好多青年学生已向这些老农和劳动模范学到了不少农业经验，比如山西省平顺县川底村的青年，就曾经请劳动模范郭玉恩和村上生产有经验的人传授生产技术，并且派人到西沟村去学造林和庄稼密植的经验。向老农学习虽然很重要，但是还不够，因为他们还缺乏新的农业科学技术知识。要学习新的农业科学技术知识，那就应学习农业科学书报。有很多人采用这种办法学习到不少知识，并用这些知识来改进了农业耕作方法，提高生产量。前面讲过的高小毕业生张万敏创造新式播种器，就是许多事实中很好的一个例子。

今天，你们已经成为国家的主人翁了。做一个新中国的公民，是应当学习和关心国家和世界大事的。因此，除学习技术和文化之外，还应该经常学习时事政策，不断提高自己的政治觉悟。学习时事政策的最好办法是经常读报和讨论时事政策。因此，有许多地方的青年，成立了读报组，有些人还参加了冬学和民校，他们一方面学习，一方面还向农民做宣传工作。比如陕西省渭南县南郭村农业生产合作社副主任郭统绪，他在高小毕业后就参加农业生产，在宣传总路线收购粮食的时候，他帮助农民算了笔账，宣传把余粮卖给国家支援工业建设的好处，全村卖了13 000斤余粮给国家。

要提高政治和技术水平，就要不断提高文化水平。因此，你们应该利用空闲，进行自学，阅读一些通俗的科学读物和文艺作品，或温习过去在学校学习过的功课，并可经常练习给报社写稿，报道农村生产及其他情况，如有时间还可记日记。这些都可帮助提高自己的文化水平，为进一步学习政治和技术打下更好的基础。为了更好地取得自学的效果，你们可以组织自学小组或补习班，帮助你们学习。另外，如附近有民校附设高级班，或单设的补习学校，那你们就可以去参加学习。

马克思教导我们说：在科学上面，是没有平坦大道可走的，只有在攀登上不畏劳苦不畏险阻的人，才有希望攀到光辉的顶点。我国俗话也说：只要功夫深，铁杵磨成针。不论是谁，如果要想学点东西，要求学深一点学问，那就要下苦功学习。学习绝不会是一帆风顺的，时常会遇到困难。遇到困难绝不能灰心，要有坚韧的意志，下苦功去钻研问题，不懂的问题，就要虚心地请教别人，只有这样，才可以把困难克服掉。学习到一点东西，也绝不能自满。毛主席训诫过我们："学习的敌人是自己的满足，要认真学习一点东西，必须从不自满开始。对自己'学而不厌'，对人家'诲人不倦'，我们应取这种态度。"学问是个汪洋大海，我们知道的东西真是沧海一粟，那是太少了。因此，列宁教导我们要"学习、学习、再学习"。我们要以马克思、列宁和毛主席教导我们的精神，"做到老，学到老"，继续不断地努力提高自己。也许有人会说："生产忙，没有功夫学习，咋办？"解决这个问题的办法，就是"挤"时间，就是忙里偷闲来学习。早上有点空闲，就早上学习；晚上有点空闲，就晚上学习。学习要有结果，学习必须有恒心，不能犯冷热病，要坚持学习，那才能保证你不断进步。

你们大概听说过“七十二行，行行出状元”这句谚语。这句谚语在旧社会是不可能实现的，但在新中国，已变成事实。例如在工业方面出现了王崇伦这样的英雄人物，在农业方面出现了李顺达、吴春安、郭玉恩等劳动模范。为什么呢？这是因为人民民主制度和社会主义制度鼓励和帮助劳动人民，尽量发展他们的能力和聪明智慧，以提高劳动生产率。因此，在新中国、在人民民主国家，任何一个工人、任何一个农民、任何一个知识分子，只要他肯辛勤劳动，努力学习，都会对祖国有所贡献，获得成就。生长在毛泽东时代，我们的青年一代，不论从事工业生产还是农业生产，都是前途远大的。亲爱的初中毕业同学们，高小毕业同学们，祖国和人民对你们抱着很大的期望！把你们的全部智慧和劳动，贡献给祖国的社会主义的建设事业吧！在祖国建设的生产战线上，发挥你们更大的光和热吧！我祝贺你们在生产劳动和学习上都获得成功。

（本文为 1954 年 5 月 6 日董纯才在中央人民广播电台的广播词，原载于《人民教育》1954 年第 6 期，第 11—13 页）

为培养社会主义社会全面发展的成员而努力

一

“一定形态的政治和经济是首先决定一定形态的文化的。”这是一条说明历史和现实的马克思主义真理。教育是在各个不同的社会经济形态之下，改变它的性质、目的、内容和方法的。因此，各个不同历史阶段的教育都有它的不同特点。教育性质是随着政治和经济的变化而变化的。

中华人民共和国的成立，标志着中国革命第一阶段的基本结束和第二阶段的开始，即新民主主义革命阶段的基本结束和社会主义革命阶段的开始。中国革命第一阶段的任务是推翻帝国主义、封建主义和官僚资本主义的统治，建立新民主主义社会。第二阶段的任务是要在中国建立社会主义社会。

在中国革命第一阶段，解放区施行的教育，是新民主主义教育。新民主主义教育是新民主主义革命运动的一个组成部分，是以新民主主义为内容，并为新民主主义革命服务的。这时，国民党统治区施行的是封建、买办、法西斯主义教育，这种教育是以封建、买办、法西斯主义为内容，并为封建、买办、法西斯主义服务的，是当时人民大众所反对的东西。

中华人民共和国成立后，我国革命运动已开始转入社会主义革命阶级。我国的教育事业就成为工人阶级领导的国家建设事业的一个组成部分。它在过渡时期，是为实现总任务服务的，为建设社会主义社会服务的，是实现总任务的一个不可缺少的有力工具，是社会主义建设事业的一个组成部分。

在中国革命第一阶段，我国社会的主要矛盾，是人民大众同帝国主义、封建主义和官僚资本主义的矛盾。这种矛盾反映到文化战线上来就是新民主主义的文化思想和封建、买办、法西斯主义的文化思想的矛盾。反对封建、买办、法西斯主义的文化思想就是当时新民主主义教育的主要任务。

在中国革命第二阶段，国内的主要阶级矛盾，是工人阶级和资产阶级的矛盾。这种阶级矛盾反映到思想战线上来就是社会主义的文化思想同资本主义的文化思想的矛盾。发展社会主义的文化思想，反对资本主义的文化思想，这就是社会主义教育的主要任务。在中华人民共和国成立的头几年，由于封建、买办、法西斯主义的思想在人们中间留下很深的影响，所以当时还不能不集中力量来肃清这种反动思想毒素，以完成新民主主义革命未了的任务。现在，我们的学校教育就应积极发展社会主义的文化思想，彻底批判资本主义的文化思想，并进一步肃清封建、买办、法西斯主义思想残余。

总起来说，在中国革命第一阶段，我国教育（主要是解放区教育）是以新民主主义为内容，并为新民主主义革命服务的。在中国革命第二阶段，我国教育是以社会主义为内容，并为建设社会主义社会服务的。

二

中小学教育是普通教育，目前我国小学教育是国民义务教育性质；到一定时期，在一定条件下，中学教育也将成为义务教育。根据过渡时期国家建设的要求，国民受完义务教育，就应当去从事生产劳动，只有少数人升学深造。

中小学教育的目的和任务是什么呢？中小学教育的目的和任务是培养社会主义社会全面发展的成员，即社会主义社会的自觉的、积极的建设者和伟大祖国的保卫者。根据我国当前实际情况，中学教育不仅要供应高等学校以足够的合格的新生，并且还要供应国家生产建设以具有一定政治觉悟、文化教养和健康体质的新生力量。因此，中小学毕业生，除一部分人根据国家需要升学外，大部分人应该积极从事工农业生产劳动或其他建设工作。

“培养社会主义社会全面发展的成员”，这一教育任务是根据什么提出的呢？它是根据我国过渡时期的总任务，根据建设社会主义社会的要求提出的。我国要建成一个伟大的社会主义国家，我们的学校教育就应当服务于这一伟大的总任务，担当起培养社会主义国家的建设者和保卫者的重任。社会主义社会的建设者，必须是个性全面发展的新人，这种新人应该是身心都得到健全的发展，具有社会主义的政治方向、辩证唯物论的世界观、共产主义的道德、一定的科学文化教养和健康的体质。这种新人应该遵行毛主席的指示，做到“身体好、学习好、工作好”。这种个性的全面发展，无论在奴隶制度下，在封建主义制度下，还是在资本主义制度下，都是不可能实现的。“民族压迫和封建压迫残酷地束缚着中国人民的个性发展”。在阶级社会里，随着劳动分工，形成了体力劳动和脑力劳动的分离和对立。广大劳动人民从事粗重的体力劳动，他们受压迫和剥削，不可能受教育，缺乏文化教养，长期处于愚昧落后的状态。而少部分从事脑力劳动的人们，却不从事体力劳动，没有从事这种劳动的习惯和能力，他们学得一些书本知识，往往又不会应用。资产阶级学校就是“强迫学生去通晓一大堆无用的、累赘的、死板的知识，这种知识闭塞着青年的头脑，并把他们变成一些庸碌无能的官吏”。地主、资产阶级都是这样把一部分青年培养成为“四体不勤，五谷不分”的文弱书生和书呆子的。由此可见，在旧社会里，在剥削制度下，人的个性是不可能得到全面发展的。只有到了新社会，个性的全面发展才能开始实现；到了社会主义社会，消灭了剥削，消灭了阶级之间的对立，体力劳动和脑力劳动间的对立也消失之后，个性全面发展，才能进一步实现。这在苏联确实已经实现了，在我国也会随着资本主义和剥削制度的消灭而逐渐实现。至于消灭体力劳动和脑力劳动间的本质差别，那要到共产主义制度下，把全体工人阶级的文化技术都提高到工程师水平才能实现。现在我国正逐步地过渡到社会主义社会，我国儿童、青年面临的任务，是建设社会主义社会。为了实现这一任务，就要求我们的新后代的个性获得全面发展，身心都得到健全的发展，也就是说要求我们的新后代具有社会主义思想和一定的文化教养及健康的体质。因为只有这样全面发展的新人物才适宜担当建设社会主义社会的光荣、伟大的任务。因此，培养社会主义全面发展的成员，就成为我们中小学教育的重大的历史任务。

要培养全面发展的新人，就必须施行全面发展的教育。中华人民共和国成立以后，我们虽提出过我们的学校要施行全面发展的教育，但是在贯彻执行这一方针中，还有些摇摆现象。有时偏到这方面，有时又偏到那方面。在解放战争时期和解放初期，我们的中学比较注重政治思想教育，这是适合当时的客观形势的要求的，是必要的。当时的缺点，在于忽视文化科学知识的教育，这种偏向的形成，是和经验主义的思想有关联的。近年来中央提出学校教育应以教学为中心。有些学校执行中央这个指示时，又走到另一极端，只注意科学知识教学，不管政治思想教育，形成忽视政治的偏向。特别严重的是忽视了劳动教育，对旧社会轻视体力劳动和轻视工农劳动人民的剥削阶级思想，没有进行系统地、深刻的批判，这是一个原则性的错误，应该由我们负责。对学生身体健康，有很多学校一直是不很注意，以致当前学生健康状况很不好。这也是当前中小学教育中的一个严重缺点。这种顾此失彼的做法，都是畸形发展的教育。我们必须努力纠正。

从上述实际情况出发，当前在贯彻全面发展的教育方针中，要注意纠正上述偏向，加强政治思想教育，特别要加强劳动教育，改进教学工作，并改进体育卫生工作，使学生的身心获得全面的发展。这是提高中学教育质量的基本要求。

（一）加强政治思想教育

政治思想教育的任务，是要以社会主义的思想、马克思列宁主义的思想来教育学生，使他们建立社会主义的政治方向和辩证唯物论世界观的基础，并培养他们的共产主义道德。建立社会主义的政治方向，就是要使学生把建设社会主义社会和共产主义社会作为自己终生奋斗的目标。使他们明白今天的学习，就是为参加这一伟大建设事业做准备。培养学生辩证唯物论世界观的基础，就是要使他们在科学知识的基础上养成对自然现象和社会生活现象的唯物的观点，借以破除各种迷信观念和唯心观点。培养学生共产主义的道德，就是培养他们爱国主义思想，劳动观点，群众观点，爱护公共财物的精神，集体主义精神，自觉的纪律，以及坚韧、勇敢、谦逊、诚实、节俭、朴素等优良品质。为了完成上述政治思想教育的任务，必须以社会主义思想教育学生，同时还要批判资产阶级的思想，批判轻视体力劳动和劳动人民的思想，并继续肃清封建、买办、法西斯主义的思想残余。政治思想教育的三项任务是紧密联系不可分割的。社会主义的政治方向是建立在科学世界观的基础之上的。如果学生能够正确地了解社会发展的规律，那么他们就必然会树立起一个坚定不移的政治信念和政治方向——社会主义、共产主义的政治方向。另一方面，共产主义的道德也是要建立在科学的世界观的基础之上的。事实上，我们在进行政治思想教育时，这三方面也往往是交织在一起，不能孤立进行的。

根据学生现存的思想情况，目前在中学进行政治思想教育，应特别着重加强爱国主义教育、劳动教育和自觉纪律教育。

1. 加强爱国主义教育。第一，要培养学生对祖国的热爱和献身于祖国社会主义建设事业的志向，准备随时为建设祖国、保卫祖国而辛勤劳动，牺牲奋斗。这就可以使爱国主义教育和社会主义的政治方向结合起来。同时也可以使爱国主义教育和劳动教育结合起来。第二，要加强学生的国家观念，使他们认识个人利益和国家利益的一致性，应使个人利益服从国家利益，要自觉地遵守社会秩序和国家法律，这样就可以使爱国主义和集体主义教育及自觉纪律教育结合起来。第三，要注意培养学生的民族自尊心、自信心和自豪感，同时也要培养国际主义精神，使他们对苏联、各人民民主国家及其他各国人民具有团结、友好、互助、合作的精神，要注意防止狭隘的民族主义思想和大国主义思想。这就使爱国主义思想和国际主义精神结合起来。

2. 加强劳动教育。必须在各级学校中加强经常的（不是突击的）和全面的（不是片面的）劳动教育。劳动教育的主要任务：第一，是培养学生具有社会主义的劳动观点，使他们认识劳动创造人类历史的真理，劳动是人类生活中第一个必需的条件，从而把劳动看作是光荣的事业，看作是对社会的首要职责，热爱劳动，尊重劳动人民；克服轻视体力劳动的和轻视工农的剥削阶级思想。第二，是要培养学生社会主义的劳动态度，自觉地遵守劳动纪律，以自觉的、积极的态度对待劳动。第三，是培养学生的劳动习惯。第四，使学生获得工农业生产的基本知识和若干技能。在进行劳动教育时，第一，要注意和其他方面的政治思想教育（如爱国主义教育、集体主义教育等）紧密联系起来，孤立地进行劳动教育是收效不大的。第二，要注意把劳动教育当作经常的政治思想教育，单纯地把劳动教育看作是就业教育，或看作是对应届毕业生的临时突击任务都是不妥当的。第三，要注意把脑力劳动和体力劳动当成统一的相互联系的教育，应当把学习本身看作是一项主要劳动，通过各科教学，培养学生的劳动观点和勤劳习惯并使学生取得工农业生产的基本知识和技能；同时也要适当地组织学生参加一些课外活动和力所能及的体力劳动。这样做的目的是使我们的学生手脑并用，使脑力劳动和体力劳动密切结合起来。那种把劳动教育单纯看作是体力劳动，认为“劳动教育就是干重活”的看法和做法，都是错误的。目前在许多学生中存在着轻视体力劳动和轻视劳动者的观点，及不少学校在进行劳动教育中所产生的一些偏向，都应当加以纠正。

3. 加强自觉的纪律教育。纪律教育的任务是培养学生学习的自觉性、积极性，自觉地遵守学校规则，维护学校秩序，尊敬教师，爱护学校财物，尊重集体利益，并培养遵守社会秩序和国家法律的思想。纪律教育的任务，还不单是为了保证教学过程得以顺利进行，更重要的是养成学生自觉地遵守纪律的习惯，为将来遵守劳动纪律和军队纪律做准备。因此，纪律教育应当和爱国主义教育、集体主义教育、劳动教育结合起来。目前有些学校存在着学生不尊重教师、不遵守学校纪律、不遵守社会秩序等不良现象，必须认真加以克服。

进行政治思想教育，主要通过课内各科教学和课外各种活动来进行。第一，要结合现实生活进行教育。过去我们曾结合革命斗争，结合各种社会改革运动，抗美援朝运动等对学生进行政治思想教育。这种教育，深入人心，收效很大。今后应吸取这种经验，结合社会主义的建设和社会主义的改造事业来进行政治思想教育，反对脱离现实生活的教育，反对闭门读书的偏向。第二，要结合学生生活和思想实际并根据青年特点，来有的放矢地进行教育，那种不顾学生思想实际的空洞说教的方法是会失败的。第三，政治思想教育的基本方法，就是毛主席所说的“民主的即说服的方法，而不是强迫的方法”。这是人民教育的一个优良传统，就是从正面以正确的思想观点来教育学生，使之认识真理，分清善恶，明辨是非，在行动上有所遵循。应注意发扬学生的优点，帮助他克服弱点。对学生的良好行为应予以表扬鼓励；对于学生的错误思想行为，既不能放任自流，也不能采用简单粗暴的方式来处理；必须是循循善诱，启发其觉悟，进行适当批评，帮助他们改正。对于那些实在说服无效的，可以采用适当的处罚手段，但是这也只是为了达到教育目的而不得已采用的一种补助方法，因此必须防止单纯惩罚的偏向。

“政治思想教育主要依靠教师来进行”。教学是不能脱离政治思想的。教师们在教学中要注意政治思想教育，这是说，教师要注意教学中的思想性、政治性和科学性，而不是在教课中要注意政治思想教育，不是在教课中节外生枝，每课都加上一个政治尾巴，或把文化课当政治课教。因此，教学中既要反对忽视政治的倾向，又要反对教条主义。教师本人的言行对学生的思想意识具有潜移默化的功效，故教师对学生应注意以身作则。班主任对学生的政治思想教育负着很重要的责任，对于班主任的作用应加以重视。青年团、少先队是学校进行教育的不可缺少的得力助手。他们对于学生的政治思想教育起着积极的作用。学校应善于取得团、队的帮助，来做好政治思想教育工作，团、队也应积极帮助学校工作。

（二）改进教学工作

教学是学校教育的中心环节，它的目的是循序渐进地、系统地把科学知识教给学生，同时在教学中贯彻政治思想教育。目前我们的学生的知识水平是很低的，思想还很不纯，我们要采取有效办法，以社会主义思想和系统的基本科学知识来武装学生，提高他们的知识水平和思想觉悟。为此，必须改进我们的教学工作。

过去几年我们曾进行了初步教学改革。我们的教学改革，是以老解放区的经验做基础，并注意学习苏联教育的先进理论和先进经验。早在抗日战争时期，毛主席就已指示："改订学制，废除不急需与不必要的课程，改变管理制度，以教授战争所必需之课程及发扬学生的学习积极性为原则。"根据毛主席的指示，老解放区的中小学，首先废除了旧中国中小学的一套社会科学教本，代之以新民主主义为内容的新编的教本。在自然科学方面，选用思想毒素较少的旧课本，或加以改编。在教学方法上，开始注意联系实际。新中国成立后，除了老解放区的中小学外，我们接收了大批旧学校。我们根据老解放区的经验，也是先废除旧的文史课本，代之以新课本（以老解放区的课本为蓝本改编的）。跟着就学习苏联的先进经验，制定中小学教学计划，并以苏联中学用的教学大纲和教科书作为蓝本，编订教学大纲和改编教科书。现在用的自然科学教本是以苏联的课本为蓝本，社会科学教本则是以老解放区的课本做基础。在改革教学内容的同时，很多学校就动手学习苏联的先进经验，改革教学方法。

我们中小学的教学工作，虽然经过了一番改革，但还不彻底。今后要进一步加以改进，以求提高中小学教育的质量。根据老解放区的经验和苏联的先进经验，目前改进中小学教学工作，应当注意以下问题：

第一，教学必须贯彻理论和实际相结合的原则。一要使教学和政治斗争结合起来，并为政治斗争服务；二要使教学和生产建设结合起来，并为生产建设服务。列宁说过，"如果不把青年代的教育和生产劳动结合起来，未来社会的理想是不能想象的。没有生产劳动而谈教育和教学，没有相应的教育和教学而谈生产劳动，都不能被提到现代技术水平和科学知识情况所要求的那样的高度"。过去老解放区的中小学教育比较注意这条原则。近年来有些学校的教学工作，有脱离生产劳动和忽视政治的倾向。这是应当注意改正的。

第二，教学改革应以教学内容的改革为中心，相应地改革教学方法。只在教学方法的改革上打圈子，忽视教学内容的改革，这是本末倒置。当然教学内容改革了，教学方法不改革也不行，否则就不能很好地完成教学任务。

关于教学内容的改革，首先要求教师钻研新教材，领会每课的教学目的，抓住它的中心思想和中心内容，按照教学目的，把教材的思想内容和科学内容正确地、系统地传授给学生。我们要求教师们逐步学会运用辩证唯物论和历史唯物论的观点来讲课，要求教师把科学知识正确地传授给学生，并在课堂教学中注意贯彻政治思想教育。这就要求教师适当地搜集、采用国家建设的实际材料来充实教学内容，并创造条件，制造教具，进行直观教学，使学生能做实验和参观，以巩固和练习运用所学知识。

改进教学的一项最基本的工作是编印一套完善的教学大纲和教科书及教学指导书。教育部已准备根据国家过渡时期的总任务和中小学教育的目的，进一步以辩证唯物和历史唯物的观点和方法，按照社会主义的教育原则，并结合中国实际，改编中小学教学大纲和教科书，并准备为教师编一套教学指导书。我们计划在第一个五年计划期内，完成这一思想建设工程。当前有些课本的分量太重，这是形成学生功课负担过重的主要原因，教育部已订出精简方案，供各校参考。首先将高中三年级的物理和历史两科教材予以精简。初中外国语课已决定取消。其余课目教材的精简问题，我们还要加以研究，再作决定。

第三，要注意克服教条主义和形式主义。教条主义和形式主义，都是旧中国旧教育的遗毒。在旧式学校里，教学就是脱离实际，就是教学生读死书。这种根深蒂固的毛病，至今有些学校还没有完全克服。因此，在学习苏联，改革教学过程中，就产生脱离中国实际，机械地搬用苏联经验的偏向。首先是我们中学的教学计划，还有不切合实际的毛病。其次，有些学校学习苏联的经验，比较偏重于教学方法的改革，甚至一味在改革教学方法上打圈子，忽视对教材的钻研。这些都是教条主义和形式主义的反映，今后在教学改革中，必须加以纠正。但须指出，我们教育部以往对学校的教学改革，既缺乏明确的思想领导，又没有经常的具体指导。因此，学校里产生教条主义和形式主义的毛病，是和我们的官僚主义领导作风有联系的。这是我们应该检讨的。

第四，教师的思想改造是教学改革的必要前提。而教师通过教学改革，又可以改造和提高思想，特别是教育思想和学术思想。因此，今后应结合改进教学工作继续对教师进行思想改造。

（三）注意健康教育

注意健康教育，增强学生的体质，这是全面发展教育不可分割的内容之一。中国共产党中央和毛主席对学生的健康状况极为关怀。中央人民政府政务院早在 1951 年就作了“关于改善各级学校学生健康状况的决定”。这几年来，对改进学生健康状况虽做了一些工作，学生的健康也有若干改善，但做得还是非常不够，学生健康状况仍然不够好。这说明对政务院改善学生健康状况的决定，缺乏督促检查。在学校行政方面，对学生的健康也注意不够，对全面发展的教育思想还不明确。在教师方面，也有不顾学生接受能力，额外增加过多的补充教材，或留过多的作业，加重了学生学习负担的现象。今后各级教育行政部门必须注意督促检查学校执行政务院关于改善学生健康状况的决定。学校方面，应加强全面发展的教育思想，严格执行政务院“关于改善各级学校学生健康状况的决定”，加强体育和文化娱乐活动，改善环境卫生和伙食管理，减轻学生过重的学习负担，保证学生过有规律的生活，按照政府规定的时间：上课的时间上课，运动的时间运动，娱乐的时间娱乐，睡眠的时间睡眠。只有经常注意进行体育卫生教育，才能增进学生的身体健康。

目前教师的健康状况也不好，他们太忙太累。因此要改进工作方法，克服忙乱现象，减轻教师负担，适当减少教师的校外活动和开会时间，保证他们的休息时间。另外在生活上予以可能范围内的照顾，也是很重要的。

三

几年来有不少优秀教师，他们全心全意为人民教育服务，有优良的成绩，我们应给他们各种应有的鼓舞和奖励，并号召全体教师，向他们学习。但目前教师中也还有些人的政治思想水平、文化水平、业务能力和他们担当培养“社会主义社会全面发展的成员”的任务是不很相称的。因此提高教师的政治、文化和业务修养，是贯彻全面发展教育的方针，改进教学工作，提高中小学教育质量的一个中心环节。各级教育行政领导机关，应加强对在职教师学习的领导。教师的在职学习应当作长期打算，既不要贪多冒进，也不要故步自封。应当根据教师的不同特点和需要，确定主次，分清缓急，有计划、有步骤地进行。师范专科学校以上毕业程度的教师，可以政治理论学习为主，以业务学习为辅。学完了规定的政治理论科目之后，可以转而以教育科学学习为主。未达到师范专科学校毕业水平的教师，应以补习师范专科学校的主要课业为主，以学习时事政策为辅。各地应认真办好教师进修学院，或委托师范学院办函授部，吸收未达到师范专科学校毕业程度的教师补习。这是提高教师文化水平的两个重要办法，应当十分重视。另外，还可以采用传授制、定期上课、假期集训等形式，组织教师进行政治或业务学习。过去没有进行过政治学习的新教师，应先学习政治，对他们进行政治思想的启蒙教育。

业务学习是一种经常的学习。当前的业务学习，应结合研究新教材来有计划地进行，结合改进教学工作，实行“教什么学什么”“先学后教”“边学边教”“缺什么补什么”等方法。有些地方的经验证明，这是提高教师业务水平的一个有效办法。要以社会主义思想、马克思列宁主义思想教育学生，这就要求教师要继续深入进行思想改造，要以马克思列宁主义理论、社会主义思想、先进教育科学和国家教育政策来武装自己，并用以彻底批判自己工作中的资产阶级的思想观点，特别应当正确认识体力劳动和脑力劳动的关系，纠正轻视体力劳动，轻视工农体力劳动者的剥削阶级思想。

组织教师在职学习，必须予以时间上的保证。原则上可以这样规定：(1）政治理论和教育理论学习，每周不超过四小时；（2）文化学习，每周不超过六小时；(3）业务学习，可结合教学研究和备课进行。

目前一时还不容易拟定一个全国中小学教师的统一学习计划，暂时还是由各省、市根据当地具体情况，制定各地教师的在职学习计划。在政治理论学习方面，不宜多头并进，在一个地区和一个学校之内，应以学习一门课为原则。

四

要办好学校，提高教育质量，必须首先改进学校领导工作。改进学校领导的关键，首先应该建立学校领导核心，发挥集体领导作用。校长对学校工作全面负责，但必须首先加强课堂教学的思想政治领导，使教学工作成为学校的中心任务。校长要依靠教师做好学校工作，必须首先善于把教师团结好，在团结的基础上来教育提高教师。要达到教师间的真正团结，必须提倡新老教师互相尊重，互相学习，取长补短，共同进步。因此，要求校长能认真贯彻执行党对知识分子的政策。对老教师应有全面正确的估计，要善于发现和发挥他们的长处，重视他们的教学经验，不应轻视和排斥他们。对于他们的缺点和错误思想行为，也要适当地予以批评，帮助他们改正，一味迁就也是不对的。对大批青年教师的培养提高则是一个重要的任务，应组织他们进行业余学习，补习文化，学习业务。至于如何团结和教育教师，应注意以下几个问题：（1）加强教学小组的领导，从教学工作中发挥教师的特长。进一步提高他们的思想政治水平，通过教学研究和教学检查，适当开展批评和自我批评，帮助他们加强社会主义思想，树立马克思列宁主义的立场、观点和方法，克服资产阶级的思想、观点和方法。（2）从政治学习和业务学习中帮助他们提高。（3）提倡教师以身作则，以模范行动影响学生，使他们在对学生进行政治思想教育当中，同时提高自己的政治觉悟。（4）教育学生尊敬老师，提高教师威信，尊重其自尊心，加强其责任心。

最后还必须指出，学校领导干部间的团结，是团结全体教师做好教学工作的关键。目前有的学校领导干部间还有不团结的现象，这是不好的，必须很快解决。

全体教育工作者团结起来，努力学习，改进教导工作，提高教育质量，为培养社会主义社会全面发展的成员而努力。

（原载于《人民日报》1954年8月8日第3版）

加强思想教育、劳动教育，提倡群众办学、勤俭办学

我完全同意李先念副总理、薄一波副总理、彭真副委员长和吴玉章主任的四个报告。我们一定要在自己的工作岗位上坚决贯彻执行薄一波副总理所提出的教育工作方针，并且尽最大努力来完成1958年的普通教育、师范教育事业计划。在文字改革方面，采用汉语拼音方案，对小学生识汉字，对中小学生学普通话，都有很大的帮助。教育部已经决定从今年秋季起，开始在小学一年级语文教学中使用拼音字母注音，教学生识字，并且在中小学和师范学校里采用拼音字母教普通话。

现在我就当前普通教育工作讲一些意见，请各位代表指正。

一、采取积极措施贯彻教育方针

在1956年，我们国家基本上完成了对农业、手工业、资本主义工商业的社会主义改造，把生产资料私有制改变成为公有制。社会主义的社会制度在我们国家里已经基本上建立起来了。经济基础有了变动，必然会引起上层建筑的变动。正是在这种情况下，根据社会主义的社会制度的要求，毛主席在1957年2月27日召开的最高国务会议上的讲演中

提出：“我们的教育方针，应该使受教育者在德育、智育、体育几方面都得到发展，成为有社会主义觉悟的有文化的劳动者。”由于毛主席的指示，我们国家的教育方针就进一步地明确化了，澄清了过去关于学校教育方针问题的争论和误解。毋庸置疑，这将使我们国家的教育事业大大地推向前进，推向一个更新的阶段。

一年来，一般学校都加强了思想政治教育和劳动生产教育，并组织学生参加了体力劳动，这就使学校中忽视政治脱离生产的倾向有所纠正，轻视体力劳动和劳动人民的错误思想有所克服，同时为革新我国教育制度开辟了半工半读勤工俭学的新途径。

毛主席提出的这条教育方针，当然就是我们国家的教育方针，也就是我们国家的教育目的。我们必须遵照这条教育方针来办教育事业。这一年来，正是在这条教育方针的指导下，我们的中小学都作了一些重要的改进。从而出现了新的气象。一般学校都加强了思想政治教育和劳动生产教育。中学里开设了“社会主义教育”课。中小学里都开设了农业知识课。很多学校组织了学生参加体力劳动（如农业生产劳动、手工业劳动、建校劳动、公益劳动、家务劳动等）。这样，学校中的忽视政治、脱离生产的倾向就有所纠正，学生的社会主义觉悟大为提高，轻视体力劳动的剥削阶级思想也有所克服，从而使去年升不了学的成百万的中小学毕业生绝大多数都愉快地回乡或者下乡参加农业生产，积极地热情地同他们的长辈一起并肩劳动，变成了我国第一代有社会主义觉悟、有文化的新式农民。有不少的地方，有不少的中学还开始实行半工半读、勤工俭学，为革新我国教育制度开辟了一条新的途径。这些事实说明，毛主席指示的教育方针已经开始在指导着我们的中小学教育遵循着一条正确的道路向前进展，并且对提高教育质量，发生着巨大的作用。但是必须承认，我们对贯彻执行这条教育方针，只不过是初步地提出了局部性的措施。这当然是很不够的。为了进一步贯彻执行国家的教育方针，今年我们准备研究和制定革新教育制度、改变学制、修订课程、改编教材、加强思想政治教育和劳动生产教育等的一套实施方案。这次会上有些代表所提出的有关这方面的意见，我们将在进行这项工作时加以研究。

现在我仅就如何贯彻执行教育方针问题，提出以下初步意见。

第一，加强思想政治教育。学校是思想战线中的一个重要阵地。用什么思想来教育新生一代，这是体现教育方针和教育性质的一个决定因素。所以思想政治教育是学校教育的灵魂和统帅。资产阶级思想和无产阶级思想的矛盾，社会主义思想和资本主义思想的矛盾，这是过渡时期学校教育工作中的一个根本性的矛盾。因此在过渡时期，我们学校教育的基本任务之一，就是要破资本主义思想，立社会主义思想，就是使我们的新生一代摆脱资产阶级思想的影响，成为有社会主义思想的新人。要实现这个任务，我们必须大力加强学生的思想政治教育。过去几年我们曾经一度忽视了思想政治教育，这是个错误，应该引以为戒。在1957年我们学校的思想政治教育是有所改进和加强的，但是还很不够，还有进一步加强的必要。

当前加强思想政治教育应该采取的主要措施有：

1. 在中学和师范学校开设“社会主义教育”课。这门课的内容，以毛主席的“关于正确处理人民内部矛盾的问题”的报告为中心，选集一些学生可能接受的文件和《人民日报》社论作为教材，让学生通过这类文件的学习和讨论、辩论等，来解决他们思想上的一些大是大非问题。这门课应该根据理论联系实际的原则，结合学生思想实际来进行。将来我们还要根据“社会主义教育”课的经验，来改进政治课。

2. 其他学科的课堂教学和各种课外活动都应该注意贯彻思想政治教育。有些学科的教学和课外活动还可以配合“社会主义教育”课对学生进行思想政治教育。

3. 加强班主任工作。在学校思想政治教育工作中，班主任占着十分重要的地位，应该明确班主任的中心任务是对学生进行思想政治教育工作。学校应该注意选择思想进步、品行端正的优秀教师来当班主任。要加强对班主任工作的领导，并且要减轻班主任的事务性工作。

4. 加强学校里的团、队工作。开展生动活泼、丰富多彩的课外活动，培养学生正当的兴趣和爱好。

5. 要适当加强校外教育工作和家长工作。

第二，加强劳动生产教育，并且要有步骤地实行半工半读的教育制度。这是体现教育方针的一项基本措施；同时又是体现教育同生产相结合，理论同实际相结合，体力劳动同脑力劳动相结合等原则的基本途径。劳动生产教育的目的，是清除学生轻视体力劳动、轻视劳动人民的错误思想，培养学生的劳动观点、劳动习惯、刻苦耐劳的品质和劳动人民的思想感情，锻炼学生体力，并且使他们获得从事生产劳动所必需的生产基础知识和初步技能。

当前在普通教育方面进行劳动生产教育，我建议可以采取这样一些措施：

1. 有计划地组织中学和师范学校学生参加体力劳动（包括工农业生产劳动、公益劳动、清洁卫生活动、家务劳动等）；有步骤地实行半工半读的教育制度。城市里的中学生和师范学校，可以划分区域，联合设立实验工厂或者作坊，也可以同工厂或者服务性行业订立参加生产劳动的合同，使学生一面学习，一面生产劳动。有土地的学校可以设立实验园地。农村中学和临近郊区的城市学校，可以同附近农业合作社挂钩，参加农、副业生产劳动；如果有土地，也可以设置实验园地。如果有条件，还可以设置实验工场。农村学生还可以在不耽误学习和不妨害健康的原则下利用假期、假日或课余时间，回家参加生产劳动。

2. 设置生产劳动课。教育部去年已经规定：在高级小学里设置农业常识课，在部分小学里开设手工劳动课，在初中三年级开设农业基础知识课，部分初中开设手工劳动课。从今年秋季起将在高、初中和师范学校各年级普遍开设生产劳动课。

3. 各科教学都应该注意结合本科教学内容适当地进行劳动生产教育。比如自然科学各科教学就应该注意如何把自然科学的基本原理应用到工农业生产上去。又如在文学教学中就应该注意通过艺术形象来对学生进行有关劳动的思想教育。

4. 课外活动也应该注意通过有关的活动（如小五年计划活动）来进行劳动生产教育。

第三，改进文化科学知识教育。当前文化科学知识教育的最大缺陷是脱离实际、脱离生产、脱离生活。有些学科教材要求过高，分量过重。例如理化、生物等科教材的内容就有些脱离我国工农业生产的实际。又如文学教材的内容就有些脱离现实生活，脱离政治，思想性不强，另一方面还要求过高，选材太专太窄，古典文学作品过多。1957年我们已经采取临时措施，修改了中学文学课本。今年教育部准备根据国家的教育方针，根据国家建设的要求和学生的年龄特征，根据理论和实际相结合的原则，着手改编现行教学大纲和教科书。现在已经着手改编中学文学和汉语课本。另外，地理、历史、生物等科的课本，也在修改。

第四，培养工人阶级自己的教师队伍。这里包括培养新的师资和改造提高现有教师两个方面的问题。这是保证实现教育方针的决定因素之一，是值得十分重视的。过去我们对这个问题是重视不够的。今后我们要注意办好师范教育，各级师范学校都要有意识地增加工农成分，招生要注意吸收经过一定年限劳动锻炼的工农知识青年。对现有教师我们要帮助他们改造思想，提高他们的政治觉悟和文化业务水平。因此搞好当前中小学和师范学校教师的整风运动和反右派斗争是非常必要的。在整风结束之后，我们就要对教师的政治理论和文化业务学习，作统筹安排。教师们为了能够更好地担负起培养有社会主义觉悟的、有文化的劳动者的光荣任务，都应该努力进行自我改造和自我教育，不断地改造和提高自己。

二、鼓起革命干劲促进普及教育

紧接着 1956 年经济战线上的社会主义革命取得了伟大的胜利之后，1957 年政治战线上、思想战线上的社会主义革命又取得了决定性的胜利。现在全国人民正在鼓起革命的干劲，以愚公移山、精卫填海的英雄气概掀起一个社会主义经济建设的新高潮。从农村到工厂都出现了生产大跃进的新局面。随着生产建设的大跃进，人民群众迫切地要求摆脱无文化状态，提高文化水平。反映着人民群众的这种要求，有不少地方的经济建设规划中都列入了加速扫除文盲和普及小学教育的规划，并且在大力开展扫盲运动。

一年来，群众办学有巨大发展，去年民办小学较 1955 年增加了 80%以上，民办中学增加了 420 倍以上，既减轻了国家的负担，又满足了群众自己的文化要求。

随着社会主义经济建设高潮的到来，不可避免地将要出现一个社会主义文化建设高潮。事实上，在文化战线上现在已经出现了新的气象，预兆着文化建设高潮的到来。例如 1957 年，群众办学就比过去几年都办的多得多，不仅办了大量的小学，并且办了很多中学。据河南、河北、山东、上海等 18 个省、市的统计，1957 年民办中学约有学生 42. 6 万多人，而 1955 年这 18 个省、市民办中学的学生估计还不到 1 千人，1957 年同 1955 年相比，增加了 420 倍以上。另据山西、江苏、吉林、北京等 15 个省、市的统计，1955 年民办小学约有学生 88. 2 万多人，1957 年民办小学约有学生 161 万多人，1957 年同 1955 年相比，增加了

82.5%。河南省1956年只有1个民办中学班，有50几个学生。1957年民办中学大量发展，学生连续达到12万多人，占全省中学生总数48万多人的25.4%，1957年同1956年相比，增加了2 000多倍。又如甘肃省武山县近两年来主要依靠发展民办小学，使得这个县的在校学龄儿童数由1954年的4 500人增加到1957年的20 590人，学龄儿童入学率由18%迅速上升到81%。这是群众办学特别是民办中学的一个大跃进。这不仅说明了人民群众迫切要求提高文化水平，并且表现出了社会主义觉悟的提高，因而纷纷地、积极地响应国家提倡群众办学的号召，自己动手来办学校。这样做，既减轻了国家的负担，又满足了自己的文化要求，弥补了国家办学力量的不足。这是教育战线上的一个可喜的新气象。

很多学校还实行了勤俭办学，既解决了学校的困难，又节省了国家的开支，既体现了勤俭建国的精神，又贯彻了劳动生产教育的原则。

还有一种新气象，就是有很多学校根据勤俭建国的方针实行勤俭办学，学生同教师一起动手盖校舍、建校园、筑马路、制教具。这样既解决了学校的困难，又节省了国家的开支。这不仅体现了勤俭建国的精神，并且还体现了劳动生产教育的原则。还有很多先进青年学生受了社会主义思想教育，懂得了党和国家的教育方针，并且响应党和国家的号召，积极地实行半工半读，勤工俭学。在农村，有些学校学生利用假期、假日参加农业生产；有的学校自己设置校田，师生共同劳动生产。在城市，有些学校设置实验工厂进行木工、金工等劳动；有的学校学生利用假期、假日到工地、工厂做杂工，或者参加缝衣、理发等服务行业的劳动。此外，有许多民办中学实行农忙生产、农闲上课；有的是半天生产、半天上课。这不仅体现了党和国家的教育方针、体力劳动同脑力劳动相结合、理论同实践相结合的原则，使青年一代得到全面锻炼，全面发展，并且还可以减轻国家的负担和解决个人学习费用的困难。这也说明，推行这种办法也是有利于学校教育事业发展的。

一年来教育事业的发展证明，必须批判那种一切都由国家包办的有害思想，中小学教育发展的途径不是一条，而是三条。除了国家办学这一条途径，还有群众办学和勤俭办学、勤工俭学两条途径。

这些新气象告诉我们：中小学教育的发展途径不是一条，而是三条。就是说除了国家办学这一途径之外，还有群众办学和勤俭办学、勤工俭学两条途径。过去几年，在我们教育行政机关中，在某些地方，存在着一种有害的“包办”思想，反对民办学校的方针，总是想让国家把小学教育事业全部包办下来。结果是影响了民办学校的发展，从而影响到小学教育的发展。如果不打破包办的思想，只是死盯着国家办学这一条路，抛开另外两条路不走，那只有限制着中小学教育的发展，绝不可能加速中小学教育的发展。除此之外，对办学形式，不要强求一律，可以因地因人制宜，采取多种多样形式，能办正规学校就办正规学校，不能办正规学校，也允许办不正规的学校。这样采取多种多样形式办学，也是有利于学校的发展的。现在经济建设正在一日千里地突飞猛进。发展经济，就要求发展文化。如果教育建设还像小脚女人似的落在后面，跟不上去，那文化落后就会变成经济发展的绊脚石。如果我们教育工作者不甘心做促退派的话，那就要努力做促进派。那就要打掉保守思想，鼓起革命干劲，积极促进教育事业的加速发展。那就要积极采取国家办学、群众办学、勤俭办学和勤工俭学这三条办法和多种办学形式来加速中小学教育的发展。特别要加速小学教育的发展，争取及早地普及小学教育。同时还要大力开展成人识字运动，并在识字教育的基础上发展业余小学和业余中学，以提高人民文化水平。要争取尽快地实现扫除文盲的任务。

要把我们的国家建设成为一个有现代工业、现代农业和现代文化科学的社会主义强国，不扫除文盲，不普及小学教育，是不行的。要发展生产，提高劳动效率，没有文化就要遇到很大的困难。现在，生产建设正是在快马又加鞭，跃进又跃进。普通教育建设绝不能裹足不前，扯经济建设的后腿，阻碍生产的跃进。因此，我们要根据“多、快、好、省”的方针来加速发展教育事业，尽快地扫除文盲和及早地普及小学教育，以促进我国文化革命的早日实现。

我深信在党的领导和促进下，全国文化建设的高潮，不久就将到来。我深信，只要我们依靠全国人民的力量，鼓起干劲，力争上游，我国人民多年盼望的扫除文盲和普及小学教育两个艰巨的伟大的任务，在不太长的时期内，也一定会实现的。

（本文为1958年2月11日董纯才在第一届全国人大第五次会议上的发言，原载于《人民日报》1958年2月15日第9版）

普通教育的两大革新

1957 年，我们国家在取得了社会主义所有制的胜利后，毛主席提出了："我们的教育方针，应该使受教育者在德育、智育、体育几方面都得到发展，成为有社会主义觉悟的有文化的劳动者。"毛主席的指示为我们在教育方面将马克思列宁主义原理与中国实际相结合做出了典范。这个社会主义教育方针，也就是党和国家的教育方针。我们必须遵照这个方针将国家的教育事业推向一个更新的阶段。这一年来，正是在这个方针的指导下，我们的中小学都做了一些重要的改进，主要的两项是加强了思想政治教育，加强了劳动生产教育。中学里开设了社会主义教育课。中小学里都开设了农业知识课。很多学校组织了学生参加体力劳动（如农业生产劳动、手工业劳动、建校劳动、公益劳动等）。有不少的地方，有不少的中学还开始实行了勤工俭学、半工半读。这样，普通教育中一直存在的两个基本缺点，即脱离生产、忽视政治的倾向，开始有所纠正。特别值得指出的是去年中学实行勤工俭学、半工半读和开设社会主义教育课，不仅收到了很大的成绩，并且对中学教育具有重大的革新意义。为了进一步贯彻执行国家的教育方针，教育部今年准备根据去年创造的这些新经验着手研究解决革新教育制度、改变学制、修订课程、改编教材等问题。各地学校都应该继续加强思想政治教育，加强劳动生产教育，实行勤工俭学、半工半读。我们要以“鼓足干劲，力争上游”的精神来革新我们的学校教育。

一、关于开展勤工俭学、半工半读问题

加强劳动生产教育，实行勤工俭学、半工半读的教育制度，这是我国教育的一大革新。这可以克服教育脱离生产，理论脱离实际，脑力劳动同体力劳动分家的弊病，使教育同生产结合起来，理论同实际结合起来，脑力劳动同体力劳动结合起来。这是体现社会主义教育方针、培养有社会主义觉悟的有文化的劳动者的一个根本办法。同时这也是符合马克思主义的教育原理的。马克思在资本论第一卷上写道：“大体说，工厂法所规定的教育条款也是贫弱的，但它还是把小学教育当作劳动的强制条件来宣布了。这个条款的成功，第一次证明了，以教育与体操结合于筋肉劳动是可能的，以筋肉劳动结合于教育与体操也是可能的。工厂视察员在听取学校教师的证明以后，发觉工厂儿童，与正式日校学生比较，虽只受半数时间的教育，但学习的东西是一样多，且往往更多。‘这种现象是简单的。他们虽只半日到校，但他们时时觉得新鲜，并且几乎时时准备并且愿意接受教训。半时间劳动，半时间受教育的制度，使工作与教育交互成为休息和鼓励。这种制度，比之在工作与教育之中，继续不断地做其中的一项是与儿童更适合得多的。一个从早晨起坐在学校内的儿童（尤其是暑天），不能和一个从工作下来，心情愉快活泼的儿童竞争，乃是当然的事’。关于这一点，西尼耳 1863 年在爱丁堡社会学大会的演说，也可以为证。在那里，除了别的事情，他曾说明，上层及中层阶级儿童之单方面的不生产的长时间的受业时间，徒然增强教师的劳动，同时，‘教师又不仅无益地，并且有害地，浪费儿童的时间，健康，与精力’。像欧文说过的那样，未来教育——这种教育使每

一个已达一定年龄的儿童，都把生产劳动和智育、体育结合起来，这不仅是增加社会生产的方法，并且是唯一的生产一个全面发展的人类的方法——的胚芽，是从工厂制度发芽的。”最近一年中国的实践证明了马克思预见的正确性。这条马克思主义的普遍真理已经在中国土壤里开始生根发芽了。

教育与生产劳动相结合——在老解放区一直是作为办教育的指导思想的。老解放区的学校都是一面学习，一面劳动。例如陕甘宁边区办的干部学校和中等学校，曾经遵循着这个方针，有一个时期一年生产自给四个月的粮食。边区中小学课本的生产知识，也比现在要多得多。这本是老解放区的一个优良传统。遗憾的是在全国解放后，我们对老解放区的这条宝贵的经验没有很好地发扬。虽然也还有个别学校保持这种优良传统，但是一般学校都没有注意这个问题。这说明我们对教育同生产劳动结合的教育原理是有所忽视的。这是一个很大的错误。1957 年在毛主席提出了社会主义教育方针之后不久，刘少奇同志就到河北、河南等省视察学校教育，又一再指示各地学校要加强劳动教育，号召学生一面学习，一面劳动，实行勤工俭学、半工半读。跟着《人民日报》在 4 月 8 日和 7 月 6 日先后发表社论，号召各地学校加强劳动教育，实行勤工俭学，半工半读。从这以后，除了保持老解放区勤工俭学的优良传统的学校之外，有不少中学都加强了劳动教育，实行勤工俭学，有很多民办中学都是实行半耕半读，依靠学生的劳动收入来解决学校的经费问题。

实践证明，加强劳动生产教育，实行勤工俭学、半耕半读的学校都得到了很大的收获。第一，通过劳动锻炼克服了学生的轻视体力劳动和体力劳动者的错误思想，使他们开始养成劳动观点、群众观点、劳动习惯、自觉的纪律、集体主义精神和刻苦耐劳、勤俭朴素等优良品质。

第二，使学生获得从事工业生产或农业生产的基本知识和技能。如河北邱县中学，已有60%的学生学会打场，40%的学生学会犁地和耙地的本领；河南新乡手工业子弟学校的学生，已初步学会了喷漆、打气、化铜、翻砂、套丝戴帽、胶扣磨光等 26 种技术。照这样办，我们学校培养出来的人再也不是一个肩不能担、手不能提，四体不勤、五谷不分的文弱书生，而是一个既有文化又有生产本领的劳动者。

第三，巩固、扩大和加深课堂上所学得的文化科学知识，提高教学效果。学生参加劳动，可以使他们所学的书本知识在实践中得到印证，可以把理论和实际结合起来，除此之外，还可以使他们在劳动实践中学到书本中学不到的新的实际知识。湖南醴陵第四中学，从 1957 年开展勤工俭学活动以来，学生的学习成绩有显著提高，1956 年全校学生一科不及格的人数占 5. 4%，1957 年则下降到 1%。有很多实行勤工俭学、半工半读的学校，都出现这种情况。这个事实证明，开展勤工俭学活动不仅不会降低学习质量，反而会更好地提高学习质量。

第四，通过劳动锻炼，增强学生的体质。河南长葛三中 1955 年患胃病的学生占 41%，1956 年下降到 9%，现在已经没有一个学生患胃病了。在许昌专区召开的体育大会上，35 个项目，该校竟获得 21 项冠军。许多事实证明，那些勤工俭学开展得好的学校，不但学生的患病率降低了，而且在体育比赛方面也常常占先。

第五，有很大的经济意义。去年实行勤工俭学后，有不少学生用自己的劳动收入解决了自己的学习费用以至生活费用。有些实行半耕半读的学校，就是“以生产养校”。这样，既可减轻国家负担，又可减轻家庭负担。有些开展勤工俭学活动较好的学校提出，今年的助学金削减一半，明年做到个别补助。如果全国中等学校都能这样做，那么每年就可以为国家节约几亿元资金。这说明实行勤工俭学、半工半读的经济意义是很大的。这些事实说明了组织学生参加生产劳动，实行勤工俭学、半工半读不仅是负有劳动生产教育的任务并且还能实现德育、智育和体育的任务。劳动生产教育应该成为学校教育的基础。这是培养有社会主义觉悟的有文化的劳动者的根本手段之一。作为一个社会主义社会的劳动者，应当有社会主义觉悟、有文化知识，当然还要有生产本领，既会体力劳动，又会脑力劳动。普通学校的任务就是要培养这种新型的劳动者。因此我们的学校就是既要通过课堂教学，同时又要通过劳动锻炼，来把新生一代培养成为一个既会脑力劳动又会体力劳动的全面发展的劳动者。只有这样做，我们的学校教育才能算是达到了提高社会生产力的目的，才能说是真正为经济服务。

有人认为，实行勤工俭学、半工半读的教育制度，只是因为现时我国经济困难，为了解决经济问题，才采取这种临时的措施。这显然是一种片面的错误的看法。这绝不是一种临时措施，而是我们培养人的一种长远的根本的手段。这不仅仅有经济意义，而更重要的是有重大的教育意义。组织学生勤工俭学、半工半读，如果忽视它的教育意义，那就很可能变成单纯追求经济利益，这种做法是不妥当的。当然，我们也必须看到勤工俭学、半工半读的经济意义，忽视这点也是不对的。因此我们组织学生参加生产劳动，不仅要考虑到经济意义，而且还要注意它的教育意义，服务于社会主义教育方针，服务于培养人的教育目的。

当前实行勤工俭学、半工半读的形式，有这样几种类型可供参考。

第一种类型，是学习不脱离生产，半耕半读或半工半读。一面学习，一面劳动。有的学校是半天上课，半天生产；有的是农闲上课，农忙生产，雨天上课，晴天生产。课程主要是政治、语文、数学、农业知识几门课。学生既是受教育者，又是生产者。是学生，也是农民。很多民办中学都是这样办的。例如河北韩村民办班就是这类学校中的一个。这个学校有两班学生，一班上午学习，下午劳动，另一班下午学习，上午劳动；农忙的时候放假参加生产劳动，农闲的时候就上学上课。这类学校多半是依靠学生生产收入来维持学校的经费的。过去我们的学校只有国家办和群众办的两种办法，现在又有学生办的第三种办法了。这类学校比较容易推行，也容易普及。我说这类学校很合乎马克思主义的教育原理，我们不要小看了它。有些人对这类学校看不起，指手画脚地批评它，说它“质量低”“开设的学科不够多”，这种态度是不对的。我们的某些教育工作者，坐在书桌旁边念了几十年书，但是他们对于这种合乎马克思主义教育原理的学校形式竟从来没有想到，现在党中央发出号召来了，群众创造出来了，我们就应当很好地研究它、推行它，有什么理由看不起它呢？第二种类型，主要是用两种办法来实行勤工俭学：（1）利用假期、假日或平时的课余时间，组织学生回家参加农业社的生产劳动。这样做的好处，不仅是参加了社会生产劳动，而且还同群众保持密切的联系。在劳动中同群众打成一片，这也是一种教育手段。因此我们应该重视这种做法。（2）在校内建立实验园地，组织学生在园地上参加生产劳动。如河南长葛三中，从 1952 年到现在，组织学生先后开垦了 46.5 亩实验园地，其中除划出 3.4 亩作为实验区外，其余土地划分为果木区、苗圃区、大田作物区等，有计划地组织学生参加生产劳动。农忙季节，学生还要回家参加农业社劳动。这类学校，有许多实验田的产量超过了当地的最高产量，引起了群众的重视。采用这两种办法，不需要改变现行教学计划，只要将校历中有关假期的规定做适当的调整就可以了。这是一种简便易行的办法，也是目前农村学校中广泛采用的办法。

第三种类型，有些城市学校利用校内的教学工厂和实验园地，组织学生参加生产劳动。例如大连一中的教学工厂，过去还接受过外面一些简单的加工订货。有些城市学校利用假期、假日和平时课余时间，组织学生参加社会生产劳动；或者通过各科课外研究小组，组织学生进行一些生产劳动。

就全国总的情况来看，在实行勤工俭学、半工半读方面，民办学校比公办学校好，农村学校比城市学校好，山区学校比平原地区的学校好，新建学校比老学校好，初中比高中好。这个情况说明，越是有钱的学校，他们的勤工俭学、半工半读越做得糟糕。学校穷一点、苦一点还有它有利的一面。这五个对比应当引起各级教育行政领导机关和学校的注意，希望后进的加紧赶上先进，先进的更加先进。

实行勤工俭学、半工半读，可以根据具体情况，采取多种多样的方式，但是无论采取哪种方式都必须遵循下列几个原则。

（1）教育同生产劳动相结合，这是一个总的原则。在这个总原则的指导下，在推行一面学习，一面劳动的过程中，应当使理论同实际结合起来，使体力劳动同脑力劳动结合起来，使知识分子同工农群众结合起来。

（2）采用任何一种勤工俭学、半工半读的形式，都必须注意向学生进行思想政治教育，不要单纯地追求经济利益。思想政治工作是学校教育的灵魂和统帅。任何时候都不应该忘记这条原则。

（3）要因地制宜，因时制宜，因人制宜。例如河南新乡手工业子弟学校组织学生参加手工业生产，辽宁营口中学组织学生到盐场做临时工，安东中学组织学生到海滩上捡海螺，抚顺和鞍山的中学组织学生捡煤等活动，都是根据各个学校所在地区的具体条件开展起来的。

开展勤工俭学、半工半读的活动，还刚刚开始，将来经验更加丰富以后，我们还可以再进一步划分出几种类型加以推广。当前各地区应当在实行勤工俭学、半工半读的总原则指导下，充分发挥积极性和创造性，不要为陈旧的规章制度所束缚。例如校历，各地区就可以变通农村学校照样放暑假的规定，改放农忙假；对于教学计划，各地区也可以根据具体情况在课程设置和教学时数上有所增减；教材的分量重了，可以减少些，也可以增加一些乡土教材。总之，我们国家幅员广大，各地区的自然条件、经济条件、文化条件都不相同，必须因地制宜，不能强求一律。

二、关于社会主义政治课问题

1957 年开设社会主义教育课，不仅是政治课的革新，也是思想政治教育的革新。

一年来，我们在这方面获得了很大的成绩。首先是克服了学生忽视政治或非政治的倾向，使得学生的政治觉悟大大提高。例如河南洛阳一中，学生普遍重视了政治课，过去不爱看报的也订报了，他们在辩论了“学习可不可以不问政治”以后，仅在初三和高中的 10 个班中就增订了报纸、杂志 206 份。辽宁铁岭高中，过去学生总喊粮食不够吃，每月缺粮 3 000 余斤，现在每月却能节约 4 000 余斤，上下差了 7 000 余斤。其次，配合着劳动教育大大改变了学生的思想面貌，使学生对劳动人民从思想情感上起了变化。例如河南许昌三初中，师生共 651 人，参加劳动积极、情绪饱满的占了 65. 5%，只有两人有抵触情绪。由忽视政治到重视政治，由轻视体力劳动到愿意参加体力劳动，这就是个大跃进，这是一个质的变化。就总的情况来看，我们的成绩是很大的。我们也有缺点，但是次要的。成绩是九个指头，缺点是一个指头，把这一个指头洗干净也会变成好指头。

社会主义教育课的革新，主要表现在结合现实政治生活、结合学生思想情况两个方面。过去的政治课有两脱离，即脱离现实政治生活、脱离学生思想情况。当时我们没有认真地研究这些缺点，坚决地予以纠正，只是从消极方面着想，把政治课停下来了，这是一个很大的错误。所谓脱离现实政治生活，就是关门教政治课，而不讲国家大事和社会政治活动。例如，1955 年到 1956 年，社会上正展开轰轰烈烈的三大改造运动，而我们的学校却没有及时配合着进行教育；对于社会上的各种活动，如抗旱、防涝、兴修水利等有意义的群众活动，学校也不闻不问。所谓脱离学生思想情况，就是教员上课只是“贩卖”书本知识，名词、概念之类讲了一大堆，但不解决学生思想问题。这也就是所谓“教书不教人”“管教不管导”的教学方法。去年，我们根据毛主席的指示，恢复了政治课。接着全国开展全民性整风运动，后来又进行反右斗争。我们根据这种形势，就把政治课改为社会主义教育课，以毛主席所讲“关于正确处理人民内部矛盾的问题”为中心内容，抓住当前的现实问题来进行教育。例如，在学生中普遍存在的有农业合作化、教育方针、反右派斗争和中苏关系等四个问题。这实际上就是当时社会上普遍存在着的几个问题的反映。抓住了这些大事，从学生的思想情况出发进行教育，这种做法就是一个很大的改进。

这个革新是由于我们重新发扬了老解放区办教育的传统而取得的。老解放区办教育有两个特点，即教育结合政治，教育结合生产。在抗日战争时期，老解放区学校将“抗日救国”作为思想政治教育的中心内容，并且以“抗日救国”为中心任务，组织学生参加种种课外活动和社会活动。在解放战争时期，思想政治教育就以“解放战争”为中心内容。解放初期，许多学校还是重视思想政治教育的，在土地改革、抗美援朝运动中，曾经结合土地改革斗争、抗美援朝运动进行了思想政治教育，取得很大的成绩。但是从 1953 年以后，我们忽视思想政治教育的倾向逐渐发展起来，甚至把政治课都砍掉了，一直到去年才又继承和发扬了老解放区的传统；去年一年，不但恢复了政治课，并且还向前发展了。这些新的发展有五个特点。

（1）密切结合当前现实政治生活和中心工作进行教学。因此今后社会主义教育课的教学内容，就应该结合当时的政治形势、国家大事，配合中心工作讲当时党和国家的政策。

（2）根据学生的思想情况进行教育，教师讲课不能照着课本逐条讲授，而应该首先摸清楚学生的思想情况，针对思想情况进行教育，真正做到“有的放矢”“对症下药”。

（3）发扬整风运动中的鸣放精神，组织学生就所讲的问题展开讨论、辩论，启发学生思考问题，锻炼他们的独立思考能力。

（4）利用活生生的现实材料教育学生，请干部、请劳动模范现身说法；组织学生访问农村、调查研究；举办今昔生活对比展览会。有的同志说："讲课不如做报告，报告不如辩论，辩论不如参观访问。"从这句话也可以看到感性知识是多么重要了。

（5）把讲授知识和思想教育结合起来。过去政治课只是单纯讲授书本知识，不管学生的思想教育。现在是把讲授知识和解决思想问题统一起来了，是在讲授知识的基础上，提高学生的思想认识，启发觉悟。因此今后社会主义教育课也要对学生讲一些学生可能接受的政治文件。总之，要把理论与实际结合起来，把理性知识与感性知识结合起来，只有这样做，才能使学生真正领会所学得的东西。

解放初期，我们强调通过搞运动解决思想问题，这有它的好处，但是也有一个缺点，就是不能正常地进行文化学习。后来，我们又强调通过文化课进行思想政治教育，这有对的一面，但是也有一个缺点，就是由于教师的思想政治水平不高，结果削弱了思想政治教育。在去年的思想政治教育工作中，摸索到一个新的经验，这就是一方面照常进行文化课学习，一方面抓住政治课，把它作为进行思想政治教育的一个重要环节，同时还组织学生参加体力劳动，还通过文化课和课外活动配合着政治课一起进行思想政治教育

今后讲政治课，中心任务是贯彻思想政治教育，不是单纯地传授知识。政治课当然也要讲知识，如国家的政策、社会主义革命和建设的基本知识等。讲这些知识的目的是为了什么呢？其目的还是为了武装学生，破资本主义思想、立社会主义思想，形成共产主义的世界观。学生无论受完初中教育或受完高中教育，都要求他们树立起为建设社会主义而奋斗的宏大志愿，坚决地走社会主义道路。社会主义课的内容要不断

地发展，将来还要帮助学生解决思想方法的问题，使新生一代学会用辩证唯物主义的思想方法分析和解决问题。应当注意，社会主义课虽然是进行社会主义思想教育的中心一环，但万不能把思想政治教育的任务只放在政治课上，其他各科教学也都有贯彻思想政治教育的任务，特别要重视组织学生参加生产劳动，这是加强思想政治教育的一个基本方面。

关于政治课教师问题，目前不但数量不够，而且质量也亟待提高，我们必须有计划地培养出大批又红又专的政治课教员。教师是灵魂的工程师，政治课教师应当居于首要地位。政治课教师应当兼做班主任，即使少担任一点课也好。应当把政治课教员看作是党派到学校来做政治工作的工作人员。各地区都应当创造条件，派那些又红又专的教师当政治课教员兼班主任。当然其他学科的教师也可以当班主任，但是必须又红又专。希望能逐步做到每一个班主任都兼任政治课教员。

现在，我们已经有了毛主席提出的社会主义教育方针，在教育实践中又出现了这样可喜的新局面，摆在我们面前的新任务就是促进教育事业更大的发展。打破旧的平衡、建立新的平衡，这一规律同样适用于教育事业。就全国情况来看，实行勤工俭学、半工半读还仅仅是刚萌芽，进行社会主义思想政治教育的经验也正待我们来总结和推行。旧的平衡我们已经打破了，新的平衡急需我们来建立。希望已经获得了一些成绩的地区，在原有的基础上，不断地积累经验、总结经验，继续奋勇前进。对这两件大事还未引起重视的地区，希望鼓起革命干劲，急起直追，力争上游，积极创造条件，把勤工俭学、半工半读的活动开展起来，把社会主义思想政治教育开展起来。

（本文为1958年3月4日董纯才在社会主义课座谈会上的讲话记录，原载于《人民教育》1958年第4期，第11—15页）

第三辑

教育改革与教育现代化

发展农村教育的建议

我们于1982年8月、10月和1983年1月、2月到辽宁省彰武县四合城乡和上海南汇县大团乡，作了农村教育调查。现经分析研究，特提出如下九点建议。

第一，党的十二大提出经济发展的战略重点，有农业、教育和科学。三者之间是有密切联系的。发展农村经济，必须发展农村教育和科学。南汇的同志讲得好："要广开财路，先要广开学路，开了学路，就会发现很多财路。"劳动者的教育水平越高，劳动生产率就越高。据调查，要科学种田，农民至少需要初中毕业的程度（包括文化科学技术水平、思想觉悟和道德水平）。如四合城中学试验田科学种花生，亩产700多斤，比当地农民土法种花生（亩产二三百斤）多两三倍，群众都来学习，实际上学校农业试验田变成了农村农业技术推广站。上海友爱中学生物学教师科学种稻，亩产3 000斤，比当地农民种稻（亩产1 400斤）多一倍多。

第二，农村教育，必须适应农村专业化、商品化、现代化生产的需要，为建设社会主义现代化新农村服务，培养建设新农村的人才。目前农村教育落后于农村经济并和农村经济脱节的问题必须解决。为此，农村教育，要按照党的教育方针，为农村培养有爱国主义思想、共产主义的理想和道德，有纪律，有文化科学技术的劳动者。这是实现工农业翻两番的一条根本措施。

第三，建立具有中国特色的农村社会主义现代化教育体系。它包括四个组成部分。

1. 幼儿园—小学—中学—中等农业学校—高等农业学校（包括专修科和本科）。

2. 扫盲识字班（校）—农村业余小学—农村业余中学。

3. 半耕半读学校，主要是中等农业学校。

4. 农村干部学校。

【说明】省、市、自治区办高等农业学校；地区办农业中专；县办高中和完全中学；乡办幼儿园、小学和初中，有条件的乡也可以办农业高中。干部学校：乡办村和组干部的业余补习学校，县办乡干部学校或轮训班。

以上是一般原则规定，但由于中国农村情况和自然条件差别很大，应当因地制宜，因时制宜，采取灵活多样的形式办学。

近年来，有些乡认识到教育的重要性，注意抓农业教育。大团乡就是一个好典型。它将“五育”（幼儿教育、普通教育、职业教育、业余教育、干部教育）一起抓，大量增加教育经费，建校舍，购置图书、仪器、设备，近三年，教育投资为 31 万元，为开创农村教育新局面，做了一个良好的开端。

第四，普及教育问题。1985 年前力争全国各地普及小学教育，有条件的农村要争取普及初中教育。农村普及小学教育，要采取多种形式。对超龄儿童，要办简易速成小学，主要教语文、算术，提高读、写、算能力。

第五，农村教育改革问题。

学制改革。小学五年制，初中四年制，高中二或三年制，初级农业学校四年制，高级中等农业学校二或三年制。

课程改革。小学设品德、语文、算术（包括珠算）、体育、音乐、美术，四、五年级增设社会常识、自然常识。以品德、语文、算术三科为重点。初中政治课要教爱国主义思想、共产主义的理想和道德，社会主义民主、社会主义法制和社会发展史。语文课3/4课时教白话文，1/4教浅近文言文，还要教农村应用文。数学课，教代数、几何、三角。生物课教植物学、动物学、生理卫生和生物学。物理课教普通物理。化学课教普通化学。历史课，教本国简史和世界简史。地理课教本国地理和世界地理简介。农业基础技术课，教本地农业生产需要的知识和技术。四年制初中，要把普通中学教育和农业技术教育结合起来。四合城中学就是这样办的。不仅得到市、县的支持，并且得到80%的群众拥护。有的反映说："群众欢迎，简单易行。"这种四年制初中学的基础知识技能就比较完整、扎实、实用，有利于毕业生参加生产劳动；有利于参加生产后进行业余自学；也有利于升学。山东省已有100多所农村中学在试行这种改革。高中可以根据各地不同情况或二年或三年。课程设置，有共同必修课，有选修课。可以实行学分制，学完一定学分就可以毕业。

农业技术学校的课程设置，要因地制宜，本地需要什么就设什么课。

我国农村情况，各地差别很大。农村办中等学校，可以因地制宜，或办综合性农村中学（即普通中学教育和农业技术教育结合起来），或把普通中学和职业中学分开办。但农村中学必须教农业基础技术课。

教材改革。现在的全国通用教材，缺少一个"农"字，即严重地脱离农村实际需要，学的不顶用，需用的又没有学。周总理曾经指示要编农村教材，当时因缺乏力量没有编成。现在看来，农村中小学教材，以各省、市、自治区，按照本地情况和需要分别编写较适宜。

改进教学法。采用启发式教学，废除注入式教学法。不仅传授知识，而且注意培养自学能力。教学要理论联系实际，克服本本主义。

第六，培养师资问题。目前农村中小学教师，胜任教学的约占1/3。其余部分不是不能胜任，就是勉强胜任。这是农村学校教育水平低的根本原因。解决这个问题，应从两方面着手。一是培训或轮训现有教师，实在不能教学的，应予调动。二是大力发展师范教育，培养新的师资。师范学校实行定向培养、定向分配，实行农村来农村去，即县保送初中毕业生到师范学习，毕业后仍送回县分到农村教学。哪个乡保送来的，毕业后仍回原乡教学。师专和师院招生也采用定向招生办法。采取这样的办法培养和分配，再加以爱家乡、爱农村、爱农民、爱农业的思想教育，就可以使师范毕业生回乡安心从事农村教育工作。这种办法，也有利于控制城市人口。在有条件的地方还可以办农村师范学校，专为农村学校培养师资，并担负培训在职教师的任务。中级师范学校以县办比较适合，以便农民子女就近入学，毕业后回乡教学。小县可由几个县联合办。

第七，经费及物资设备问题。首先要解决一个认识问题。即教育经费不是消费性投资，而是生产性投资，是开发智力资源的投资。因为“教育会生产劳动能力”①。通过教育，培养有理想、有道德、有文化、有纪律的劳动者，发展社会生产力，提高劳动生产率。这是劳动致富的根本途径。教育的周期性长，现在的中小学学生，到本世纪末和下世纪初，就成为那时生产的生力军。现在发展和办好农村教育，是关系工农业生产翻两番的战略目标的头等大事情。因此，应当增加教育经费，提高教师的物质待遇，并且解决校舍、图书、仪器、体育用品等物质条件

①《马克思恩格斯全集》第26卷第1册，北京：人民出版社1972年版，第210页。

问题。解决这个问题的办法有六个：一是中央每年增加一些；二是省、市、自治区增加一些；三是县增加一些；四是乡增加一些（如上海南汇县大团乡前两年就增加28.8万元）；五是学校勤工俭学，补贴一点（如四合城中学十三年基本建设投资，学校占65.3%）；六是农村厂矿企业补助一些（如大团乡的工厂就出钱购买一套运动器具给中心小学）。当前国家财政还有困难，教育经费问题，不可能单靠中央解决，而要多层次，多渠道解决。中央分配给省、市、自治区的教育经费，地方不得减少，只能增加。

第八，把农村学校建设成为农村社会主义精神文明的重要基地。为此，既要重视以共产主义思想为核心的社会主义精神文明的教育，又要重视现代文化科学技术的教育。农村教育工作者在这两方面都要担负起特别重要的责任。

第九，教育立法问题。教育要立法，以便依法办学。首先是制定普及教育法，这是实现普及教育的保证。然后制定其他教育法规。

（本文为董纯才为全国政协教育组、民进中央和全国教育工会联合调查组写的给中共中央书记处的报告，选自《论中国社会主义现代化教育》，湖南教育出版社1986年版，第162—166页）

关于教育改革的十点建议

我于 1984 年 10 月底到 12 月初，带领全国政协教育组、民进中央和全国教育工会联合组成的教育调查组，到上海、宁波、杭州、常州和南京，做了教育改革的调查，已写成报告。我把这次调查和以前几年教育调查所得到的知识和启示，概括成关于教育改革的十点建议，曾经在上述五处地方，向当地省、市政府和政协的负责同志和教育部门作了口头汇报。回京后作了修改和补充。现在把这十条建议陈述如下。

一、对教育和经济辩证关系的认识

教育和经济严重脱节，表现在人才奇缺，普及教育又未能及时跟上，拖了经济发展的后腿。产生这一问题的原因很多，最根本的原因是对教育和经济的辩证关系认识不清，尤其是没有充分认识到教育的地位和作用。发展经济是发展教育的物质基础，而发展教育又是发展经济的必要条件。劳动者的教育程度越高，劳动生产率就越高。因为，知识越来越成为生产力、竞争力和发展经济的关键，而知识的获得，主要靠学习，靠受教育。

二、培养人才，必须从打好中小学教育的基础抓起

大力培养人才是实现“四化”的关键，而培养人才必须从中小学教育抓起，打好坚实的基础。这是新中国成立后十七年的经验。

十年内乱，使教育大伤元气。党的十一届三中全会以来，教育事业是有所恢复和发展的，是有成绩的。但教育的发展和改革，还落后于经济的发展和改革，出现了重视高等教育，忽视普通教育，忽视农村教育，忽视教育改革，而高等教育未充分发挥潜力的状况，以致造成普通教育提高不大，削弱了高等教育的基础，考上高等学校的学生高分数、低质量。现在职工、农民要实行“双补”（补习文化、补习技术），这是教育欠了经济建设的账。要接受这个教训，扎扎实实地办好中小学教育，为培养人才打下扎实的根基，使大、中、小、幼各级教育紧密衔接，有计划有比例地发展与提高。为适应“四化”建设的需要，中学教育应当是普通教育和职业教育相结合，做到毕业的学生，能在就业后不再进行“双补”，基本结束“双补何时了”的局面。

三、普及与提高的统一

有些地区普及了小学教育，但文凭和水平之间有差距。宁波市副市长讲：两张皮合不起来。小学教育要普及，同时必须提高质量。普及教育不宜停留在普及小学教育阶段，而应进一步普及初中教育，再进一步普及高中阶段教育。这要因地制宜，有先有后，城乡有别。对外开放的城市，经济腾飞必快，这些城市必须在先行普及初中教育的基础上普及高中阶段教育，农村必须普及初中教育，这是发展经济迫切需要的措施。同时，还要有计划按比例地发展高等教育和中专教育，培养现代化建设人才。作为全国政治文化中心的首都北京，更应如此。

四、提高教师素质问题

教师是发展和办好教育的关键。因此，对提高教师的素质应作长期规划，分三步走。第一步，小学教师都达到中师毕业水平，初中教师都达到师专毕业水平，高中教师都达到高师本科毕业水平。第二步，小学教师都达到师专毕业水平，初高中教师都达到高师本科毕业水平。第三步，中小学教师一律都达到高师本科毕业水平。这并不是空想，而是有些工业发达的国家已经实现了的。我们国家也要逐步实现这一长远规划。这就要加强现有教师进修院校建设，同时大力发展和办好师范教育。

五、增加教育经费问题

增加教育经费，首先要解决两个认识问题：一是在相当长的时期内，教育投资被看成是消费投资，因而投资少，教育发展缓慢，和经济发展不相适应。从表面看，办教育要花钱财物质，是消费投资；从实质看，教育投资是生产投资。马克思早就指出：教育投资是生产投资，“因为教育会生产劳动能力”①。二是要认识到社会主义教育事业既是国家事业，又是地方事业和群众事业。今天我们国家穷，中央财政紧，教育经费不可能由中央全包下来，应当通过多层次、多渠道、多方面解决教育经费问题。

六、教育体制改革问题

现行教育体制的弊病是统得过多、过死，又统不了。要解除这个弊病，就要明确社会主义教育事业既有统一性，又要有多样性和灵活性。统一性是说国家制定统一的教育方针、政策、法令等。由于我们国家

①《马克思恩格斯全集》第26卷第1册，北京：人民出版社1972年版，第210页。

大，各地情况千差万别，所以应允许各地因地制宜，形式灵活多样。

实行教育体制改革，简政放权，除了明确这点之外，还要指出上面所说的社会主义教育的国家性和地方性、群众性相结合的原则。解决了这两个认识问题，就可以在中央的统一领导下，自上而下，简政放权，即中央给地方政府、工矿企业、农村社队以及学校一定的教育自主权，使他们得以充分发挥办学的主动性、积极性和创造性，把我们的社会主义教育事业搞活，使之得到更大的发展和更大的提高，多出人才，出好人才，适应“四化”建设的需要。

七、教学改革问题

教育体制改革，已经开始促进教学改革。现在的学制，基本上是盲目搬用外国的，越来越暴露出它不符合我国现在的情况，需要加以改革。与学制相联系的课程、教材、教法、考试制度都要相应的改革。

20 世纪 80 年代学生的特点是接受信息多，听得多，看得多，想得多，智力发展快。而现在的教学制度已成为发展智力的枷锁。教学计划统得过死，教师教得过死，学生学得过死。加之，不少学校为了片面追求升学率，应付考试，有的教师押题、猜题、出难题。甚至师生合作，教师拟示范答案，学生死记硬背，严重妨害了分析能力、解决问题能力、操作能力、自学能力和创造能力的培养。现行的高考制度，应当改革。如不改革，就会变成新的科举制度。因此，教学必须改革。

改革的原则是：（1）适应“四化”建设的需要；（2）学习外国先进经验，必须密切结合我国国情；（3）符合建设有中国特色的社会主义现代化教育的目的和教育方针；（4）符合学生身心发展规律；（5）总结我们自己的经验。

关于学制问题，建议把“六三三制”改为“五四三制”，即小学五年制，初中四年制，高中仍为三年制。“文革”前小学五年一贯制的实验，已经证明小学五年可以达到六年的水平。初中是个薄弱环节，需要加强。其理由是初中课程门类多，学制年限短，需要延长期限。再者，应当把普通教育与职业教育结合起来，加强系统基础知识的学习，同时要使学生有一技之长，以适应中学教育双重任务的需要。辽宁省彰武县四合城中学试行初中四年制已初见成效。高中可实行学分制，具有伸缩性，学生学完规定的学分，即可毕业。考试制度改革，要有利于促进学生学好系统的基础知识，发展智力，有利于学生的全面发展；有利于指引学生的学习向正确的方向发展。考核学生的成绩，不宜只看考试的分数，因为笔试难免有偶然性，还要看学生平时成绩。考试宜于笔试和口试相结合，这样可以比较全面地看出学生的学习成绩。

从我国解放区和新中国的教育经验看，中小学教育结构，从内容方面说，是德育、智育、体育、美育和劳动技术教育五个部分构成一个有机整体。从组织形式看，是课堂教学和课外活动结合。课堂教学为主，课外活动为辅。课堂教学要改革教学内容和方法；课外活动是课堂教学的延续、扩大和加深。把两者统一起来，有利于理论和实际相联系，脑力劳动和体力劳动相结合。归根到底，在于使学生在全面发展的基础上发展个性和特长。任何割裂两者的联系，片面强调某一个方面，而忽视另一个方面的做法，都不利于多出人才，出好人才。

八、加强和改善思想政治教育问题

对外实行开放，不可避免地会有资产阶级思想乘机而入，对这个问题，我们要有清醒的头脑，加以注意。因此，必须加强和改善思想政治教育，进行以共产主义思想为核心的社会主义精神文明教育。这是决定我国教育事业的性质和方向的根本保证。在当前新形势下，加强和改善思想政治教育，最主要的是培养共产主义的理想和道德，祖国利益高于一切的爱国主义思想、为社会主义现代化建设献身的精神和艰苦创业精神、组织纪律观念。要使受教育者能够抵制资本主义思想和封建残余思想的影响，克服小资产阶级思想。

九、建设有中国特色的社会主义现代化教育体系问题

新中国成立以来，我国逐步建立了一个社会主义教育体系，但还不很完善，与“四化”建设不相适应。因此，在经济改革的同时，必须进行教育改革，建设有中国特色的社会主义现代化教育体系。它是由有中国特色的社会主义现代化建设所决定的，又是为后者服务的。它的目的在于多出人才，出好人才，发展社会生产力。

这个教育体系，包括婴儿教育、幼儿教育、小学教育、中学教育、中等职业教育、高等教育、职工教育、农民教育、部队教育、在职干部教育等，它要使全国公民，从小到老，人人受教育，终身受教育，主动地、积极地、创造性地投身“四化”建设，并做出贡献。

十、教育方针

建设有中国特色的社会主义现代化教育的目的是要使受教育者受到德育、智育、体育、美育和劳动技术教育，得到全面发展。

德育——最主要的是培养共产主义的理想和道德，组织纪律观念；

智育——传授系统基础知识，发展智力，培养能力和创造力；

体育——培养健康的体质和卫生习惯；

美育——培养高尚的审美能力和情趣；

劳动技术教育——培养一定的职业技术。

实施这种全面发展的教育，其目的在于使受教育者的精神和身体得到全面发展，又各有个性，各有特长。

（本文为董纯才在调查后向中共中央书记处和国务院提出的建议，选自《论中国社会主义现代化教育》，湖南教育出版社 1986 年版，第 3—9 页。文字又经作者改定）

论中国社会主义现代化教育

自从党的十一届三中全会以来，中国就转入一个新的历史时期，它的总任务是：团结全国各族人民，自力更生，艰苦奋斗，逐步实现工业、农业、国防和科学技术现代化，把我国建设成为高度文明、高度民主的社会主义国家。建设这样的国家，是“把马克思主义的普遍真理同我国的具体实际结合起来，走自己的道路，建设有中国特色的社会主义”。这就是说，我国搞社会主义现代化建设，是具有中国特色的社会主义现代化建设。我国各项工作，都是为了实现上述任务，都要有助于建设有中国特色的社会主义。教育工作，当然不能例外，它必须为实现新时期的总任务服务。建设有中国特色的社会主义现代化教育，是由有中国特色的社会主义现代化建设的总任务所决定的，并且要为它服务。

教育要面向现代化、面向世界、面向未来，这是我国教育发展的指导方针，“三个面向”同有中国特色的社会主义现代化教育，有着内在的联系。现在我国的教育落后，远不能适应我国社会主义现代化建设的需要。和发达国家的教育相比，就看出我国的落后状况。我国还有2.3亿文盲；据1985年秋统计，全国2 080个县（不包括市区），只有731个县普及了初等教育；中等教育结构比例失调，中等职业教育太少，普通高中较多；高等教育也很落后，大专的比例严重失调。全国知识分子只有600多万，占全国人口总数的0.6%。据几个国家的统计，每10万居民中在校大学生数是：中国128人(1981年)，印度664人(1979年)，埃及1 334人(1980年)，苏联1 975人(1981年)，日本2 070人(1980年)，美国5 491人(1981年)。而我国每年花在每个大学生身上的经费平均达1 000美元，比其他发达国家的平均费用多一倍。① 这些情况说明了我国教育的落后状况何等严重，说明了人才奇缺的问题。这个问题不解决，就会阻碍社会主义现代化的实现。

教育要面向现代化，不是为了别的，就是为了适应有中国特色的社会主义现代化建设的需要，培养它所需要的各级各类人才，发展社会生产力。因此教育本身就要实现现代化。而我们旧的教育思想、教育制度、教育内容、教育方法等，都有不适应社会主义现代化建设需要的问题。我们对教育规律是有所认识的，但对建设有中国特色的社会主义现代化教育的客观规律，还有不少未能认识。我们要下苦功夫，探索出这些未被认识的教育规律。建设有中国特色的社会主义现代化教育，就要求从客观实际出发，找出它的客观规律，用以指导我们的教育实践，取得应有的效果。为了适应我国社会主义现代化建设的需要，党中央已经颁布了教育体制改革的决定，为解决教育落后问题打开一个新局面，明确指出："教育必须为社会主义建设服务，社会主义建设必须依靠教育。"并且规定实施普及九年制义务教育，调整中等教育结构，大力发展职业教育；高等教育发展的战略目标是：到20世纪末，建成科类齐全，层次、比例合理的体系，总规模达到与我国经济实力相当的水平。

这就要求不但要总结我国自己的历史经验，而且还要面向世界。教育的基本职能之一是传授知识，发展智力。一部分学说是有阶级性的，

① 见《百科知识》1984年第2期。

而很多门类的知识，以及传授知识，发展智力，培养能力的原则、方法和手段，一般是没有阶级性的。因此，我们要注意借鉴发达国家发展教育事业的经验。吸取其切合我国实际情况的成功的先进经验，抛弃其不适合我国情况的经验。特别值得指出的是要从我国实际情况出发，学习和引进国外现代先进的科学技术、管理方法和现代化教育手段，洋为中用，提高我国教育文化科学技术的水平。在新技术革命条件下，一系列新的科学技术的产生，新的科学技术领域的开辟，以及新的信息传递手段和认识工具的出现，对教育产生了重大的影响，发达国家在这方面的经验更值得注意。要通过各种可能途径，加强对外交流，使我国的社会主义教育事业建立在当代世界文明成果的基础之上。列宁说得好，学习共产主义，“只学共产主义的结论，只背共产主义的口号，这样是不能建立共产主义的，只有用人类创造的全部知识财富来丰富自己的头脑，才能成为共产主义者”①。这是列宁在 20 年代讲的话，更何况现在是 80 年代，文化科学知识技术，比那时代有了突飞猛进的进步，新的技术革命在向我们挑战，我们能裹足不前，不及时抓紧时机，迎接这个挑战吗？当然不能。我们要抓紧时机迎接这个挑战，促进我国社会主义现代化建设的进展。在教育工作方面，也应当采取相应的切实有效的措施，加快教育改革步伐，加强智力开发，多出人才，出好人才，促进我国社会主义现代化教育的发展。

办教育不宜近视，而要有远见，从现在看到未来。教育总是面向未来的。这是一条客观教育规律。教育的周期性长，从幼儿教育到高等教育，总共约需 20 年。从最低限度说，实施九年义务教育，这是全国学龄儿童少年必须接受的基础教育，为期是九年，若加上幼儿教育，为期就是 12 年。我国的新后代，至少须受九年基础教育，才能升学或就业。

①《列宁全集》第 31 卷，北京：人民出版社 1958 年版，第 254 页。

就业后，他们还得继续努力学习，做到老，学到老，自学成才，不断地提高自己的教育水平（包括知识水平、技术水平和思想政治水平），才能适应社会主义现代化建设不断地向前发展的要求。为此，教育不单是传授系统科学知识，而且还要使受教育者获得不断学习新知识，实事求是、独立思考、勇于创造的科学精神和科学方法，使他们能够终身学习，这是时代的要求。在知识越来越成为生产力、竞争力和振兴经济的关键的条件下，社会主义现代化建设越来越要求提高劳动者的教育水平。知识劳动和智力劳动的比重日益增加，体力劳动日益减少，这是社会生产力日益发展的必然趋势。为了适应社会主义现代化建设不断向前发展的需要，为了迎接新的技术革命的需要，要加快改革和发展教育，大力开发智力。在普及了九年制义务教育之后，还要进一步普及高中阶段教育，大力发展职业教育和技术培训。高等教育，也要加快改革步伐，紧随着社会主义现代化建设的日益高涨的需要，而继续不断地向前发展，及早大力培养迎接新的技术革命急需的科技人才和管理人才。因此，办教育“宜未雨而绸缪，勿临渴而掘井”，要深谋远虑，作长期规划。要预测到未来时代我国社会主义现代化建设对教育的要求，而相应地有计划按比例地发展我国社会主义现代化教育事业，并提高其水平。不仅要看到20世纪末我国的翻两番的奋斗目标，而且要看到21世纪中叶要使我国接近世界发达国家的现代化水平，使我们国家跻身于世界先进国家的行列。

我们共产主义者永远不会忘记我们的最高理想——实现共产主义。因此，建设有中国特色的社会主义现代化教育，不仅要用现代文化科学技术武装我们的子孙后代，而且要对他们进行以共产主义思想为核心的社会主义精神文明的教育，使他们具有建设有中国特色的社会主义的雄心壮志和共产主义的远大理想和道德品质。时代总是不停地前进，现在总是向着未来前进的。现代化建设并不是一成不变的，而是随着时代前进而向前发展的。现代化水平是会随着时代的前进，越来越提高的。80年代有80年代的现代化水平，90年代有90年代的现代化水平，21世纪有21世纪的现代化水平，我国社会主义现代化教育，必须不断地随着我国社会主义现代化建设的前进步伐不断地向前发展。这是一条必须遵守的客观规律。我们教育工作者要鞭策自己，努力促进我国社会主义现代化教育事业不断地向前发展和提高。

由此可见，教育的“三个面向”，同建设有中国特色的社会主义教育有内在的联系。“三个面向”的中心环节是面向我国社会主义现代化建设。面向世界不是为别的，而是为了实现中国社会主义现代化建设。面向未来也是为了实现中国未来的现代化建设，逐步过渡到共产主义社会。一句话，教育的“三个面向”的目的在于建设有中国特色的社会主义现代化教育，它的最根本的目的，是要提高受教育者的认识能力，培养知识劳动和智力劳动的能力，大大发展社会生产力。社会主义现代化教育要培养的各级各类建设人才，都是劳动者，也就是社会主义社会生产力中的首要的起主导作用的因素。要实现社会主义现代化建设，就必须培养具有认识世界和改造世界的能力，具有知识劳动和智力劳动的能力的人，才能够大大地提高劳动生产率，大幅度增加经济效益。因此，要加强现代先进科学技术教育，使受教育者能够掌握和运用现代先进科学知识和新兴技术从事生产建设，尽量提高知识劳动和智力劳动的生产率。与此同时，还要加强思想品德与政治理论教育，使受教育者有高度社会主义觉悟和共产主义的劳动态度，充分发挥劳动的主动性、积极性和创造性。我们主要从这两方面培养坚持走社会主义道路的各级各类的建设人才，为有中国特色的社会主义现代化建设服务。中国式的社会主义现代化建设，必将不断地随着时代前进而前进。中国式的社会主义现代化教育，也必须随着时代前进不断地前进。

建设有中国特色的社会主义现代化教育，除了必须同有中国特色的社会主义现代化建设相适应这个根本问题之外，还要正确处理我国古今教育的关系。我国是世界上文明古国之一，有着悠久的丰富的文化教育遗产。建设有中国特色的社会主义现代化教育，是不是要把我国已往的教育遗产一笔勾销呢？不！“中国现时的新文化也是从古代的旧文化发展而来的，因此，我们必须尊重自己的历史，绝不能割断历史。但是这种尊重，是给历史以一定的科学的地位，是尊重历史的辩证法的发展，而不是颂古非今，不是赞扬任何封建的毒素”①。对待我国的文化教育遗产，要用辩证唯物主义和历史唯物主义的观点和方法，来作具体的分析，否定那些奴隶社会、封建社会和半殖民地半封建社会的教育的一切毒素，吸取其中的精华，古为今用。

现在以我国最早的，也是世界最早的一本教育专著，战国时期的《学记》为例来说吧。这本书所说的为维护剥削阶级统治的教育目的——“建国君民”，教育制度——“古之教者，家有塾，党有庠，术有序，国有学”，教育内容——“至道”，即儒家所宣扬的封建的政治和伦常之道，以及它主张体罚，用“夏楚二物”（即“戒尺”）打学生等，都必须予以否定。但是，另一方面，《学记》提出的教学原则和方法是古代教育经验的总结，有不少反映的是教学客观规律，是可取的。如它所说的：“教，喻也”“学不躐等”“比物丑类”“长善救失”“教学相长”等教学原则和方法，到现在还是行之见效的，就应当予以肯定，并加以发展。这只是举我国古代教育学说中的一个例子，对我国历代教育学说，都应当采用这种科学态度作具体的分析，有所扬弃。

对于我国的新民主主义教育和社会主义教育，也要用实践是检验真理的唯一标准的原则，加以检验。凡是切合我国现实，行之有效的教育、教学原则和方法，就应当继承和发展。如教育由共产党领导，以共

①《毛泽东选集》第2卷，北京：人民出版社1969年版，第668页。

产主义思想为指导，教育为人民大众服务，树立实事求是的学风，建立中国自己的新教育，强调德育、智育、体育几方面的发展，教育同生产劳动相结合，注重思想政治教育，重视系统的基础知识，提倡体育卫生，课堂教学和课外活动相结合，提倡自学，实行学生自治，走群众路线，采用多种形式办学等原则，都应当坚持和发展。反之，凡是经过实践检验证明不切合实际，行之无效，甚至有害的错误经验，就要否定。如教条主义，盲目照搬外国的教育理论、教学制度和教育经验，过分强调缩短学制，轻视知识、轻视教育、轻视人才等错误思想，必须予以否定。至于“文化大革命”否定知识，取消教育的极左思想，那更是要彻底地否定。有些切合革命战争时期农村革命根据地的实际，行之见效的教育经验，在当时是正确的，但是到现在则过时了，就不宜再搬用它。如中学学制短（二三年），只学些自然常识，就是一例。又如教育为革命战争和阶级斗争服务，在游击区办游击教育，这在当时战争环境下，是切合当时的客观形势和革命任务的实际需要的，收到了很大的成效，在当时是正确的方针。但是，现在情况变了，就要改变这种方针，按照教育应当为各个时期的总任务、总目标服务的精神，使教育为社会主义现代化建设服务。

教育必须为社会主义建设服务，社会主义建设必须依靠教育。建设有中国特色的社会主义现代化教育，就是要为有中国特色的社会主义现代化建设服务，社会主义现代化建设正是需要建设这样的教育，培养各级各类的建设人才，发展我国的社会生产力，尽力提高劳动生产率。对古今中外的教育，都要采取实事求是的科学态度，作具体的分析，有所扬弃。凡是错误的教育理论和教育经验，都要抛弃；凡是正确的教育理论和教育经验，都要吸收，作为建设有中国特色的社会主义现代化教育的养分。采取这种方法，重点是在现代的教育和文化科学知识这一方面。从中国方面说，是新民主主义教育和社会主义教育这一部分的经验。因为新民主主义教育和社会主义教育，都是由党领导，以共产主义思想为指导。这两条基本原则，至今还是我们的指导方针。前面已讲过了，还有其他很多教育原理和教育方法，都符合马克思列宁主义、毛泽东思想的精神，而又符合我国实际的，反映的是教育客观规律。

“四化”建设需要的各级各类人才的标准是：有理想、有道德、有文化、有纪律，热爱社会主义祖国和社会主义事业，具有为国家富强和人民富裕而艰苦奋斗的献身精神，都应该不断追求新知，具有实事求是、独立思考、勇于创造的科学精神。这是时代赋予我们的光荣任务。我们教育工作者，要在这方面发奋努力，发挥自己的聪明才智，发挥自己的主动性、积极性和创造性，做出应有的贡献。

为了适应有中国特色的社会主义现代化建设的需要，必须建立一个有中国特色的社会主义现代化教育体系。它包括婴儿教育、幼儿教育、九年制义务教育（基础教育）、高中阶段教育、高等教育和干部教育、职工教育、部队教育、农民教育及其他劳动群众教育的成人教育系统。它的目的，在于使我国公民从小到老人人受教育，终身受教育，不断地提高自己的知识水平，以求适应社会主义现代化建设不断向前发展和生活水平日益提高的需要，适应不断地发展社会生产力，日益提高劳动生产率的需要。社会主义现代化建设，要求各级各类建设人才在改造客观世界的过程中，也改造自己的主观世界——改造自己的认识能力，改造主观世界同客观世界的关系。“马克思列宁主义并没有结束真理。而是在实践中不断地开辟认识真理的道路”①，改造客观世界，同时改造主观世界，是个长期的过程。在我们社会主义社会，这两种改造过程，一直过渡到共产主义也不会完结。这告诉了我们，研究教育科学是没有止境的，因为我们社会主义社会总是在向前发展的，一直到共产主义社

①《毛泽东选集》第1卷，北京：人民出版社1969年版，第272页。

会，也还不是停滞不前的。因此，我国社会主义现代化教育事业也必将随着生产发展和社会进步，而逐步向前发展，过渡到共产主义社会，共产主义教育事业必将更加蓬勃发展，达到更加高的水平。那时，脑力劳动者和体力劳动者的区别将会消失。教育事业是同人类社会共始终的，是不断发展的。探索教育的客观规律，是没有止境的。我们教育工作者必须具有实事求是、独立思考、勇于创造的科学精神，在教育发展过程中，不断地钻研教育理论和实践，探索尚未被人们认识的教育规律，使我国的社会主义现代化教育事业不断地向前发展，不断地提高其水平。我们教育工作者是任重而道远，我们要继续不断地努力，努力工作，有所进步，有所发现，有所发明，有所创造，对祖国、对世界做出贡献。

（选自《论中国社会主义现代化教育》，湖南教育出版社 1986 年版，第 19—27 页。文字又经作者改定）

中小学教学必须改革

为了适应有中国特色的社会主义现代化建设的需要，必须相应地建设有中国特色的社会主义现代化中小学教育，为整个教育事业打下坚实的基础。我国现行中小学的学制、课程、教材、教学法、考试制度等都存在着不符合有中国特色的社会主义现代化建设的需要的问题，必须予以改革，使中小学教育成为有中国特色的社会主义现代化中小学教育，以适应有中国特色的社会主义现代化建设的需要。

一

中小学教育是有中国特色的社会主义现代化教育体系中的一个不可缺少的组成部分。实行九年制义务教育，是这个教育体系的基础，是我国学龄儿童和少年必须受的基础教育。它是我国公民一生学习的起点和劳动的必要前提，是终身教育的基础，为现代生产发展和现代社会生活所必需，是现代文明的一个标志。它是关系民族素质和国家兴旺发达的一件大事，十分重要。基础教育办不好，必然影响和削弱高中阶段教育以至高等教育。在我国存在重高教、轻普教的问题。重高教是对的，轻普教是错的。高教和普教有密切的联系。普教的基础打不好，也会影响高教的质量。重高教、轻普教的思想，是只见局部不见整体的形而上学的观点。其结果是头重脚轻根底浅，使基础教育成为整个教育的薄弱环节，这是自己削弱自己的基础，不利于人才的培养。轻视基础教育的错误思想，是违反教育规律的，必须予以纠正。重普教正是为高教打好基础，绝不可反其道而行之。重普教轻高教，那又是走到另一个极端，也是错误的。

九年制义务教育的任务有二：一是为就业打好基础，二是为升学打好基础。我们教育的目标是：培养有理想、有道德、有文化、有纪律，有热爱社会主义祖国和社会主义事业的思想，有为国家富强和人民富裕而艰苦奋斗的献身精神，有实事求是、独立思考、勇于创造、不断追求新知的科学精神的人才。中小学应该结合学生身心发展的规律及其可接受性，制定具体的要求。中小学的教学改革，也应当服从本身的培养目标，这是我们教育工作者的任务，同时还要使学生逐渐明白这是他们学习所要达到的目标，立志使自己成为这样的人才。

1951 年 10 月颁布的新学制规定：小学五年，初中三年，高中三年。1951 年 8 月 10 日，周恩来总理在政务院第九十七次政务会讨论《关于学制改革的决定》时所作的讲话《谈谈学制》中指出："这个学制是我们新中国成立初期的学制，不是很完善的，也不是长期不变的。""中学学制没有改动，以后是不是要改，这要看将来的需要。""实施新学制，尤其是小学由六年改为五年，要逐步进行。"从 1952 年开始实行小学五年制，中学"三三制"。后因教材没有准备好，教师水平低，在 1953 年停止了小学五年制的实施，恢复旧制"四二制"小学。后来在 60 年代又试行五年制小学，其结果是成功的，达到了六年制水平。中学一直实行"三三制"，没有改变。1960 年实行教学改革，北京师大制定了中小学九年制：小学五年制，中学四年制。教育部制定的中、小学学制是十年制，中、小学各五年，中学分初中三年，高中二年。粉碎江青反革命集团后，由于时间仓促，来不及研究学制问题，所以，又恢复了中小学十年制。近几年来，由于实践证明中小学学制短了，又恢复了六年制小学，“三三制”中学。这是新中国成立后中小学学制改革的经过。

中小学“六三三”制，是1922年北洋军阀时期制定的，国民党统治时期仍沿用这个学制。它是从美国搬来的货色。日本在第二次世界大战后，也实行这个学制，这是美国强加于日本的。现在日本和美国都提出要进行教育改革。苏联1984年的学校改革，规定小学四年、初中五年，也延长了初中的年限。现在已到了80年代，而我们却恢复了20年代从外国硬搬来的旧学制，这是不是一种倒退呢？颇令人深思、猛省。

这种“六三三”中小学学制，究竟有什么弊病呢？

它的主要弊病，在小学和初中。小学六年制长了，初中三年制短了。“文革”前和近五年来北京育英学校小学、天津市上海道小学和马场道小学、辽宁省实验小学等校五年制的实验实践都证明了：小学五年达到了六年制的水平。这就是说小学多了一年，浪费了一年。而初中三年期限，课程有十几门，教学计划安排很紧。年限短，课程多，形成学生负担过重，这是个尖锐的矛盾。现在实行九年制义务教育，初中需要增加职业技术课，矛盾就更加尖锐了。最近几年，有些初中已在试行四年制，并且已经初见成效。辽宁省彰武县四合城初中的实验就是其中一个成功的例子。这所初中的基本经验是把普通初中基础教育和职业技术教育结合起来，初中的教育水平仍保持三年制初中水平，却多学了职业技术，深受群众欢迎。群众过去批评三年制初中，光学文化，不学技术，回家生产劳动不顶用。现在实行四年制，既学了文化，又学了职业技术，参加生产劳动，顶用。这就显出了四年制初中的生命力。

这一改革，以长补短，以有余补不足，即以小学多余的一年，补充初中年限不足。这样就解决了上述的矛盾。除了把普通基础教育和职业技术教育结合这一基本优越性之外，还产生了下列三点积极作用。

一是促进脑力劳动和体力劳动的结合。这是培养全面发展的社会主义新人的一条必由之路，符合马克思主义的全面发展的教育原理，也符合我国“四化”建设的实际需要。在社会主义现代化社会，正是需要这样的新型劳动者，要纠正那种脱离劳动实践的弊病。四年制初中在这方面起了积极作用。

二是促进了理论和实际的联系。学生在劳动的过程中，就有机会把书本知识和实际应用结合起来，把理性知识和感性知识联系起来了，学到了比较完全的知识。使所学的前人和外国人的知识，得到实践的证实，加深了对所学知识的理性的理解，学到课堂学习所学不到的知识。学习、求知的目的，归根到底，就在于善于应用所学科学知识。通过理论联系实际，就可以达到这个目的。

三是初中的文化水平并没有降低，反而有所提高。四合城中学的实践，证明了这点。原先有很多人担心初中加职业技术课会降低初中的文化水平。1984 年暑期，四合城初中第一轮四年制两个实验班的毕业生，除 10 人自愿回家生产劳动外，71 人报考重点高中、中技、中师，结果被录取的有 54 人，占报考学生总数的 76%，为彰武县农村初中毕业生升学率之冠。没有考取的学生说：“落榜不落志，考上学的是人才，我们没有考上学的也要做建设家乡的人才。”这是因为四合城中学平时进行了爱家乡、爱农村、爱农民、爱农业的四爱教育和升学、就业两手准备的教育。这一事实，打消了人们的疑虑。有些退学的学生又回到四合城中学了，外县也有些小学毕业生报考四合城中学。其实，四合城中学的教师水平并不比其他初中的教师高。它成功的原因很简单，就是学制延长了一年，所教的文化课并没有减少，反而有所增加，这显出四年制初中的优越性。如果四合城小学教师的水平更高些，把小学教育基础打得更好些，如果四合城中学的教师水平都达到合格，那四合城中学的教育水平还可以提高。简单一句话，四合城中学之所以取得这样的成绩，是由于它的办学思想、办学方针对头，符合我国“四化”建设的需要。它的办学指导思想，就是为农村经济的现代化、专业化和商品化服务，培养建设社会主义新农村的初级人才，所以受到当地群众的86%的人的拥护。也许有人会说，四合城中学的经验只适合农村，不一定适合城市。把普通基础教育和职业技术教育结合起来的原则和提高初中教育的水平的要求，难道只适用于农村，而不适用于城市吗？实行九年制义务教育，在没有普及高中阶段教育以前，其毕业生升学的只是一部分，那就更要实行普通基础教育和职业技术教育相结合并提高它的教育水平的方针。这个道理，是明摆着的，难道还要死抱住老框框不改吗？城乡初中改制的理由是相同的，只是开设职业技术课要因地制宜，有所不同罢了。因地制宜的原则，不仅适用于农村，同样也适用于城市。

初中改四年制，无论从理论上还是从实际上说，都切合我国实际情况，而且已经初见成效。现在只能说，探索出了四年制初中教育的基本规律，还要再进一步探索出四年制初中教育中尚未被认识到的客观规律，那时四年制初中的优越性就会更加显著，这是可以预料的。

实践证明，中小学学制改为“五四三制”，即小学五年，初中四年，高中三年，是切合我国国情的。现在实行九年制义务教育，是基础教育。如果小学和中学都办在一校之内，或小学和中学距离很近，就可以实行九年一贯制。五年级结业合格，即直升六年级。现在许多小学和初中是分开设置的，在这种情况下，小学毕业后，不再举行升学考试，直升初中。大连市已经这样办了。理由就是它决定实行九年制义务教育，小学毕业直升初中，没有考试的必要。到高中阶段，应当分流：分为普通高中和职业高中。就全国和地方讲，中等职业技术学校（包括中专和职业高中）的比例应当多于普通高中，普通高中的毕业生和高等学校的招生的比例，以3∶1比较适宜，这样可以择优录取，保证高等学校的质量。高中可以试行学分制，使它具有伸缩性。

二

学制改革必然牵涉到教学计划、教学大纲、教科书、教学法、考试制度等方面的改革。

中小学教学和课程设置改革的指导原则，首要是建设有中国特色的社会主义现代化教育。

二是把普通基础教育和职业技术教育相结合，打好小学教育基础，加强初中基础教育，教授比较完备的基础知识。

三是实施全面发展的教育。即要在德育、智育、体育、美育、劳动教育各方面发展，使脑力劳动和体力劳动结合起来。

四是在全面发展的基础上发展个人的爱好和特长，培养人才的幼苗。学生之间是存在着个别差异的，在一定的条件下，各个学生都会形成一定的爱好。要善于因势利导，因材施教，把这种爱好培养成一定的特长。培养人才，要从小就注意到全面发展，同时又发展各个人的爱好和特长。发展个人特长是扎根在全面发展的基础之上的，好比接木一样，接穗是接在砧木上的。这两者是有矛盾的，又是有联系的。要善于把两者统一起来。但对两者不宜平分秋色，而应当以打好全面发展的基础教育为主，以发展特长为辅。现代知识发展的趋势，是自然科学知识和社会科学知识互相渗透，互相交织。偏科学习、知识面窄，会形成畸形发展，不利于人才的培养。在全面发展的基础教育上发展个人特长，是符合培养人才的要求的。

五是中小学教育的组织形式，以课堂为主，课外活动为辅，并使两者联系起来，形成一个有机的整体。课外活动是课堂教学的延伸、扩展和加深，是中小学不可缺少的组成部分，忽视或取消它是错误的，必须改正。

六是循序渐进的原则。按照由浅入深、循序渐进的原则，按照科学系统安排课程。先教什么，后教什么，是有一定顺序的。如小学数学课，是按加、减、乘、除的顺序教学的。初中的数学课是按代数、几何、三角的顺序教学的。生物课是按植物学、动物学、生理卫生、生物学的顺序教学。语文课，先学白话文，后学文言文。历史课与社会发展史的安排，宜先学历史课，后学社会发展史。这就符合由浅入深的原则。一门科学，按科学的顺序安排，才能收到应有的教学效果；反之，则学生不易接受，效果不好。对这个问题，要总结经验，找出其规律，按照规律安排课程，是为上策。这条原则的提出，是以儿童、少年和青年的心理发展规律及其接受能力为依据的。因此，要对学生的心理发展和接受能力，做深入的调查研究，做出恰如其分的科学判断。若是估计过高，提出过高的要求，学生接受不了、消化不了，形成学习负担过重，那对学生身心发展是不利的，不宜这样做；反之，估计过低，使学生“吃不饱”，不能充分发挥他的潜力，错过受教育的最佳期，这是失策的，对孩子的发展，对国家对人民都是不利的，不宜这样做。实验学校应当研究这个问题，制定教学计划，编制教学大纲和教科书，都以遵循循序渐进这一原则为宜。但是，儿童、少年和青年的智力发展是不平衡的。有的智力比较发达，学习进步比较快，在循序渐进的基础上有不同程度的跃进。对这种学生，可以让其跳级，及早发挥他的才智。

七是一张一弛原则。制定课程表，宜将用脑较多或紧张的课和用脑较少或较松弛的课互相调剂，安排适当，不宜将用脑较多或较紧张的课都紧接在一起。把多费脑力的课和少费脑力的课穿插开来，使学生的大脑有张有弛，得到适当的调剂。如上了两节语文和数学课，中间上一节美术课或音乐课，再上其他较费脑力的课如理化。或者上午四节课，中间有 30 分钟休息。一张一弛可使大脑得到调剂，不致疲劳。

八是统筹兼顾原则。编写各科教学大纲、教科书以及各科的教学，既要按照本科的教学目的、内容和体系编写和教学，又要横向联系其他有关学科。数、理、化、生等科之间，是有内在联系的。编写教材和教学的时候，作比较自然的适当的联系，但不宜互相重复过多，不要牵强附会，生拉硬扯。

九是正确处理重点课目与一般课目的关系。中小学都有一定的重点课目，又有一般课目，但不宜因前者而放松或忽视后者，有所偏废。

现在谈谈小学和初中的课程设置和教学计划。

小学教学计划：品德、语文、数学、自然常识、社会常识、体育、音乐、美术、劳动等科目。有条件的学校可以设外语课。小学的文化课，必须以语文和数学两课为重点，而语文宜列在第一位。因为，三百六十行，行行都需要掌握和运用这个基本工具，所以必须从小学起就打好语文的基础。再是学好语文课，有助于学好其他课，从这种意义说，语文课是小学教学的中心环节。

小学语文课，首要的是进行语文的基本功训练，即注音、识字、阅读、听力、说话、作文的基本功训练。这是小学语文课的基本任务，必须使学生在这方面打好坚实的基础。除此之外，小学语文课教学，还可以产生德育、智育和美育的作用。小学语文课文，有不少含有道德品质的意义，其作用不亚于品德课，因为这种课文是故事、寓言、童话、歌谣之类的文学作品，富有感染力，能起潜移默化的作用。有些课文能启发智慧、增长知识，能产生智育的作用。有些课文富有艺术性，能启发欣赏文艺的兴趣，产生美育的作用。正因为语文教学能起这几方面的作用，所以显得特别重要。这就要求注意选好教材，教学得法。语文课过去犯过过分强调政治，忽视语文基本功的训练的偏差，这是值得吸取的历史教训，不可再犯。但是，也不能因此而走向另一个极端，即忽视选材和教学的思想性和政治性，把有毒素的或消极因素的东西教给学生，使他们受到不良影响。要防止这两种偏向，端正语文课选材和教学的指导思想。

数学课是仅次于语文课的重点课。它的任务，主要是数学的基本训练，这方面要确实打好基础。数学课教学，对发展儿童的智力，特别是思维能力的训练，能产生积极的作用。小学数学课，除心算和笔算之外，还教点珠算，最好是继续试行已初见成效的三算结合的教学法，珠算能起直观教学的作用，而且还有应用价值，也有助于在小学高年级，初步教点电子计算机，这在现代很有必要。

以语文、数学和外语为重点，是因为它们是学习其他知识的工具和基础。

小学的思想品德课，要进行以“五讲四美”（讲文明、讲礼貌、讲卫生、讲秩序、讲道德；心灵美、语言美、行为美、环境美）和“五爱”（爱祖国、爱人民、爱劳动、爱科学、爱社会主义）为中心的社会常识（包括法律常识）和社会公德教育，指导学生从小就培育良好的思想品德，各种正确的行为习惯，包括在真理面前和人格上人人平等的习惯，勤俭、节约和守时的习惯，逐步培养自己管理自己的生活并帮助家庭、别人、公众的能力。

小学的劳动教育，应当量力而行，只宜实行小学生力所能及的轻劳动。重劳动、小学生力不胜任的劳动，切不可行，以免损害儿童身体的正常发育。取消或轻视劳动教育的偏向，必须纠正。

初中的课程设置有：政治、语文、外语、代数、几何、三角、物理、化学、植物、动物、生理卫生、生物学、历史、地理、体育、音乐、美术、职业技术等十几门。

初中思想政治课，要进行共产主义理想和道德、民主和法制、纪律教育，进行社会生活和社会发展规律以及社会主义建设常识教育，使学生逐步养成爱国主义和社会主义、社会主义人道主义的道德品质和高尚的审美情趣，了解和遵守社会主义民主、社会主义法制和民主集中制的原则，树立遵守法律和纪律的观念，对我国社会主义社会的实际情况和发展方向，有一定的初步认识，树立自己对社会的责任感。

语文课仍然是初中的一门重点课。要求初中毕业，语文基本过关。要加强语法、修辞这一基本功训练，使初中生毕业后能写出符合语法、条理通顺的文章。白话文和文言文，宜分开教学。初中一、二、三年级教白话文，四年级教浅近的文言文。白话文和文言文的语法不同，分开教学比较适宜。有的中学已经是这样教学的。学点文言文，不仅有助于学生毕业后，能阅读浅近的文言文，而且有助于提高写作水平，对毕业后学习、工作都有益处和帮助。初中语文课也能起德育、智育、美育的作用。

外语，也是初中的一门重点课，至迟要从初一开始教学。这对对外交流，学习现代世界先进科学技术，都是必要的。

数学课，初中要学代数、几何、三角函数。

自然科学课，要学物理、化学、植物学、动物学、生理卫生和生物学。这些课都是系统的现代基础科学知识，是作为现代化建设的劳动者必须要具备的基础知识。有助于参加生产劳动。数学和自然科学基础知识是建立辩证唯物主义的世界观的基础。

史地课，初中应教授本国的历史和地理。历史课教学可使学生知道祖国的发展历程（重点放在近代史），这是作为社会主义国家的公民所必须具备的基础知识，并且有助于增强爱国主义思想和培养历史唯物主义的观点。地理课教学，使学生明白自己祖国的地理环境和新中国成立以来祖国的新面貌。这也是每个公民应有的知识，可以提高继续改造祖国山河大地的雄心壮志和责任感，增强民族自尊心和爱国主义思想。如果时间允许，还可教授点简单的世界地理知识和世界近代史知识。

初中的职业技术教育，应当因地制宜，开设科目。宜于按照地方的生产建设和社会需要，而设置科目，以求学以致用。

高中阶段就可分为普通高中和职业高中。普通高中也应设一定的职业技术课，因为普通高中的毕业生升学的是一部分，还有一部分需要就业。但普通高中应以文化课为主，职业技术教育为辅。若职业技术教育所占比重太多，那和职业高中就没有区别。究竟占多少比重，需要研究。

普通高中不实行文理分科。因为现代自然科学知识和社会科学知识日益互相渗透，互相交织。文科高等学校需要的高中毕业生不仅需要文科基础知识，也需要学好理科基础知识。理工科高等学校需要的高中毕业生不仅需要理科基础知识，也需要学好文科基础知识。高中教育是为高等教育打基础的，知识面宜广不宜窄，以利于升学后学习高等学校的学业。高中课程设置，要总结经验，以同高等教育紧密相衔接为原则，这是实验中学要研究的新课题。高中可以试行学分制。学完规定的课程，经考试合格，可以毕业。这样使高中学制具有伸缩性。职业高中是三年或两年，可以因职业的需要而决定。

教学计划确定后，就要制定教学大纲及教科书。一句话，就是确定教学内容。社会主义现代化中小学的教学内容，必须以反映社会主义现代化建设的需要为基本原则。主要是数学、物理、化学、生物、地理学等。要反映出现代先进科学知识，过时、不适用的知识应删掉，但系统基础知识，并不都是陈旧过时的，学习现代化的新的知识，还是要以基本原理为根基的。这是值得认真研究的问题。

教学内容实现现代化是个关键，绝不可等闲视之。不解决这个问题，那就同现代化建设的需要脱节，这是新时期的总任务所不允许的。除教系统的基础知识外，还要增加先进的新知识。

有人说教现代新知识，教员教不了。那是提高教员水平的问题。教员教不了，就要先学后教，就要先行培训。这种办法，过去是行之见效的。如果迁就现有教员的低水平，那是迁就落后，这是违背时代的要求，不是上策，而是下策，对“四化”建设不利。

三

再谈谈改进教学方法的问题。过河要靠船或桥，教学要达到教学目的，就要靠科学的教学方法。教学得法，效果就好。反之，就不好。教学方法，是有规律的。对教学规律，人们是有所认识的，但是，要承认还有未被认识的，所以，还有待人们去探索、发现。实验学校就要有此实事求是、勇于创造的科学精神。

我国学校在教学方面，相当普遍地存在着满堂灌的注入式教法。采用这种教法，只是教学生死背硬记，囫囵吞枣。对所学的知识，并不很理解，更谈不上如何应用。值得指出的是我们反对的是死记硬背，不求理解。学习知识，当然要求记忆，以备随时应用，但要把记忆和理解统一起来。知识被理解了，又能记住，就可以随时应用。

还有一种不良倾向，就是片面追求升学率，为了片面追求升学率，硬赶进度，提前赶完教学大纲和教科书所规定的要求和内容，围绕着升学考试的指挥棒打转，作业多，考试多，忽视了德育、体育、劳动和课外活动，这就违背了全面发展的教育原则和教育规律，使学生变成分数的奴隶，不是学习的主人。用这种方法，不利于培育人才，不利于“四化”建设。

因此，要下决心改正这两种不良倾向。

首先要明确，教师教学的对象是活的人，从中小学说，是青少年和儿童，正在成长的人。他们身心正处于发展时期，而且其发展是有规律的。教学就要掌握这些规律，并且按照规律教学，把学生培养成为符合上述培养目标的人才。各科教师还要按照各科教学的目的来进行教学。因此，教师要学习和掌握各科教学规律，并且要会用来教学。下面谈谈教学中应遵循的一些原则。

发挥教与学两方面的积极性的原则。人们常说，教师要发挥主导作用。教师发挥主导作用的动力是什么？就是他的天职，为祖国培养人才，培养共产主义事业的接班人。所谓发挥主导作用，贵在把传授知识和发展智力、培养能力结合起来。教贵在循循善诱，善于调动学生的主观能动作用，启发学生学习的自觉性、积极性和创造性。就是说，要善于指导学生自觉地、积极地进行创造性的学习，把教师传授的知识转化为自己的知识，并且逐步学会运用所学知识。教师不但要善于传授知识，并且要使学生学习得法，获得学习知识的方法，给他一把打开知识宝库的金钥匙，即观察问题、分析问题和解决问题的能力，包括善于用脑解决问题的能力和用手操作的能力。既获得基础知识，又获自学能力，那对一个人来说，就终身受用不尽。简单一句话，教必须通过努力学习，才能见效。教得得法，学得得法，教学效果必好。有这样一种现象，即重传授知识，忽视发展智力和培养能力。传授知识是必要的，但忽视发展智力和培养能力是错的，必须纠正。此外，还要教学生学会独立生活。为此，要实行有领导的学生自治。所谓有领导，贵在指导学生沿着正确方向自己管理自己。

要学生发挥自己的主观能动性，就要使学生明白学习的目的性，这就是为祖国的社会主义现代化建设事业而学习成长。此外，每个人还有各自的志愿，即选择一定的专业。后者和前者是对立的统一。目的性是学习的动力。把分数看成学习的目的的观点是错误的，说分数是学生学习的兴奋剂，也是错误的。正确的方针，是使学生明确学习的目的性，要做学习的主人，不做分数的俘虏。青少年儿童都有求知欲，要求认识世界。教贵在善于调动并通过这个内在因素，使它发挥作用。所以教是通过学生自己用脑或动手的学习活动，才收到效果。反对注入式教法，采用启发式教法，其道理就在这里。所谓启发式教学法，也就是启发诱导学生的求知欲，使其自觉勤学苦练。

理论和实际相联系的原则。这是大家都知道的一条马克思主义的原则。联系什么实际，这有因时因地因人制宜的问题。有联系历史的实际，有联系当前的实际；有联系世界的实际；有联系本国的实际；还有联系个人的实际。就当前来说，教学要理论联系实际，有联系我国社会主义现代化建设的实际的问题，有联系本地的生产实际和社会实际的问题。总之，要克服脱离实际的弊病，力求教学联系实际。更要按各科教学的目的和内容区别对待，要依照学生的不同年龄特点而有所不同。

课堂教学同课外活动相联系的原则。以课堂教学为主，课外活动为辅。课外活动是课堂教学的延伸、扩展和加深，两者是有内在联系的。课外活动分为课外阅读活动和课外实践活动。对课外活动要有指导。课外阅读，各个年级以至一定的学科，教师要提出阅读的书目。课外实践活动，又有校内校外之分。指导课外实践活动，要同课堂教学联系起来，把课堂所学的知识，应用于实践活动，把书本知识和实际联系。这不仅可以使学生加深对所学的知识的理解，而且还可以扩大知识面，获得独立思考问题，追求新知的能力。这可以发展智力，发展思维能力、创造力，还可以培养动手操作的能力。这是我们学校教育不可缺少的环节。忽视课外活动是错误的，理应予以纠正。学校要开展各科小组活动。原则上，以每人参加一或二组为宜。过去，曾经有一段时间，课外活动过多，形成学校的忙乱现象和学生负担过重。应该吸取这个教训，课堂教学和课外活动只宜相辅相成，不宜互相干扰。

因材施教的原则。青少年儿童存在着个性差异，智力发展不平衡，在一定条件下形成一定的爱好。因此，教学要针对这些特点，因材施教。更何况，我国社会主义现代化建设需要有各级各类人才。培养人才，要从小就开始，要注意培养人才的幼苗。我们对社会主义学校所培养的人才，既有共同的要求，又有特殊的要求。就是既要在德、智、体等方面全面发展，又有各人的特长。因此，教学要“因材施教”。不仅课外活动要因材施教，发展各人的特长，课堂教学也要因学生智力发展的不平衡，而区别对待。对智力较高的孩子可以要求较高，对智力较差的孩子，就要设法弥补他的缺陷，增强他的智力。对于不爱学习的学生，要启发诱导他力求进步。对学习成绩好的学生，要鼓励他更上一层楼，不要骄傲自满。

因科施教的原则。各科教学，都有各自的教学目的、内容和特点，既有共同的规律，如上述的原则，也有特殊规律。因此，各科教学方法，从大的方面，文科和理科联系实际就不一样。文科教学联系生活实际，联系社会实际和历史实际；理科教学联系实际，首先是联系科学实验，还要联系生产实际和生活实际。文科各科教学也各有不同之点，如语文课作文，要联系生活实践、社会实践和劳动实践。那就有话可说，有情可抒，有事可述，有理可讲，写得有血有肉。历史教学，不仅讲本国史，还可以讲本省史、本县史、本乡史，还可以参观历史博物馆。地理教学，除讲本国地理外，还可讲本省、市、自治区地理，本市、本县、本乡地理，可以通过旅游、参观联系实际。数学教学，可联系测绘。物理、化学和生物教学，除做各自的实验外，还可以从各自的角度联系生产实践。用不同的方法解决不同的矛盾的原则，是适用于各科教学的。

深入浅出的原则。要针对儿童和少年的年龄特征，用反对党八股和洋八股的精神，深入浅出地编写教科书和进行教学。宜用通俗易懂、浅显明白而有趣的语言，具体的事例和生动的比喻，来说明概念、定义、原理，切忌空洞地说理。编写课本、进行教学是一门科学，又是一门艺术。要善于把科学性和艺术性结合起来，课本图文并茂，容易引起学生的兴趣，可以增强教学效果。要把课本写成为中国儿童、少年和青年所喜爱的、新鲜活泼的有中国风格和中国气派的作品。课本的文章，要符合语法，讲究修辞，合乎逻辑，并具有辩证思想。这样的课本，不仅会起传授知识的作用，而且还可以启发读者用脑思考问题，培养分析问题和解决问题的自学能力。

长善救失的原则。每个学生难免都有长处和短处。长善救失，就是要发扬长处，补救短处。学生学习总难免出现错误，这就要教导他去改正。对学习不好的学生，应当一分为二地看他，在帮助改正缺点的时候，还要指出他的长处，就是所谓的“闪光点”，使之得到发展。对好学生，在表扬他的成绩的时候，也要指出他的不足之处，指导他弥补自己的不足。

关于教材编排的原则，也是由浅入深，循序渐进，按照各个学科的内容的系统顺序编排，就不一一叙说了。我只想谈谈初中语文课本的编排问题。有些语文专家说，编了几十年的语文课本，还是那个老样子，水平没有提高。表示对现行语文课本的不满。实验学校要总结经验，找出中学语文的教学规律，用以改进语文课本的编排，以提高语文教学的水平。语文教学是不是有它的规律呢？应该说是有的。写文章有不同的体裁，大致有叙事文、抒情文、议论文、夹叙夹论文等类。按照由浅入深、由易到难、由低到高的循序渐进的原则，即由具体到抽象的原则，按照叙事文、抒情文、议论文、夹叙夹论文这样的顺序安排教材，比较合理、比较适宜。北京八中语文课，就曾经这样办过。学生学会了这几种体裁，毕业后到工作中，就可以按工作的需要自由应用。凡事总有它的规律，语文教学不能例外。实验学校，要找出语文教学的规律，按照它的规律教学，必将收到较好的或应有的效果。语文课教材编排是个有争议的问题，我只在这里讲一下个人的意见，供大家参考。至于其他学科教材的编排，按照各自的系统顺序编排，就不必多讲了。

以上所讲的只不过是几条基本教学原则，此外还有很多原则和方法，就不一一细谈了。

总之，教学方法宜灵活多样，不宜强求一律。如小学语文教学方法，现在就有几种，如传统的三、五观点教学法，集中识字法，注音识字、提前阅读法，还有兼采后两种教学法之长，形成的一种新的小学语文教学法。小学数学教学法，有心算和笔算结合的教学法，心算、笔算和珠算“三算结合”教学法等。此外，还有从小学一年级起教授自然常识的试验。这些小学教改的试验，对提高小学教学质量，都已初见成效，都证明五年可以达到六年水平，应把这种现象看作是一种好现象。对教学改革宜采取“百花齐放、百家争鸣”的方针，不宜强求统一，这有利于小学教学的改革，以提高教学质量。

最近几年，小学教学改革开拓出了一些新路子。在小学语文教学改革方面，出现了黑龙江省拜泉、佳木斯等地的注音识字、提前阅读，用三年时间，能达到六年制小学语文的程度，已初见成效。大连市实验小学，正在实验小学语文教学兼采集中识字和注音识字、提前阅读两者的长处，以求使小学语文课用四年时间达到六年制小学语文课的程度。在小学数学改革方面，心理学家刘静和在辽宁省黑山县北关小学及其他几十所小学，作现代小学数学改革的实验，经过几轮的实验，已经证明用四年时间达到了六年小学数学课的程度。心算、笔算、珠算的小学“三算”结合教学实验也可能用四年时间达到六年制小学数学课的程度。马芯兰的小学数学教学法，也是四年达到六年水平。大连市实验小学教学改革，是全面综合地进行，即各科教学同步进行改革。这个小学的教学改革，正在实验用四年时间达到六年制小学的程度。这些事例说明了什么呢？说明了这些小学正在探索开发儿童智力，挖掘儿童的潜力的新路子。提早发展儿童的智力，提高他们的知识水平，有可能缩短小学学制。如果小学学制只需要四年，那初中就可以改为五年，这有利于加强初中阶段教育，使它的课程更好安排，提高它的深度。这对提高九年制义务教育（基础教育）的水平，大有裨益。这对提高民族素质，对发展社会生产力，大有好处。

现代化教学手段，是实现教育现代化的一项基本措施。采用幻灯、投影器、电影、电视、录像机、录音机、电子计算机之类的现代化教学设备和相应的教材，通过丰富的、真实的、绘影绘声的内容和形式进行教学，能起直观的作用，充分发挥学生的视觉和听觉作用，能加速和加深对所学知识的理解，促进思维的发展，收到事半功倍的教育、教学效果。从德育说，利用现代化教学手段，讲革命烈士、英雄模范人物，就会收到良好的效果。语文、外语、历史、地理等课，同样都可采用现代化手段，至于数学和自然课，利用现代化教学手段，效果更是显著。有很多世界各国的事物，如珍奇动植物、名山大川、名胜古迹、名城、风土等，不易看到，通过电视、电影，就可以看到。现在学校还无力添置现代化教学设备，城市和市镇可以设立现代化教学实验中心和劳动基地，供各校轮流使用，这样比较容易办到，有利于提高各校的教育、教学效果。如果我们搞个教育专用卫星，对全国学校、工厂、农村播放，必将收到巨大的效果。因此，对现代化教学手段投点资是值得的，大大有利于推广教育，提高教育效果。

四

考试制度的改革，首先要明确考试是检查学习成绩的手段，并且要起温故知新、促进智力发展等作用。因此，考试出题贵在培养运用已学的知识去解决问题的能力。要按照教学大纲和教科书的要求和学生的实际水平出题，出难题、偏题和怪题去难倒学生的做法，是不适宜的。频繁的考试，是不妥当的。实行九年制义务教育，小学毕业升初中，宜于废除升学考试。但小学结业，必须认真考核，检查出学生的实际水平，千万不可走过场。至于初中毕业升高中，如果初中和高中都在一校之内，也可以考虑废除升学考试。同样，考试成绩和平时成绩结合起来评定，结业考试要认真，不能马虎了事。这些问题，实验学校要总结经验，加以解决。总之，评定成绩，要总结经验，要找出它的规律。现在有一个问题需要认真研究解决的，就是小学的品德课和中学的政治课以及思想政治教育的成绩如何评定。这用记分的办法行吗？思想政治教育、德育的目的，在于使学生养成共产主义的理想和道德，以及组织纪律观念，而且要使理想成为学习和终生奋斗的动力；道德和组织纪律观念，都要化为日常行为。因此，评定思想政治教育、德育，主要是看学生的行为如何。这也是实验学校要研究的一个课题。

还有高校招生的统考制度。这个“指挥棒”是产生片面追求升学率的原因之一，这是个值得研究的问题。高考出复习提纲的弊病很大，迫使高中把三年课程提前半年硬赶进度学完，留下半年按复习提纲这根指挥棒打转，削弱了基础知识。搞题海战术，形成学生负担过重，损害学生身体健康，忽视了德育、体育、劳动和课外活动，这是违背教学方针和教学规律的，不利于人才的培养。采用这种办法考上大学的学生，由于基础知识差，学习大学功课有困难。因此，应废除出高考复习提纲的办法。高考出题以教学大纲和教科书所规定的内容为准，这样就可以引导学生按照教学大纲和教科书去学习，打好基础知识的底子，又获得自学能力。高考录取的标准，单凭高考成绩录取，具有偶然性，不很适宜，应当加上平时德、智、体、美、劳全面发展的成绩来作全面的衡量。这才是高考的上策。

五

我提出以上的中小学教学改革问题，只是供实验学校的同志们在教学改革的实验过程中做参考，这些问题的正确答案还要靠同志们的辛勤劳动去探索才能得到。实验学校做教育实验的目的，不是别的，而是从实践中找出在中国这块大地上兴办有中国特色的社会主义现代化中小学教育的客观规律，以便按照这些教育规律，来培养我国社会主义现代化建设的所需人才。

办好这样的教育，必须有这样一支教职员队伍。

1. 校长——必须是革命化、专业化、知识化、年轻化的，有卓识、有魄力，能够卓有成效地组织和指挥全校的教育、教学工作和行政管理工作。另外，可设两个副校长，一个协助校长管教导工作，一个协助校长的行政管理工作。

2. 支部书记——善于做思想政治工作，能够坚持正确的政治方向，团结全校教职员工。

3. 教导主任——能够切实有效地安排和管理全校的教导工作，提高教育、教学效果。

4. 教师队伍——人人又红又专又博学，能够胜任并改进教学工作，提高教学效果。

5. 一般行政工作人员——能够全心全意地为教育、教学工作服务，为全校师生服务，提高工作效率。

这支教职员队伍，都要有“甘为孺子牛”的献身精神和实事求是、敢想敢干、勇于创造的科学精神。

各地中小学改革，要先行试点，收到成效后再逐步推广，不要一哄而起。这样做比较稳妥。

（选自《论中国社会主义现代化教育》，湖南教育出版社 1986 年版，第 28—48 页。文字又经作者改定）

新 师 说

人民教师是工人阶级的一部分。这是毛泽东主席和周恩来总理在1952年9月对教育部的指示。教育部曾为此通告全国。

在旧社会，教师特别是小学教师，是被轻视的。“家有三斗粮，不当孩子王。”

新中国成立后，教师受到了党和国家的尊重，不少优秀教师被选为人大代表或政协委员，被评为先进工作者或模范教师。十年内乱期间，很多教师遭受到侮辱、摧残，被骂为“臭老九”。粉碎江青反革命集团后，教师的名誉恢复了，又得到尊重。邓小平同志于1978年在《在全国教育工作会议上的讲话》中说“绝大多数教职员工热爱党热爱社会主义，勤勤恳恳地为社会主义教育事业服务，为民族、为国家、为无产阶级立了很大功劳。为人民服务的教育工作者是崇高的革命的劳动者”。“我们要提高人民教师的政治地位和社会地位。不但学生应该尊重教师，整个社会都应该尊重教师”。①

现在中小学教师的工资还很低，生活有困难。这个问题，党中央和

---

①《邓小平文选》(1975—1982年)，北京：人民出版社1983年版，第106页。

国务院已经注意到了，准备逐步加以解决。邓小平同志已经提出：“要研究教师首先是中小学教师的工资制度。要采取适当的措施，鼓励人们终身从事教育事业。”

社会主义新时代的教师是新型的人民教师，是人类灵魂的工程师。祖国赋予教师的光荣使命，是按照党的教育方针，培养有理想、有道德、有文化、有纪律的社会主义新人、共产主义接班人。培养又红又专的“四化”建设人才，固然是高等学校教师的任务。其实培养人才，还要从小学到中学就打好全面发展的基础。从小学到中学，就要留心发现人才的幼苗。小学生和中学生，存在着个性差异，是各有爱好和特长的。因此，应当要求中小学生在打好全面发展的基础上发展各自的爱好和特长。培养人才的起点在小学。中小学教师都要注意培养人才的幼苗。

片面追求升学率的弊病很大，忽视了德育，丢掉了体育，抛弃了劳动；从智育说，忽视了系统的基础知识的教育和能力的培养。这就违背了教育方针，也违反了教育规律。这样教出的学生是畸形发展，不是全面发展，要坚决纠正这种不良倾向。

教师要遵循教育方针，按照教育规律，对学生施教，使学生在德育、智育、体育几方面都得到生动活泼地主动地发展。从小学到中学到大学，教师要注意加强思想政治教育，按照学生的接受能力，进行以共产主义思想为核心的社会主义精神文明的教育，防止、清除精神污染，抵制资产阶级腐朽思想、封建残余思想及其他一切非无产阶级的坏思想的影响或腐蚀。不仅是学校党组织和行政负责人、政治课教师和班主任及团队辅导员，要重视做好思想政治教育工作，各科教师也要注意这个问题，做到教书育人。因为各科教学固然要教本学科的知识和技能，但是没有正确的观点，就等于没有灵魂。各科教师都要在正确观点的指导下来进行教学，才可收到一定的思想政治教育的效果。全校教职员工都要同心协力，做好学生思想政治教育工作。

各科教学，既要使学生学会、掌握系统的基础知识和技能，又要促进学生的智力发展，培养分析问题、解决问题的能力和动手操作的能力。教学要得法，既要发挥教师的主导作用，又要发挥学生学习的主动性、积极性和创造性，发扬教学民主，让学生发表意见，择其善者而从之，择其不善者而改之。

要注意使学生经常地做体育运动，增强学生的体质；还要教学生讲究卫生，养成卫生习惯。要善于把体育运动和生理卫生课教学结合起来，注意学生的身体健康。这不光是体育教师的事，其他教师也要注意这个问题。

除读书学习之外，还要教学生参加一定的劳动，以求做到用脑和用手相结合。

师生之间总不免有矛盾，正确处理师生关系，解决的办法，就是多年行之有效的“尊师爱生”的原则。因为我们学校师生的奋斗目标是一致的，都是为了实现新时期的总任务而努力奋斗，教师是为此而教，学生是为此而学，师生之间就没有根本利害的冲突；即使难免发生矛盾，那也是属于人民内部矛盾，是可以用“团结—批评与自我批评—团结”的方式来解决的。所以说师生之间是革命的同志式的关系。

教师对待学生，既要热情爱护，又要严格要求。热情爱护，是动之以情，爱之以德，建立师生感情，使学生受到感动，甘愿接受教育。严格要求，是喻之以理，教之从严，使学生明白教师对他提出的严格要求的意义，自觉地努力去做。把热情爱护和严格要求结合起来，就是要做到严慈相济，情理结合。这样做，比较容易收到教育效果。

教师切忌偏爱“尖子”学生，歧视后进学生。偏爱容易使学生恃宠而骄。歧视容易使学生心怀不满，或“破罐子破摔”，产生自卑感，不努力求进步。这两种毛病，都不是正确的教育方法。对这两种学生，在态度上要一视同仁，在方法上则因材施教。对待这两种学生，都要坚持两分法。对尖子学生，既要看到他的长处，又要看到他的短处，鼓励他扬长补短，更上一层楼。对后进学生，既要看到他的短处，又要看到他的某些长处，耐心教育他努力补短扬长，力求进步，努力使他由后进转化为先进。对学生犯了过失，只宜疏导，说服教育，不宜压服，更要严禁体罚或变相体罚。

正确处理教师和家长的关系。要教好学生，光靠教师的力量是不够的，还要取得家长的帮助，教师和家长，同心协力，教好学生，是为上策。双方要互通情报。教师家访，向家长介绍学生在校的学习成绩和存在的问题，使家长帮助教师做好教育学生的工作。家长也要把自己的孩子在家的学习、思想、行为等情况，介绍给教师，以利教师有针对性地对学生进行教育。同时家长也要对自己的孩子有针对性地进行教育。家长教育孩子，切忌两种倾向：一是娇惯、溺爱、放任；二是采取打骂的粗暴手段。采取前种态度，会惯坏孩子；采取后者办法，是收不到好的效果的。只宜说服，不能压服，孩子犯过失，家长教育孩子，也以严慈相济为好。

“教学相长”，这是《学记》提出的一条原则，至今仍然行之有效。马克思主义主张教育者要先受教育。当教师的，先学后教，才能教好。教师每次上课，都要先备课，做教案。要先了解学生的状况，摸清学生的思想情况、文化水平、学习情况，做到心中有数，然后才可能有针对性地备课、教课。这样教学，才可能收到好的效果。备课是个学习过程。教课的实践，是教的过程，也是学的过程，是由学转化为教，又由教转化为学（学生的学）的过程。

还有，教师不但要了解学生，还要向学生学习。首先学习研究学生的学习方法。学生学习的方法不尽相同。有的学习得法，善于思考问题；有的学习不得法，死背硬记，不求甚解。教师就要从正反两面总结他们学习方法的经验，用以改进自己的教学方法。

此外，还要向同事学习，互相交流经验，取长补短。还要向工农学习，学习他们的好思想、好品德以及生产劳动的经验，作为自己的借鉴。

作为人民教师，应该是又红又专又博。要学习马克思列宁主义、毛泽东思想的基本理论，《邓小平文选》和十一届三中全会以来党的路线、方针、政策，以提高自己的理论、思想和政治水平。特别要学好马克思主义的哲学，学好毛泽东同志实事求是的哲学思想，用实事求是的原则，来指导教育、教学的实践。这是要求打好马克思主义的理论基础和思想基础。

要学习教育科学，如教育学、教育心理学、教学法、教育史……目的在于掌握教育规律，用以指导施教。这是要求打好教育科学的基础。

各个学科教师，还要学习本科的专业知识，注意知识更新，这是教好本科必不可少的重要条件。除专业知识以外，还要博学，扩大知识面。这也是提高教学质量的一个条件。

要定期总结教育、教学经验，用实事求是的科学方法，用实践来检验自己的经验，发展正确的经验，抛弃错误的经验。从总结经验中，找出教育和教学规律，用以指导实践。为此，除保存教案之外，还要写教学笔记，积累资料，以便做好经验总结，打好实际的基础。这是自我教育，自我提高的有效方法。

概括地说，教师教学，是先学后教，由学转化为教。然后再学再教，如此反复循环，一次比一次进步。所以说教师教学，是教学相长。按照此原则教学，犹如水涨船高，既提高了学生，也提高了自己。

最后，讲讲为人师表的问题。只教书不教人的现象，现在还不少见。教书是对的，不教人则不对。按理，既要教书又要教人，言传身教，以身作则。这样做能起潜移默化的模范作用，使学生有所效法，学有榜样。教师切忌自己言行不一、作风不正，那样就可能带坏学生。所以为人师者，应当为人师表。当社会主义时代的人民教师，就应当为社会主义社会人们的师表。

（原载于《光明日报》1984 年 1 月 13 日第 3 版）

第四辑

教育科学研究

全国教育科学规划会议开幕词

全国教育科学规划会议是在党中央的亲切关怀下召开的。它由国务院批准，受中国社会科学院和中央教育部直接领导，得到各方面的积极支持。参加这次大会的有教育科学研究机构、师范院校、教育部门的专家、学者、优秀教师和学校领导干部，以及各省、市、自治区教育行政部门的负责同志共 228 人，特约代表 41 人，合计 269 人。

从教育科学研究的角度来看，这样的盛会在我国还是破题儿第一遭，它是我国教育科学发展史上的新篇章，是一大喜事！特别是，我们这次会是在全党工作重心转移的时候召开的，更具有非常重大的意义。它标志着教育科学研究的春天光临九州大地了！

教育有它自己的不以人的意志为转移的客观规律。办教育就应该而且必须按照教育的客观规律办事。办社会主义的教育就要按照社会主义教育的客观规律来办。但是，长期以来，林彪、“四人帮”的破坏，不仅使我国经济濒临崩溃的边缘，也给我们教育工作造成严重的灾难，使我国教育科学研究工作遭到毁灭性的破坏。

林彪、“四人帮”和他们的那个顾问，肆意篡改、歪曲马列和毛主席的著作、言论，炮制了“两个估计”，破坏了教育规律，颠倒了路线是非和理论是非，混淆黑白，制造思想混乱，设置种种“禁区”。他们抹杀新中国成立以来教育科学研究的成绩，诬蔑教育学是“修正主义教育路线的思想基础”，给心理学戴上“伪科学”的帽子，把教育史打成“封、资、修的黑货”。他们炮制的这些谬论应当推翻，他们强加给人的这些帽子，必须摘而毁之。他们非法撤销了教育科学研究机构，解散了专业研究队伍，停办了大部分师范院校的教育专业以及教育科学教研室，完全窒息了教育科学领域里的学术思想。现在，在党中央的领导和支持下，我们的教育科学研究机构又重新恢复起来，并正在聚集和扩大我们的教育科学研究队伍，教育科学研究工作已经开始搞起来了。在这次大会后，全国教育科学工作者，必将组织起来，动员起来，大干起来！

粉碎“四人帮”以后，在党中央的领导下，思想理论战线拨乱反正、正本清源，取得了很大成绩，教育战线的形势也有了很大好转。比如，批判了“两个估计”，高等学校招生制度改变了，大、中、小学工作条例暂行草案已继续试行，学校教学秩序也正在逐步恢复，等等。但是，由于教育领域是一个重灾区，内伤深外伤重，林彪、“四人帮”的流毒和影响不可能一下子完全肃清，再加上有些教育部门办教育，或多或少存在着盲目性，缺乏科学理论的指导，按“长官意志”办事，就严重地影响着党的教育方针的贯彻落实，影响着教育科学的健康发展，在一定的程度上也拖了四个现代化的后腿。总之，最近两年多来，教育战线是有很大进步的，但是，存在的问题还不少，百废待兴，百乱待理，迫切需要我们认真研究，加以解决。

我们可以看一看世界上工业比较先进的国家，他们都很重视教育对经济发展的重要作用。他们把教育看作是生产投资，十分重视教育科学的研究。他们建立了庞大的教育科学研究机构，组织了一支强大的队伍，进行大规模的教育科学研究。例如，美国教育哲学研究会和教育研究会（不包括心理学）的研究人员就有10 000多人；苏联中央和地方的教育科学工作者有31 000人。美国为了使教育同现代化科学技术发展相适应，以便培养人才发展尖端技术，增强经济、军事实力，从50年代后期开始，就集中了大批科学家、教育家对数学、自然科学和外语进行了系统研究和改革，陆续编出各学科的成套教材，开展各种教育试验。苏联也进行了类似的研究。许多国家进行了各种使儿童高速度、高质量成长的研究。我国实现四个现代化，关键是科学技术的现代化，而科学技术的现代化的基础在教育。因此，无论从我国教育的现状来看，还是从实现四个现代化的长远目标来考虑，加强教育科学的研究，确实是当务之急。这次教育科学规划会议，是为了适应新时期总任务的需要而召开的，是一个动员会、誓师会。它向全国教育工作者发出号召，一定要在党的领导下，奋发图强，急起直追，尽快地把我国教育科学搞上去，教育理论研究要走在前头，为四个现代化服务，赶超世界先进水平，攀登世界高峰。

马克思列宁主义、毛泽东思想是我们一切工作的指导思想，是我国实现四个现代化的指导思想，是我们进行教育科学研究的指导思想，也是我们这次会议的指导思想。对于马列主义、毛泽东思想的基本原理，任何时候都不能背离，如果背离了，我们的教育科学研究就要走到邪道上去。邓小平同志在党的十一届三中全会上给我们指出："毛泽东思想永远是我们全党全军全国各族人民的最宝贵的精神财富。"最近，邓小平同志又号召我们，一定要坚决维护毛主席的伟大旗帜，这是我们安定团结的基础，也是我们胜利的保证。他说，没有毛主席，就没有新中国。没有毛主席的卓越领导，没有毛泽东思想，中国革命有极大的可能到现在还没有胜利，中国共产党就还在黑暗中苦斗。对于邓小平同志的这些重要讲话，我们需要很好地学习和领会。毛泽东思想是战斗的旗帜，胜利的旗帜，这是历史形成的，是被中国革命斗争实践所证明了的。

总之，按照邓小平同志讲话的精神，我们要把马克思列宁主义、毛泽东思想的普遍真理和当前的实际情况结合起来，为早日实现四个现代化，为把我国建成一个繁荣富强的社会主义国家而奋斗。

马克思主义一定要向前发展，要随着实践的发展而发展，不能停滞不前。实事求是是我们党的光荣传统。经过实践检验，是真理，我们就坚持；经过实践检验，是错的，我们就改正。这将会使毛泽东思想更加完善，更加有力量。我们要想搞好教育科学研究，绝不能从书本出发，同样要坚持实践的观点。对于毛主席的教育思想，一定要做历史的、科学的分析研究，真正做到完整地、正确地领会毛主席的教育思想。在学习好和研究好毛主席教育思想的基础上，使教育理论的研究也能得到更好的发展。这是我们开展教育科学研究的指导思想，也是我们教育科学研究的崇高任务。我们应该本着这个思想，把这次会议开好。

我们这次会议的主要任务有四项：

一是学习中央工作会议和党的十一届三中全会的会议精神，先务虚，然后进行教育科学学术交流。

二是根据党的工作重点转移到社会主义四个现代化建设上来的战略决策，审议全国教育科学发展规划纲要（草案）。

三是商定承担全国教育科学发展规划研究项目的单位和个人。

四是讨论、发起、筹备成立全国教育学会。

为了把这次会议开好，应当学习三中全会和中央工作会议的那种会风，大家解放思想，开动机器，自由讨论，畅所欲言，破除迷信，充分恢复和发扬党的民主和实事求是的优良传统。“文化大革命”首先是从教育上开始的，林彪、“四人帮”的法西斯专制主义和恶霸作风，给教育界的摧残和迫害最厉害，如何从思想僵化或半僵化的状态中解放出来，从小生产的习惯势力中解放出来，从各种官僚主义的“管、卡、压”下面解放出来，冲破一切“禁区”，打碎一切精神枷锁，确实需要有极大的勇气。但是，如果我们没有这种勇气，我们的思想不能解放，不仅我们这次会议不能开好，今后的科学研究也是无法进行的。

教育为无产阶级政治服务，当前就是要为四个现代化服务。教育科学研究也是如此。教育科学研究为四个现代化服务，理论要先行，首先解决路线是非问题，在此基础上，再解决理论是非问题；要研究当前教育工作中迫切需要解决的重大理论问题和现实问题，拨乱反正，正本清源，为实现四个现代化扫清障碍，开辟道路。我们一定要坚持实践是检验真理的唯一标准这个马列主义的基本观点，很好地研究、总结新中国成立 30 年的教育工作，敢于从实际出发，提出新问题，解决新问题。比如在新的历史时期，教育如何为四个现代化服务；教育如何同生产劳动相结合；怎样才能做到有计划按比例地发展和综合平衡；贯彻党的教育方针，实施全面发展的教育是不是要在德、智、体三育之外，再加上技术教育；四个现代化建设要求教育高效率、高质量，那么如何实现学制、课程、教材教法的改革，怎样正确解决提高教育质量与减轻学生负担过重的矛盾；如何按照教育的客观规律来办教育，搞好学校的行政管理与领导；等等。这些既是现实问题，又是理论问题，需要我们有为人民利益坚持真理的科学态度，做实事求是的调查，坚持不懈地做科学实验（如办实验学校）和教学实验，把大无畏的革命精神和实事求是的科学态度结合起来，不受条条框框的约束，做艰苦踏实的探讨，才能完成把我国教育科学搞上去这一光荣的历史任务。

发展我国教育科学，必须按照科学发展本身的客观规律来领导科学研究，坚决发扬民主，鼓励自由讨论；贯彻“双百”方针，切实做到发表文章，文责自负，批评自由；鼓励破除迷信，冲破禁区。毛泽东同志早就指出“百花齐放、百家争鸣”的方针，是促进艺术发展和科学进步的方针。历史经验证明，每当“双百”方针得到贯彻的时候，我们的科学艺术就出现欣欣向荣的局面；反之，则百花凋残，冷冷清清。林彪、“四人帮”实行法西斯的文化专制主义，混淆两类不同性质的矛盾，压制和打击不同学术见解的自由讨论，使我国科学、文化、教育事业遭到毁灭性灾难，今天已经看清它的后果对我国的革命和建设的危害是多么大。现在，党中央重申了“双百”方针，把它载入宪法，并且认真解决历史上遗留的问题，这对于科学、教育、文化的发展确实创造了良好条件。

我国八亿人民的教育是一个宏伟的事业。八亿人民教育的科学研究的天地是无比广阔的。在这个天地里需要一大批勇于思考，勇于探索，勇于创新的闯将。这样的人愈多，我们的事业就会愈发达，教育科学研究就会愈繁荣。我们希望参加会议的代表都来做这种促进工作。

最后，献给大会四句祝词：

济济一堂聚群贤，教科青史创新篇。百家争鸣抒创见，勇攀珠峰竞争先。

（本文为 1979 年 3 月 23 日董纯才在全国教育科学规划会议上所致的开幕词，原载于《教育研究》1979 年第 2 期，第 2—4、22 页）

重视和加强教育科学研究

教育是科学，要“科学育人”

中央书记处提出教育在今后十年内要来个大发展，教育事业怎么发展？这就向教育科学研究者提出了任务。教育是一门科学，有它自身的发展的客观规律，如果不按照客观规律办教育，教学盲目改来改去，就会使我们的教育事业遭受损失。因此，教育科学研究应该是发展教育事业的先行！我们是走过弯路、有过教训、吃过苦头的。应该承认，教育科学研究是当前我们工作中的一个薄弱环节。正因为如此，必须加强教育科学研究工作，在发展教育事业当中要先走一步。

“科学种田”可以丰收、高产、稳产。办教育要讲究“科学育人”。我们教育新后代，包括儿童、少年、青年，要研究、摸清一套教育的客观规律。要认识到我们教育科学研究工作跟不上去是造成现在的教育状况不适应于四个现代化的要求的一个因素。从学前教育、儿童教育说起，幼儿师范没有了，听说在学校里还有体罚和变相体罚。有不少人由于不懂家庭教育的规律，出现两种偏向。一种是对子女溺爱、娇生惯养，使孩子任性，甚至少数孩子违法乱纪、走上犯罪道路；另一种偏向是粗暴、打骂。这都不是科学育人，是违反教育客观规律的。

当前在不少学校中存在着一种现象，忽视了德育和体育，单纯追求升学率，搞题海战术；对发展智力也注意不够，知识面很窄，连智育的目的也没有达到，更谈不上全面发展。中等教育结构单一化，缺乏职业教育，没有专门训练，对就业没有准备，待业青年成为很大的社会问题。高等教育中，文、法、经营管理等文科比重太小。至于师资，有相当的一部分人文化、业务水平很低，还有教材、教法都存在着问题，以至教学质量不够高是普遍性问题。中学毕业教中学，大学中真能担任教学任务的教师严重不足，这哪能提高教学质量？

这么多问题，无论是体制、教育质量、学制改革、教学改革都与教育科学研究有关。在教育科学研究方面，还存在着一些空白，如教育经济学，教育社会学，等等，需要加强研究，取得成果。正是这么多问题，说明我们教育科学研究工作的重要性，并且迫在眉睫。

现在，简单说几句其他国家教育科学研究的情况，美国、苏联和日本都很重视教育科学研究。所以美国从教育制度到人材培养上面取得成功，这是它在科学技术和经济实力上居资本主义世界前茅的重要因素。日本明治维新以来就很重视发展教育，培养人材，对日本工业的发展，起了重大的促进的作用。日本的劳动生产率已占世界首位，其原因“也是过去几十年教育成果的积累”。苏联也非常重视教育科学研究，教育部设有教育科学研究院，各加盟共和国设有综合性教育研究所，全国教育科研人员达31 000人。

总起来看，要发展教育事业，要提高教育效果，减少盲目性，提高自觉性，少走弯路，就要“科学育人”，作为教育客观规律的科学研究工作是带有根本性的，是为各国所重视的。

教育科学研究的春天

“文化革命”前，鉴于教育科学研究的重要性，建立了中央教育科学研究所，但是，在林彪、“四人帮”横行的十年中，机构撤销，人员遣散，业务荒疏，倍受摧残。直到1978年中央教育部党组上报国务院经批准，重建中央教育科学研究所。7月5日教育部上报，中央在7月20日前就批下来了，小平同志、先念同志、方毅同志、王震同志等都亲自批了。中央负责同志多么忙啊，可是批得这么快，说明他们对教育科学研究的重视。听到这消息，我们欣喜若狂！

近两年，教育科学研究在组织上已得到了很大发展。已有十几个省、市建立了教育科学研究机构。中国教育学会也成立了，各省、市、自治区相继成立了分会。一些全国性的学术组织，如教育学研究会、教育史研究会、外国教育研究会、高等教育、幼儿教育、中学语文教学等各种研究会都已成立，还有些正在筹备成立。已有67所高等院校已经或正在筹建教育科学研究组织。

在教育科学研究组织健全发展的基础上，教育科学研究工作已经初步开展了起来，取得了初步成果。在将近一年中，进行了120多次全国范围或省级的教育科学研究学术、经验交流活动。这种教育科学研究的热潮，在我国教育史上是空前的，它标志着在四个现代化、教育大发展的道路上开始了我们教育科学研究的春天！

教育科学发展要统一规划

我们是处在一个历史新时期，面临着新任务，也出现了新情况，新问题。教育科学研究不能停滞不前，不能停留在已有的理论水平上，我们要勇于探索，敢于创新。每个新时代，应该出现新的理论。去年4月，召开了全国教育科学规划会议，制定了教育科学规划纲要（草案）。规划的设想是：用十年左右的时间，初步形成中国的社会主义教育科学体系。要有我们自己特色的教育学，要采用现代化教育手段。要经过教育实验，探索出从幼儿教育到高等教育的一套改革的途径。从学制改革，教学改革到教育结构改革，再经过十年的不断实践、不断改善，到本世纪末争取创立符合我国国情、符合四化建设的需要，并接近或赶上世界先进水平的社会主义教育科学体系。

教育科学研究要理论联系实际。理论是要研究的，但不能停留在书本研究上，必须做调查研究，总结经验。此外，还必须做教育实验。这里要再强调一下教育实验的问题。要在教育上有所发现，有所创新，就必须做教育实验，探索出未被人们认识的教育客观规律。要通过教育实验、教育实践来检验已有的教育科学理论（包括古今中外的教育理论）。单单停留在书本上钻研，不做教育实验和调查研究，总结经验，那就会陷于教条主义泥坑。进行教学改革，要坚持进行教育实验。实践是检验真理的标准。经过教育实验，证明是行之有效的，是有科学根据的，才能够推广；实践证明是错误的东西，就要纠正；是过了时的东西，就要抛弃。不经过教育实验，不做调查研究、总结经验，盲目改革、盲目推行一种制度或方法，都会产生不良的结果。这本身就违反客观规律，违背科学。

现在，正是我们教育工作者为祖国的社会主义现代化建设事业献身的时候，我们教育科学研究，必须迎头赶上去。我们一方面要主动争取各级各单位的党组织和行政部门的领导，另一方面. 我们教育科学研究工作者要发愤努力，做出新的贡献。

（本文为 1980 年 6 月 15 日董纯才在全国师范教育工作会议上的讲话的一部分，原载于《教育研究》1980 年第 4 期，第 13—14 页）

积极开展教育科学研究

今天我讲讲教育科学研究的问题。共讲四个问题。

第一个问题，教育建设与经济建设的矛盾，也就是教育建设落后于经济建设的问题。我们要进行社会主义现代化建设，必须发展科学技术，发展科学技术就要发展教育。我国原是一个半封建、半殖民地国家，经过新民主主义革命建成社会主义国家。我国原有的经济落后，教育也很落后，解放后经过 17 年的努力，国民经济上去了，教育也上去了，与世界先进国家比，差距是缩短了。但是经过十年内乱，距离又拉大了。这是当前面临的一个很大的问题。党的十一届三中全会提出了新时期的总任务。发展经济，必须发展教育。搞“四化”离不开科学技术人才、经济管理人才和其他各方面的人才，而培养人才就要靠教育。邓小平同志 1978 年 3 月在全国科学大会上提出了科学技术是生产力，教育是基础。这就引起了我们的重视。经过学习经典著作，看了外国教育资料，我们对这个问题的认识提高了。马克思说过“教育会生产劳动力”。马列主义还有其他一系列关于文化教育可以提高劳动生产率的论述。十年内乱使教育受到严重的破坏，最近四年我们还处在恢复的过程之中。因为教育周期性长，现在看来还没有恢复到新中国成立后 17 年时期的水平。现在中央很重视教育工作，耀邦同志也提过，教育是开发人的智力资源的重要事业等。发展经济，必须发展教育。发展教育是发展社会生产力的一个不可缺少的条件。教育经费不是消费投资，而是生产投资。对这个问题的认识，比以前明确了。所以别的经费往下减，而教育经费、科技经费还要有所增加。

我们搞教育改革和教育建设，有老解放区的传统和解放后 31 年的经验。在培养人才、培养干部方面，新民主主义时期主要是靠干部教育（包括在职干部教育和干部学校教育）。解放后除此以外，我们还要靠高等学校、中等专业学校。而高等学校教育和中等专业学校教育的基础在中学教育和小学教育。因此，我们必须重视中学教育和小学教育，直至幼儿教育。这是我们培养人才的一条轨道。另一条轨道就是业余教育，这是一条粗腿，它包括职工业余教育、农民业余教育，还有其他方面的业余教育。再就是半工半读学校教育。这是老解放区教育的一条先进经验。1956 年毛泽东同志再把它提出来，1958 年有了发展。因此，我们的教育制度是多轨制：在职干部教育、全日制学校教育、半日制学校教育、业余教育。这种多轨制教育制度是经过从老解放区到新中国 50 多年的实践形成的，是行之有效的。现在我们从事社会主义教育建设，就是要从这四个方面来加以发展。这样才能解决我们教育建设与经济建设的矛盾。

为什么我要提出这个问题？就是要我们做教育科研工作的同志大力宣传社会主义教育建设的战略意义，使得全党、全国人民都重视教育事业。认识问题解决了，物质问题也好解决，人、财、物都好解决。我们中、小学教育经费下放到地方上去了，有的地方认识到了教育的重要意义和重要作用，就增加了教育经费。相反地，对这个问题缺乏认识，就挪用教育经费。这两种情况现在都有。最近《人民日报》有篇文章：《职工教育正在转化为现实的生产力——访上海企业业余工业大学》。

这篇文章阐述了职工业余教育是怎样立见效果地培养了人才。以上情况说明了中央重视了教育工作，不等于各地党委都重视这一工作。所以我们要大力宣传教育与经济的十分密切的关系，宣传教育的本质，以及教育的地位和作用。要反复宣传发展经济，不发展教育、科学与文化，教育、科学与文化将会拖住经济发展的后腿。这是被实践经验证明了的一条客观规律。

第二个问题，是教育科学研究与教育建设的矛盾。我国的教育科学、教育理论是落后于教育建设实际的。新中国成立 31 年了，到现在还没有完全建立起中国的社会主义教育科学体系。现在这是个很大的问题。这是有它的历史根源的。旧中国是个半殖民地半封建的社会，教育非常落后，教育科学研究也非常落后。那时就是照搬资本主义国家的教育科学，没有建立教育科学研究机关，从我国实际情况出发研究教育科学。解放后，我们一度引进苏联的教育科学。直到 1956 年，我们才认识到有必要从事研究教育科学。于是教育部党组才决定成立中央教育科学研究所，经中央批准后，我们拟订教育科学研究十二年规划，但没有采取有力的落实措施。在这期间，有几个地方也成立了教育科学研究机关。这些教育科研机关是做出了成绩的。一是培养出了一批教育科研人才，他们已成为现在教育科研的骨干力量；二是编辑了一些教育科研资料和书籍。但由于指导思想不很明确，领导不得力，也不得法，没有做出应有的成绩。更值得指出的一条教训是：当时，只建立了少数教育科研机构，队伍非常小，力量单薄。没有组织群众的教育学术团体，发动教师群众来从事教育科研工作。这是一条腿走路。这条路子，今后再不能走了。

今后怎么办？答案是两条腿走路。既要组织专业队伍，又要组织群众队伍，这是今后开展教育科研的重大方针问题。

十年内乱摧毁了教育科学研究机关，遣散了教育科研人员。在 70

年代中期，我们虽然也提出过恢复教育科学研究事业，当时教育部党组负责人也接受了这个建议，但批判“右倾翻案”后，这个建议也就被抛到九霄云外了。在粉碎“四人帮”之后，我们再度提出重建中央教育科学研究所的建议。1978 年 7 月教育部党组接受了这个建议，并请示报告国务院，很快地就得到了批准。随后，很多高等师范院校和地方都建立起教育科学研究所。据不完全统计，全国已有 39 个教科所。我们接受以前的教训，采取了“两条腿走路”的方针。除了组织专业队伍外，又组织群众队伍。在 1979 年春，经上级批准，又建立了中国教育学会这样群众性的教育学术团体。接着有很多省、市、自治区先后成立了教育学会和教育专业研究会。现在全国共有 28 个省、市、自治区成立了教育学会，另有九个全国性的教育专业研究会也已建立，它们都在努力开展教育学术研究工作，并取得了初步成绩。这是一种可喜的现象，也是提高了对教育科研事业的认识的结果。

现在我们有了两支教育科研队伍：专业队伍和群众队伍。开展教育科研的力量比过去是有所增强。要使这两支队伍同心协力，配合作战，为我国的教育科研事业的繁荣昌盛做出贡献。

在这里，我想谈谈各地教育学会的工作问题，希望各地教育学会要组织、促进并帮助会员从事教育科研工作。特别是要注意发动组织中小学各科教学研究会，从事各科教学改革研究和实验，以提高各科教学质量。要看到在中小学教师队伍中间是有人才的，他们积累了丰富的教学经验，其中有不少是先进的经验，这些都是我们国家的精神财富。在他们当中，还有些人在教学上是有所发明、有所创造的。如辽宁省黑山县北关小学的贾桂芝同志，在 1960 年就发明了“集中识字法”；浙江省杭州市小信乡小学教师张天孝等同志创造了“三算结合”算术教学法。这两种发明创造都引起了国际上的重视。日本人曾经先后五次派代表团来我国访问，学习“三算结合”算术教学法。我们应表扬他们的创造性的劳动，宣传并推广他们的经验。这有利于促进教育科学的进步和繁荣。

我们要注意从中小学教师队伍中发现人才，重用他们，发挥他们的作用。群众的教育研究队伍，从数量上说，比专业队伍大得多。要充分发挥这支队伍的力量，使之对教育科研做出应有的贡献。

从上面所说的事实看来，从事教育科研，我们走了曲折的道路。它是由不认识到认识，再由被否定到再认识。即对教育科学研究的重要意义缺乏应有的认识到认识它，中间又被“四人帮”所否定，后来又再度认识它，而且比以前认识得更深刻。认识到了不只是一般地研究教育规律，而且还提出了我们的方针任务是以马克思列宁主义、毛泽东思想为指导，以研究中国教育的实际问题为中心，建立中国的社会主义教育科学体系，现在是认识明确了，我们就要采取具体措施，为实现上述方针任务而发奋努力。

第三个问题，是建立中国的社会主义教育科学体系的问题。我们办教育和从事教育科学研究，都要独立地走自己的道路，不应跟着外国人后面跑，硬搬外国的教育理论和教育经验。办教育就要研究教育的规律。办社会主义教育，就不能不研究社会主义教育的规律。我们是在中国这样一个地大物博、人口众多、情况复杂的多民族的社会主义国家办社会主义教育，就不能不研究适合中国国情的社会主义教育的规律，这就要求我们不但要研究一般教育规律，而且还要研究社会主义教育的规律，还要研究适合中国国情的社会主义教育的规律。因此，我们制定了上述方针任务。

为了完成上述方针任务，我们就要采用延安时所提出的中外古今法。采用这种方法，要以研究现代中国从新民主主义时期到社会主义时期办教育的理论根据和实际经验为中心。在新民主主义革命时期，我们党从建立革命根据地以后就进行了教育改革：废除国民党的奴化的、封建主义的、法西斯主义的教育，建立起了崭新的由中国共产党领导的、以共产主义思想体系为指导的、民族的、科学的、大众的新民主主义的教育。对这时期的新民主主义的教育理论根据和实际经验，是不能不研究的。新中国成立后，我国又是以革命根据地的新民主主义教育的经验为基础，吸取旧中国教育中有益的东西，借鉴苏联的教育经验，建立社会主义的教育。这 30 多年我国办社会主义教育的理论根据和实际经验，当然是应当而且必须加以研究的。中国是个文明古国，积累了丰富的文化和教育的遗产。中国办教育如从孔子办教育算起，也有了两千多年的历史。对这两千多年来的历代教育思想和教育经验，也是应该而且必须加以研究的。对这些教育遗产，应加以清理，凡是对今天还有用的精华，就要继承和发展，凡是糟粕就应该抛弃。这样就可以做到“古为今用”。对外国教育，从古到今，特别是外国现代的教育思想和教育经验，也应该加以研究，以便取其对我国有用的精华，去其糟粕，做到“洋为中用”。我们就是要采用这种古今中外法来研究和建立中国的社会主义教育科学体系。

采用古今中外法，要防止四种偏向：对我国古代教育思想和教育经验，采取民族虚无主义或复古主义的态度都是错误的。对外国教育思想和教育经验，采取排外主义或“全盘西化”的态度都是错误的。对这四种不良倾向，都应该反对。

我们从事教育科学研究的根本观点和根本方法，还是一切从实际出发，实事求是，理论和实际统一这个马克思主义的根本观点和根本方法。在这里，要谈谈我们从事教育科研工作，如何做到理论和实际统一的问题。从事教育科研工作，要认真读书，掌握理论。一要研究马克思列宁主义、毛泽东思想的基本理论，用以作为科研的指南；二要研究马克思列宁主义、毛泽东思想的教育理论，研究中外古今的教育的基本理论，以提高学术水平；三要学习时事和党的路线、方针、政策，提高政治水平。概括地说，就是要在理论方面，打好根底，加深根底。学习理论，要防止脱离实际的教条主义倾向。

对曾经或正在作为理论根据的中外古今的教育原理、原则，凡是切合实际，行之有效的，就是正确的，就要肯定；凡是不切合实际，行之无效甚至有害的，就是错误的，就要否定。另一方面，要在马克思主义的辩证唯物主义和历史唯物主义的观点和方法的指导下，深入实际，做系统的周密的调查研究，要做历史的研究和现状的研究，总结历史经验和掌握当前的实际情况及新的经验，实事求是地做出科学的总结。对具体问题做具体分析。对行之有效的正确的经验，即真正反映出的教育客观规律，就要肯定；对行之无效的错误的经验，即违反了教育客观规律的东西，就要否定；对当时是可行的而现在却不可行的东西，就要抛弃。这样就可以从对实际经验分析中，引出正确的结论、引出事物的固有的而不是臆造的规律性，这样就可以对我国教育的实际经验，做出科学的解释，使它上升为理论。这还可以对教育理论增加新的内容，同时又指出我国教育应兴应革的正确方向。概括地说，就是要研究历史和现状，要在实际方面打好根底，加深根底。这样从理论和实际两个方面来从事教育科研，把理论和实际统一起来，把主观和客观统一起来。从这两个方面从事科研，既可证实已有的教育理论，还有可能发展教育理论。

按照实事求是、理论和实际统一的方法从事科研，做教育实验，就是说，要种教育试验田。这也是在实际方面打好根底的一个组成部分。例如要研究中小学教育的问题，就可以办实验学校。做教育实验，有两个方面的作用。一是通过实验来检验已有的教育原理、原则。更为重要的一点，是通过教育实验，来探索还没有被人认识到的教育客观规律，在教育科学上有所创新，对教育理论有所发展。事物总是在不断地变化，自然界也在不断地变化，人类社会也不断地向前发展，教育也不断地向前发展。我们处在一个新时代，肩负着新任务，发生了并且正在发展着很多新的情况，新的问题，新的经验。我们的思想，也应该随着时代的步伐向前发展，反映新时代的新面貌。新时代应该产生新时代的理论和理论家，这里面就包括新的教育理论和教育理论家。我国教育科研工作者，应该树雄心，立壮志，朝这个方向努力奋斗，为建立中国的社会主义教育科学体系，做出自己应有的贡献。

第四个问题，是组织建设问题，即教育科研队伍建设问题。现在教育科研队伍的状况，是队伍很小，特别是专业队伍小，而担负的任务则很繁重。这是个尖锐的矛盾。据不完全的统计，教育科研专业人员只有1 000多人。一个九亿多人口的社会主义大国只有这么小的一支专业队伍，实在成问题，这支队伍是我们的骨干队伍。这支专业队伍的情况，是两头小，中间大。老教授、老专家占少数，他们是学术带头人。解放17年培养出来的中年教育科研干部是大多数，他们都是今天教育科研的骨干力量、中坚力量，青年教育科研人员是极少数。这支专业队伍是我们国家的一笔宝贵财富。对他们要加以“爱护、巩固、壮大、提高”。“爱护”就是关心他们的政治生活和物质生活，他们有什么困难，要努力设法帮助解决，并且要合理使用，人尽其才。“巩固”就是要使现有教育科研队伍巩固下来，稳定下来，安心工作，避免外流。“壮大”就是要使现有教育科研队伍逐步壮大起来。这是非常重要的一环。要使教育科研事业得到发展和繁荣，必须抓紧这一环，解决队伍小和任务重的矛盾。办法就是依靠老年和中年专家，培养提高现有青年人员，同时还要有计划地逐步地培养研究生，培养新生力量，以此来逐步壮大教育科研队伍。还没有归队的教育科研人员，应该使之归队。“提高”就是要在马克思主义理论上、政治上和业务上有计划地逐步地提高现有科研人员的水平。学习是无止境的，提高科研人员的水平，也是无止境的。当然，提高他们的水平，对老年、中年、青年，要从实际出发，因人制宜，区别对待，提出不同要求，采取不同的措施，做不同的安排。

如何“爱护、巩固、壮大、提高”这支专业队伍，是关系教育科研事业的战略措施，必须予以足够的重视，决不可等闲视之。

我们还有一支群众科研队伍，现在还没有准确统计。估算起来全国大概有两万多人。这支队伍，大部分是中、小学教员和教育行政干部。要从中选拔出有经验、有思想理论水平的人才参加科研队伍，对他们的实践经验，如教学、教育、行政工作等方面的经验要进行总结，使它上升为理论，写成科学论文。我们的专业队伍有责任帮助他们把感性知识上升到理性知识。当然这要有个过程。总结实践经验，找出客观规律，确实不是一件很简单的事，需要不断深入实际，刻苦钻研。只停留在老一套上不行，要按照一切从实际出发、理论和实际统一、实事求是这个马克思主义的根本观点和根本方法，深入第一线调查研究，占有第一手材料，然后加以分析、综合，使之上升到理论。整个过程是件很艰苦的工作。

对群众科研队伍也有个“爱护、巩固、壮大、提高”的问题。对于我们的中、小学教员也要关心他们、尊重他们。1980 年在北京召开的两万三千人的春节联欢会，邓小平同志亲自出席，方毅同志做了报告，会上提出要大力提倡尊师爱生。我们对这批群众力量不要低估，他们当中是有人才的。这些人才，经过多年辛勤的劳动，积累了丰富的经验。有些人还进行了创造性的劳动，有所革新，有所发明，表现出了他们的品德和智慧。我们要善于发现人才，发现了就要加以培养，重用和提高。这个问题是很值得重视的。

以上，我只是作为一个教育科学研究工作者的发言，没有任何行政约束力，仅供同志们参考。

（本文为 1980 年 12 月 15 日董纯才在中国教育学会第三次常务理事扩大会议上的讲话，原载于《中国教育学会通讯》1981 年第 2 期，第 3—7 页）

坚持教育同生产劳动相结合的原则

一

马克思关于教育与生产劳动相结合的教育原则，是与近代工业生产相联系的，同时也是历史上先进教育思想的继承和发展。实际上早在15世纪就有人提出了手脑结合的思想。劳动教育在英国萌芽最早。远在16世纪，英国空想社会主义者莫尔就已经提出过这种思想，17世纪，约翰·白拉斯首先使用“劳动学校”这一名词。白拉斯说过：“游手好闲的学习并不比学习游手好闲好”，“劳动对于身体健康犹如吃饭对于生命那样重要……劳动给生命之灯添油，而思想把灯点燃”。马克思不止一次地引用白拉斯的话，并予以高度的评价。欧文和傅立叶重视农业和工场手工业劳动的教育思想也受到恩格斯的称赞。恩格斯指出：“在他们两人看来，人们应当通过全面的实际活动获得全面的发展。”

我们新民主主义教育和社会主义教育，以马列主义、毛泽东思想为指导，一改几千年来学校教育与生产性的体力劳动脱节的痼疾，把教育与生产劳动相结合起来。早在第一次国内革命战争时期，在苏维埃文化教育的总方针里就提出：“使教育与劳动联系起来”。苏区的学生，就是大部分时间学习，小部分时间劳动。抗日战争时期，陕甘宁边区的学校，都是“一面学习一面生产”，以教育为主，以劳动为辅，教育没有脱离劳动。新中国成立初期，我国学校教育曾经一度忽视生产劳动。以毛泽东同志为首的党中央先后发出过要增加劳动教育，实行“勤工俭学，半工半读”，“教育必须同生产劳动相结合”等指示来纠正这个缺点。从 1957 年到 1958 年，全国各地比较普遍地实行了勤工俭学、半工半读，并且普遍地创办了半工半读的农业中学。但是，由于“左”的思想影响，又出现了偏向：生产劳动过多，减少了学习时间。60 年代初期，在党中央和国务院的直接领导下，先后制定了《教育部直属高等学校暂行工作条例（草案）》《全日制中学暂行工作条例（草案）》和《全日制小学暂行工作条例（草案）》，规定了学校“以教学为主”，学生适当参加劳动，纠正了发生的偏向。1964 年刘少奇同志提出了两种劳动制度、两种教育制度，更加重视劳动教育。“文化大革命”期间，林彪、江青反革命集团歪曲篡改了教育同生产劳动相结合的原则，搞什么“以干代学”“开门办学”，单纯搞生产劳动，取消了教育、教学。粉碎江青反革命集团后，1978 年我们又重新颁发 60 年代制定的几个工作条例，学校的劳动教育又按照原来的规定试行。

当前存在着的问题，是某些地方忽视生产劳动。其原因很多，主要的是对教育和生产劳动相结合的重要意义认识不够、不深，甚至有所曲解。当然，实行教育同生产劳动相结合，是有具体困难的。因此，解决这个问题，既要提高对它的认识，又要千方百计解决具体困难。

二

教育和劳动是有内在联系的。要善于把两者结合起来，做到相辅相成，不要把它们割裂开来，互不相连。另一方面，两者又有矛盾。解决这个问题应当把握教学为主的原则，适当地安排学习和劳动的时间。劳动既不能取消或太少，使教育脱离劳动，又不宜过多，挤掉或减少应有的学习时间。应当按照邓小平同志所说的“为了培养无产阶级需要的合格的人才，我们必须认真研究在新的条件下，如何更好地贯彻教育与生产劳动结合的方针”。实行教育与生产劳动相结合，应该从本国实际情况出发，不能脱离历史条件。那种强调只有在现代化科学技术条件下才能实行的观点，和不顾实际情况把将来目标作为现实要求的观点，都是片面的，错误的，都有碍于党的教育方针的实施。当前能做到教育和现代生产技术相结合的地方，当然要去做。反之，现在生产还是手工劳动的地方，那就要和手工劳动相结合。这是结合我国国情因时因地制宜的办法，是把原则性和灵活性结合起来的办法。

从老解放区到新中国，实行教育和生产劳动相结合，积累了不少正反两方面的经验，但是还有些问题需要继续加以研究，因此，应当总结经验，进一步探索规律，改进工作。从历史上看，我国实行教育与生产劳动相结合，是在总结历史经验中不断前进的。在新民主主义革命时期，我们党是把生产劳动列入学校教育计划之中的。新中国成立后，开始时是以课外校外活动的形式而存在，校内外无固定的生产劳动基地，时间亦由各地根据情况而定。

目前全日制中小学的教学、生产劳动与假期的安排，都是按照《暂行工作条例试行草案》办理，学校组织学生参加生产劳动，基本采取校内劳动，同工厂、农村人民公社挂钩，回到生产队劳动等方式。各地学校根据条件建立校办工厂（车间）、农场（农业实验园地），地方计划部门，一般把有定型产品的校办工厂的供、产、销纳入国家计划。校办工厂、农场原则上以师生参加劳动为主，只请少数工人师傅担任指导。农村全日制中学主要采取放农忙假的办法，如校内无劳动基地，则让学生回生产队劳动或者帮助家庭进行辅助劳动。教学与生产劳动结合的形式，一般说来是自然科学的教学在一定范围内与生产劳动相结合，教学计划中增设生产实习课（初中增设木工、钳工、农业课，高中增设机械、电工、农业专业）；组织生产参观；组织各种科技活动小组等。

半工半读学校的教学、生产劳动与假期的安排，以半工半读为原则。教学与生产劳动结合的形式，一般说有三种：一是边讲边实习；二是集中一段时间学习，集中一段时间生产实习；三是毕业时按专业对口到厂内生产车间定点定师进行生产实习。我国不但城乡情况不同，而且东西南北中各地情况复杂，有很大差异。实行教育同生产劳动相结合，要从各地实际情况出发，因地制宜、因时制宜，采取切实可行的多种形式，绝不可强求一律。同时还要注意照顾青少年的年龄、性别，安排适合他们体力的劳动。

三

坚持教育和生产劳动相结合的原则，有十分重要的深远的意义。马克思认为："从工厂制度中萌发出了未来教育的幼芽，未来教育对所有满一定年龄的儿童来说，就是生产劳动同智育和体育相结合，它不仅是提高社会生产的一种方法，而且是造就全面发展的新人的唯一方法。"列宁也说："没有年轻一代的教育和生产劳动的结合，未来的社会的理想是不能想象的：无论是脱离生产劳动的教学和教育，或是没有同时进行教学和教育的生产劳动，都不能达到现代技术水平和科学知识现状所要求的高度。"坚持这条马列主义的教育原则，不仅是要创造物质财富，更重要的是要实现党的教育方针，使学生受到深刻的教育，成为全面发展的社会主义新人。这样做是为了适应社会主义现代化建设的需要，也是为过渡到共产主义社会，消灭脑力劳动和体力劳动之间的差别创造条件。因此，忽视这条原则，显然是错误的。实行这条原则，首要的是教育上的意义和作用，其次才是经济收益。

先说教育上的意义和作用，概括地说，有如下五点。

（一）促使学生在德育、智育、体育几方面都得到发展

1. 教育与生产劳动相结合，可以使学生在德育方面得到发展，逐步养成共产主义的思想道德，这是社会主义学校教育和资本主义学校教育的根本区别。它主要有如下几点。

（1）培养劳动观念和劳动习惯。学生从劳动实践中认识到劳动创造物质财富，劳动光荣，从而产生热爱劳动的思想感情，自觉地、积极地参加生产劳动，养成共产主义的劳动态度和劳动习惯，克服轻视体力劳动，特别是轻视农业劳动，以及怕苦、怕累、怕脏的思想感情。

（2）培养共产主义的精神。学生参加集体生产劳动不取报酬，劳动果实一律归公。这是什么精神？是集体主义精神，是共产主义的精神。集体生产劳动，需要大家同心协力，互助合作，关心集体，爱护公共财物，使个人利益服从集体利益。学生参加集体生产劳动，就能培养出这种集体主义的精神，克服损公利私的个人主义思想。这又是为人民服务的精神。学生从事生产劳动，创造了物质财富，为社会主义建设添砖加瓦，为人民造福，从而能增强为人民服务的思想。如学生在大忙季节帮助生产队麦收，不取报酬，就是一例。学生参加爱国卫生运动之类的社会公益劳动，也产生这种作用。

（3）培养爱国主义思想。青少年学生参加义务植树活动，是为祖国的社会主义建设事业创造财富，是为绿化祖国，美化环境，治理山河，保护和改善生态环境做贡献。还有参加其他社会公益活动，也是如此。这是爱国主义思想的具体表现。

（4）增强组织纪律性。学生在集体生产劳动过程中，必须听从指挥，按照严格的程序进行操作，遵守劳动纪律，注意劳动安全。经过长期的生产劳动的锻炼，就培养和训练了组织纪律性。

（5）增强艰苦奋斗，自力更生的创业精神，克服无所作为的思想。历史的经验证明：无论是革命还是建设，总会遇到困难，而困难又是可

以克服的，那就靠毛泽东同志倡导的“自力更生，艰苦奋斗”的办法。如吉林省扶余县大林子公社办的一所农村学校，地处风沙灾区。开办学校时，有人感到困难，缺乏信心，经过讨论后，大家下定决心，自己动手，劳动建校。从1963年春开始有计划地植树造林，先造成了一道绿色林带，挡住风沙对学校的袭击，后来又在大沙坨子上植树造林，还建立起苗圃。这个学校就这样用所获得的收益解决了办学的困难。很多学校都是这样劳动建校，建立了教学工厂、教学园地、农场、林场，还有的修建了校舍。活生生的事例证明，生产劳动的锻炼，能够培养学生的艰苦奋斗、自力更生的创业精神。

2. 教育与生产劳动相结合，可以促进学生智力的发展，有利于开发智力资源。

生产劳动，不仅要用手劳动，还要用脑思考，分析问题，找出解决问题的办法，这样做必然会促进学生智力的发展，培养分析问题和解决问题的能力。这是开发智力资源的必要途径。山东省青岛二中的舰船模型小组，在教师的辅导下，根据流体力学原理进行设计，制作出了电动战列舰艇模型。这一创造是在劳动实践中产生的，是用脑劳动和用手劳动结合的产物。这说明了教育和生产劳动相结合，能促进智力的开发。

经过生产劳动，学生不仅可以把书本知识和实际应用结合起来，而且可以学得生产知识和劳动技能，学到书本上没有的知识技能。因为中学自然科学教学，只教基础知识技能，不可能教很多生产劳动需用的种种应用知识技能，而在生产劳动中是可以学到一些应用知识技能的。

学生从事生产劳动，可以同科学实验结合起来，发展他们的创造性，培养他们用科学方法做科学实验的能力。如辽宁省农村实验中学学生下乡劳动，看见麻雀吃成熟的粮食，需要人看守，就用心思考，设计制成以风力为动力带动齿轮的“风力赶雀器”，自动赶雀，避免了粮食和人力的浪费。辽宁省农村实验中学，1981年从日本引进地膜覆盖水稻栽培试验，取得了良好效果，促进了理论与实践结合，培养了学生动手、动脑学习科学知识和做科学实验的能力和兴趣。不少学生还把这项实验带回生产队，为辽宁省东部地区开创了新的农业生产途径。这个学校的生物、农业实验园地，变成了这个地方的科学实验中心。所以，教学、科研、生产劳动的结合，既是学校培养全面发展的新人的重要途径，又对提高社会生产力有着重要作用。

3. 教育与生产劳动相结合，可以促进学生身体的发展，增强学生的体质。

许多学校实行教育同生产劳动相结合，学生中都出现请假的少、患病的少、出勤率高、劳动效率高的现象。劳动增强了体质；身体健康，精力旺盛，又有利于脑力劳动。

（二）促使学生脑力劳动和体力劳动相结合，理论和实际相结合

学生既读书学习，又参加生产劳动；既能学会用脑劳动，又能学会用手劳动。从事劳动，首先是劳动对象和劳动工具通过感官反映到大脑中来，然后用脑思索，在脑的指挥下用手去劳动。劳动过程中遇到问题，需要用脑思考如何解决，从而就会促进脑力的发展；而头脑的聪明又能更好地支配手去劳动，从而达到心灵手巧，脑和手在一定程度上得到统一的发展。这种用脑和用手的统一，提高了社会生产力。许多事实都证明了马克思所说的一条规律：“单个人如果不在自己的头脑支配下使自己的肌肉活动起来就不能对自然发生作用，正如在自然机体中头和手组成一体一样，劳动过程把脑力劳动和体力劳动结合在一起了。”教育同生产劳动相结合，是促进脑力劳动和体力劳动结合的根本的和正确的途径。要通过这条途径，培养学生除了从书本上学习知识之外，还能从实践中，特别是生产劳动的实践中学到书本上所没有的知识。

劳动教育在促进学生脑力劳动和体力劳动相结合的同时，往往还促成理论和实际相结合，使学生把学得的科学知识应用于劳动实践，把理

性知识和感性知识统一起来，学到比较完全的知识。学农不仅需要农业生产基础知识和技术，还需要植物学、生物学知识、电学知识、化学知识。学工需用数理化基础知识，如用钳子、扳手这类工具，就联系到杠杆原理的应用，开动机器就联系到传动知识的应用，用烙铁就联系到绝缘和电热知识的应用，溶液配比就需用化学知识。所以，通过生产劳动，可以把书本知识和实际应用联系起来。

（三）促使青年学生和工农群众相结合

学生下厂劳动，向工人学习，工人教学生生产技术；学生到农村参加生产劳动，向农民学习，农民教学生劳动技术。在学生同工人农民的往来接触中，工人农民不只是教学生劳动技术，而且还都很关心学生，爱护学生，使学生深受教育和感动。这样，就培养了学生热爱工农群众的感情。杭州二中和郊区七个乡建立了联系，按班级把学生直接分配到乡的村和小组，定期参加劳动。杭州十七中为了适应郊区农忙需要，放农忙假，动员家在农村的学生回家劳动，并组织家在城镇的学生集体到附近乡劳动。辽宁实验中学高中三年级学生还集中劳动时间，结合汽车学习，到汽车修配厂实习一个月，各工种定期轮换。学生和工人、农民都建立了较深厚的感情。像这种有计划有组织地使学生和工人、农民共同劳动，就促使学生沿着列宁同志所指出的“要使青年们‘个个都是有知识的，同时又都善于劳动’‘在劳动中与工人农民打成一片，才能成为真正的共产主义者’”① 的方向发展。

（四）把普通教育和职业教育结合起来

在今后一个相当长的时间内，初、高中的毕业生，升学的只是少数，不能升学而需要就业的是多数。在这种情况下，我们的初、高中都有两重任务：一是为高一级学校培养合格的新生，二是为社会主义生产

---

①《列宁全集》第31卷，北京：人民出版社1958年版，第265页。

建设培养劳动后备军。这就要求在打好普通中学教育的基础上给学生一定的职业教育，使学生毕业后能考上高一级学校的就升学，考不上的也有条件去就业。这里要指出，就是升学的学生也有必要参加生产劳动，学点基本的劳动技能。从就业方面来说，行业很多，各种行业需要不同的职业技术训练。我国情况复杂，各地情况不同，城乡情况不同，因此，各地初、高中要根据本地生产实际需要，因地制宜，实行职业教育。本地需要什么行业人员，就实行什么职业教育。如农村中学，实行农业技术教育；牧区中学实行牧业技术教育；煤矿区中学实行煤矿技术教育；石油区中学实行石油技术教育。这样把劳动教育和职业教育结合起来办中学，可以一举两得，很好地解决升学和就业的矛盾。有些地方的中学已经在朝这个方向办，取得了良好的效果，受到当地群众的欢迎。看来这样办中学是行之有效的好办法。

（五）使教育事业同国民经济发展相适应

党的十二大明确地把教育作为经济建设的战略重点之一，并做了科学的全面的论述，这说明我们党已经把教育提到了前所未有的高度。实践证明，生产者的教育水平越高，劳动生产率就越高，这是一条客观规律。中央教育科学研究所曾对北京 12 个工厂企业中有九年工龄，原文化程度是初中毕业，年龄在 37 岁至 41 岁的 214 名男性工人进行过调查，调查的结果是：受过一年脱产职工教育的 101 人，同没受过脱产职工教育的 103 人相比，产品合格率平均高 5%—7%，设备完好率平均高 13%—17%，提出合理化建议和参加技术革新的人多 75%。在完成生产定额上，受过脱产职工教育的普遍高于没有受过脱产职工教育的，其中在技术程度复杂部门的高 12%—15%，在技术程度中等部门的高 8%—10%。这说明：发展教育，进行“四化”建设就顺利，反之就要受到阻碍。因为“教育会生产劳动能力”。毛泽东同志说过：“用文化教育提高群众的政治和文化水平，这对发展国民经济同样有极大的重要性。”

进行社会主义现代化建设，提高劳动生产率，既迫切需要又红又专的技术队伍、科学家、教授、教员、新闻记者、文学家、艺术家和马克思主义理论队伍，又需要有共产主义思想道德的、有现代文化科学知识和劳动技术的工人、农民及其他劳动者，两者缺一不可。这两方面的人才，就要靠教育和训练来提高和培养。邓小平同志说得好："科学技术人才的培养，基础在教育。""我们的国民经济是有计划按比例发展的。我们培养和训练专门家和劳动后备军，也应有与之相适应的周密的计划。"使教育和生产劳动相结合，还要使教育内容适应"四化"建设的需要。如中学除教自然科学基础知识应注意理论联系实际外，还要从各地实际情况出发，教学一定的应用技术课，并力求使学生做到学和用的统一。现在，经济和科学技术发展非常迅速，要求我们的教育赶上去。提高教育质量和教育效率，也为我们的教育与生产劳动相结合，在方法、形式、内容上，提出了新的要求。为此，深入研究教育同生产劳动相结合的历史经验及近年来的新鲜经验，从理论与实践的结合上说明坚持这一原则的意义，是很重要的。

再说经济收益。

学生参加生产劳动，创造物质财富，获得的经济收益，学校可以用来解决经济困难，节约国家开支，减轻人民负担，充实学校设备，改善师生的福利待遇。吉林省全省有中小学 13 565 所，中小学生共有 458 万人，现有校办工厂 3 001 个，校办农场 855 个，林场 2 500 个，参场 213 处，饲养场 4 560 个。共拥有 43 万亩土地。从 1979 年至 1981 年，实行勤工俭学的学校占 90%以上。三年勤工俭学总收益达到 19 040 万元，平均每年 6 348 万元，都相当于当年同时期国家拨给的普教经费的 30%左右。吉林省三年间，用勤工俭学收入直接补充办学费用总共 10 310 万元，其中建校舍用款 2 580 万元；购买教学仪器用款 1 086 万元，购买课桌椅用款 952 万元；补助学生用款 277 万元；开支人员工资 1 142

万元（主要是民办教师工资）；其他各项开支（包括学校的取暖，教工福利，办托儿所、幼儿园，免收学生书本费等）4 000 多万元。全省中小学 1 000 多万平方米校舍，本着国家补助一点，群众支援一点，勤工俭学解决一点的办法，已有 70%实现了砖瓦化。怀德县校舍砖瓦化的程度已经达到 96. 5%。其他省、市、自治区的学校，也都在不同程度上获得了经济收益。

教育和生产劳动相结合，具有教育作用和经济收益两重意义。这两者是有主次之分，还是两者并重？解决这个问题，应当以《关于建国以来党的若干历史问题的决议》所规定的教育方针为准则。就是说，应当按照党的教育方针来办教育，学校的一切活动，都应当具有教育意义，那就要把教育意义放在第一位，把经济收益放在第二位，并且后者要服从前者。列宁说得好，教育青年参加公共事业，“只有当他们在这种工作中取得实际成绩时，他们才会成为共产主义者”。[①] 如果忽视教育意义，只看重经济收益，这是轻重倒置，是不对的。如果学工学农，把学生当作单纯劳动力使用，而忽视对他们在生产劳动中进行教育，这就违背了教育方针，违背了教育规律，更是错误的。如果有这种偏向，就要予以纠正。尽管经济收益是第二位的东西，但也不应忽视它的重要意义。

实践是检验真理的唯一标准。我国几十年来的教育实践，充分说明了党中央、毛泽东同志创造性地运用马克思主义关于教育与生产劳动相结合的原则并使之与中国的国情相结合的正确性。无论是新民主主义时期，还是社会主义时期，尽管我国的生产力还比较落后，还存在着手工劳动，但多年来它对促进青少年学生的全面发展和提高社会生产力，都起到积极作用，收到丰硕成果。事实雄辩地证明：实行教育同生产劳动

---

①《列宁全集》第 31 卷，北京：人民出版社 1958 年版，第 264 页。

相结合，是促成受教育者既学会用脑劳动，又学会用手劳动，做到脑力劳动和体力劳动相结合，知识分子与工农相结合，在德育、智育、体育几方面都得到发展的一条正确的根本的途径。当前随着实现“四化”建设的进程，应当促进青少年学生的全面发展的实现，应当遵照党的教育方针，更好地把握和创造有利条件，更加有效地实行教育与生产劳动相结合的原则，培养和造就德智体全面发展，又红又专，知识分子与工人农民相结合，脑力劳动与体力劳动相结合的社会主义新人。

（原载于《教育研究》1983 年第 2 期，第 2—7 页）

正确处理教和学的关系

现在多数学校采用的教学法，是注入式教学法。上课是“满堂灌”，光是先生讲，学生听，学生死记硬背书本知识，囫囵吞枣，并不理解，不联系实际，不会独立思考问题，使学生智力和思想受到压抑。这种陈旧的教学法，效果很差，确有破除的必要。对如何改进教学法的问题，本文并不打算全面论述，只是对如何处理教和学的关系问题，提出一条原则性的意见，供大家参考。

教与学是对立的统一。教与学的矛盾，教是主导的方面。教得好坏，是教学质量好坏的一个决定因素。所谓教师的主导作用，就是这个道理。所谓名师出高徒，道理也就在这里。对这个问题，如果有所忽视，是不对的。但是只强调这点，而忽视了学生学习的主观能动作用和学习的规律，那就是只知其一，不知其二的片面见解。教学要收到应有的效果，就要在两个方面下功夫：一方面是教师下功夫，教之有方，教之得法。教之有方，就是遵循一切从实际出发、理论联系实际、实事求是的思想路线，进行教学。所谓得法，就是按照教学规律来教学，不顾学习的规律，那就不能发挥学生的主观能动作用。另一方面就是学生用功夫学，而且要学习得法。学生的学习，是由不知转化为知，由知之少转化为知之多，由知之浅转化为知之深。这种转化是一个有规律的认识过程，这个规律是指感性认识同理性认识、认识同实践的互相转化和逐步深化的作用。学习得法，就是按照这个规律学习。要善于把教与学两个方面的主动性、积极性和创造性发挥出来，统一起来。

教师教学，不光是传授知识，而且还要善于教导学生自学，两者不可缺一。缺一就没有完全起到教的作用。学生学习，不只是单纯地接受先生传授的知识技能，把这些知识技能通过自己用功学习，使之转化为自己的知识技能，而且还要进而学会独立思考，举一反三，触类旁通，养成分析问题和解决问题的能力。学生要像小孩学走路一样，学会独立走路，要培养自学的能力和习惯，自己学习，做学习的主人。学习知识，不单是记忆，还必求经过思维，求得理解，要求学通，学会应用。学通的目的全在于应用。

“唯物辩证法认为外因是变化的条件，内因是变化的根据，外因通过内因而起作用。”① 教终究是个条件，是外因，学是根据，是内因。儿童有求知欲，喜欢“打破砂锅问到底”，要求认识世界。进而要求知道如何改造世界，这是很可贵的内在因素。教师要抓紧它，并且使它得到发展。教就是要“善喻”，善于启发教导学生主动地学习，读书必求甚解，独立思考，融会贯通，善于分析问题和解决问题。这样，才能产生应有的效果。简言之，教必须通过努力学习，才能收效。教得得法，就是要促成学得得法。把两个得法统一起来，就能收到良好效果。

前面讲的教师的主导作用和学生学习的主观能动作用，既是矛盾的，又是统一的。发挥教师的主导作用，就是要发挥学生学习的主观能动作用，发展学生的求知欲这个内在因素。教学光是先生“满堂灌”，不发挥学生学习的主观能动作用，那就收不到应有的效果。注入式教学

①《毛泽东选集》第1卷，北京：人民出版社1969年版，第277页。

的弊病，就在于不顾或不研究学习的规律，教学生死记硬背，使学生处于被动地位，不能发挥学生的主观能动性和创造性。教师教而学生不学或不用功学，那就徒劳无功或收效很小。善于教学，贵在能充分发挥学生学习的主观能动作用，使他们主动地、积极地、创造性地学习，独立思考，深入探索，触类旁通，能运用已学的知识，去观察问题，分析问题，解决问题，提出自己的见解，以至有所发现，有所发明，有所创造，有所进步。事实上我们学校的课外科技活动，就做出了很多小发明、小创造。1982 年在上海举行的全国青少年科学创造发明比赛和科学讨论会，就有小发明 222 件，小论文 71 篇。上海市黄浦区昌邑小学科研小组发明的柳条鱼灭蚊就是其中一个典型例子。我们希望全国青少年都能成为既有基础知识，又有实事求是、独立思考、勇于创造的科学精神的人才。

特别值得指出的，是培养智力问题。要从小起，就注意培养智力。文理两科都要在教学过程中，在课堂教学和课外活动中，注意培养学生的智力，培养思维力和创造力。现代化生产日益要求提高智力劳动，智力劳动对提高劳动生产率日益显出它的重要作用。因此，要多方发展智力，鼓励学生“打破砂锅问到底”，勇于质疑问难，独立思考，提出自己的见解。鼓励学生开展课外活动，做科学实验，探索真理。他们有所发现，有所发明，就要予以表扬和奖励，这些都有利于发展学生的智力。

培养智力，不单是靠智育，还要从思想教育、体育、美育和劳动教育多方面进行。从思想教育来说，进行辩证唯物主义的教育，就能培养辩证思维能力。体育运动能使人机智、敏捷，美育、绘画、歌唱、雕刻等活动，都是受大脑支配的。驰名世界的中国美术工艺品，就是智力劳动和手工劳动的结晶。劳动，是在大脑支配下进行的。所谓心灵手巧，就是说明脑力劳动和体力劳动的关系。

要发扬教学民主。课堂教学，不单是先生讲，还要让学生质疑问难，发表意见，进行讨论，教师也可以提问，让学生讨论解答，最后教师做结论，肯定正确的意见，对不正确的意见也要解释清楚。

以上所述，是教学的一般原则。教学原则很多，各科有各科的教学方法。本文就不一一细谈了。教学方法的改革，采取“百花齐放、百家争鸣”的方针，比较适宜。过分强调统一，千篇一律，强求一致，是不利于改进教学的。教学方法的改革，要做实验。用实践来检验已知的教学原则，并探索尚未被人发现的教学规律，用以指导教学实践，提高教学效果。

（选自《论中国社会主义现代化教育》，湖南教育出版社 1986 年版，第 72—75 页）

论中小学的课外活动

旧中国的中小学，一般地说，光是课堂教学，教学生死读书。在课程表中，根本没有课外活动的地位，更没有劳动教育的地位。有部分学生自发地、或多或少地阅读一些课外读物；还有部分学生自发地搞些自己爱好的体育运动。这样教出来的学生学得的是书本知识、不完全的知识，脱离了实际。有见识的教育家认为这种教育培养出来的人是书呆子。四体不勤，五谷不分，闹见了麦子说是韭菜的笑话。理论脱离实际，这是旧中国教育的痼疾。

老解放区的中小学进行了改革。其中有一项就打破旧框框，在课堂之外，还在校内开展课外活动，在校外参加社会政治活动。此外，还参加生产劳动。这是按照理论和实践相联系的原则与教育和生产劳动相结合的原则办学的具体措施，是一大创新。新中国成立后，我们的中小学教育继承了这个优良传统，并且借鉴苏联普通学校的经验，进而发展了这个传统。在课堂教学之外，开展课外各科小组活动；参加校外的社会政治活动；再是搞勤工俭学，参加劳动活动。这是理论和实践相结合、教育同生产劳动相结合两条原则的具体体现。

在实践过程中，我们也犯过一些错误。一是搞课外活动过多，形成忙乱现象，增加了学生的负担，影响了课堂教学；二是搞生产劳动过多，削弱了课堂教学；三是过分强调课堂教学，忽视甚至取消课外活动和劳动。

过分强调课外活动和劳动，忽视或削弱课堂教学，那就会导致重实践、轻理论的实用主义的偏向。反之，一味强调课内教学，忽视或取消课外活动和劳动，那又会导致脱离实际的教条主义的毛病。当前的问题，是属于片面追求升学率造成的错误倾向。

现在应当总结过去的经验教训，纠正偏向，肯定正确的经验，即切合实际、行之有效的好经验。明确规定，从组织形式上说，社会主义的中小学教育结构，是课堂教学、课外活动和劳动的三结合。理应按照党的教育方针和三结合的原则，合理地制定教学计划，以课堂为主、课外活动和劳动为辅，使三者各占一定的比例，各得其所，又互相联系，使我们的中小学教育形成一个有机的整体。

针对当前忽视课外活动的问题，有的同志提出了开辟第二课堂的问题，本文就是专对这个问题，提出个人的意见。

一

多年的实践证明了：课外活动，能产生七种教育效果。

第一是促成学生在全面发展的基础上发展个人的特长。培养人才要从小就开始着手，既要使儿童得到全面发展，又注意使儿童的不同的兴趣和爱好沿着正确的方向发展成为特长。当然，这种特长还是一种萌芽状态的东西，只要教学有方，随着年龄的增长和学习的进展，就可能逐渐发展成为专长。中小学学生都有各自的兴趣和爱好，有的爱好科技，有的爱好文学，有的爱好体育，有的爱好美术，如此等等。由于爱好，勤学多练，就可以形成自己的特长，表现出这方面的才能。教育者要善于发现和培养这种人才的幼苗。这并不意味着使儿童过早地专门化，而是要按照党的教育方针，使受教育者既得到全面发展，又能发展各自的特长。要达到这个目的，单靠课堂教学是不够的。还必须通过课外一定的小组活动来发挥作用。

第二是促进脑力劳动和体力劳动相结合。课外活动，往往需要既用脑劳动，又用手劳动。从事课外活动，往往是活动的现象，反映到大脑经过大脑的思索，就在它的指挥下动手去干。实践活动，遇到问题，就需要用脑思考分析，找出解决问题的答案。现代化生产，越来越靠先进科学技术从事劳动，智力劳动的比重日益加重，体力劳动日益减少。这种趋势就要求劳动者不只是善于体力劳动，而且还要善于智力劳动，把两者结合起来。这是实现“四化”的需要。这就要把课堂教学和课外活动及劳动构成一个整体。培养既会用脑劳动又会用手劳动的全面发展的劳动者，只有课堂教学是不够的，也是不成的，必须把课外活动、劳动和课堂教学有机地联系起来施教才成。

第三是促进理论和实践的统一。课堂教学往往多限于书本知识的传授和学习，这是必要的。但是，它有个缺点，就是学生很少接触实际，缺乏感性知识，所学的不是完全的知识。开展课外活动，就可以弥补这个缺点。它会使学生把学到的书本知识应用到课外实践活动中，获得感性知识。这样就使理性知识和感性知识统一起来了，促进理论和实践的统一，学生学到比较完全的知识。

第四是发展智力，发挥创造力。课外活动搞得好，还可以使学生发展智力，发挥创造性，学得新的知识，多想出智慧。课外实践活动，遇到难题，就需要学生动脑筋反复思索，还要动手去做实验，寻求解决问题的答案。有很多儿童、少年和青年求知欲强，遇事喜欢追根究底，他们从做科学实验中，可能有所发现，有所发明。1979 年在北京举办的全国青少年科技展览，在展品中，就有中小学生的小发明、小创造，还有不少小论文。上海昌邑小学课外生物小组发现的柳条鱼灭蚊，就是其中的一个典型的例子。爱迪生成为一个大发明家，不是在少年时代就做科学实验，从而表现出了他的创造力么？教育者要善于培养启迪发展学生的智力，发展青少年的创造力。

第五是培养自学能力。课外活动，固然需有教师指导，但主要是靠学生自己努力学习、实践。课外活动，往往需要学生自己读书，做实验，需要自己去观察事物，发现问题、分析问题和解决问题。这是一个自学的过程，是锻炼自学能力的有效途径。对自然现象和社会现象的用心观察，就可以培养观察力；做科学实验，制作标本、仪器等活动，就可以培养思维能力和操作能力；演说、辩论和课外写作，就可以培养口头和文字的表达能力。教育学生，不宜只限于传授知识，更贵在培养自学能力。这好比给学生一把打开知识宝库的金钥匙。学生得到了它，终身受用不尽。不论是升学或就业，都需要有自学能力。特别是就业之后，既有基础知识，又有自学能力，那就可以在劳动实践中继续学习，自学成才。中小学教育，切不可局限于传授知识，而且要注意培养自学能力，并且把两者结合起来。

第六是增长知识技能，开阔视野。开展课外活动，能够扩展已学知识的广度，加深其深度。开阔学生的视野，知道知识领域浩瀚无际，要改造世界，就要终身学习，探求事物的客观规律，由必然王国走向自由王国。

第七是寓教育于课外活动之中。各种课外活动都有各自的目的，同时又都具有思想性，含有思想教育的意义。如阅读课外文学作品，就会受到它的感染。如果是进步的、革命的文学作品就会受到进步的、革命的思想的感染和影响。课外文学小组，搞些有益的实际活动，也会使学生受到教育。课外历史小组，阅读课外历史书和参观历史博物馆和革命历史博物馆，就会受到爱国主义、革命传统和历史唯物主义的教育。课外地理小组，阅读课外地理书和参观、游览名胜古迹，从电视中看祖国的锦绣江山，也会受到爱国主义和民族自尊心的教育。课外科技小组，阅读课外科技读物，做科技实验，就为培养辩证唯物主义的世界观打下基础。这些都说明，课外活动会产生思想教育的作用，因为二者有内在的联系。所以在开展课外活动的过程中要注意到这个问题。

综上所述，可以得出这样一个结论：课外活动是课堂教学的延续、扩展和加深。它是学校教育的一个不可缺少的重要组成部分，是贯彻执行教育方针的一条必由之路。要充分认识到它的作用和重要意义，绝不可等闲视之。

二

课外活动的范围，有两个方面。

第一，课外阅读活动。课外阅读活动是课本知识的必要补充，能够扩大和加深课本知识的广度和深度。有很多学生的知识，有一半左右是从课外阅读来的。坚持经常的课外阅读，能养成读书的习惯。这对一个人终身不断地求进步是十分必要的。课外阅读，要有指导。宜按照学生的年级和程度，开列各年级的读书目录。课外阅读，可分为精读和粗读两类。对学生课外阅读，不能采取放任自流的态度，因为学生鉴别力不强，容易看些无益有害的书画，受到精神污染，产生不良的影响，甚至中毒。这应当引起教育者的注意，防止这种问题的发生。办法就是对学生课外阅读，要有指导。

第二，课外实践活动。实践活动，能产生两种作用。一是通过实践检验已学的知识的真假，去伪存真。如果实践证明是真理，那就使学生获得比较完全的知识。二是通过实践活动，获得新的知识，甚至有所发现，有所发明。中小学都应当开展各科课外小组活动，中学可以设置文理各科小组，小学可设置语文、算术、自然、史地、体育、音乐、美术等小组。原则上规定：一般学生每人只按自己的兴趣和特长，参加一个小组的活动，每天以一两课时为宜。

此外，还有全校的课外活动，如植树、社会公益活动、旅游、参观等，宜由学校组织进行。有些配合课堂教学的课外活动，也可以由班级组织安排。

课外活动的场所，有校内校外两个方面。校内应当开辟各科课外活动的场所，并有一定的设备。校外则是个广阔的天地，自然界就是进行课外活动的大课堂。社会上有很多场所，如电影院、剧场、博物馆、展览馆、体育场、文化馆、图书馆、工厂、商店、农场等，都可以用来开展课外活动。

三

课外活动的原则和方法，主要有七条。

第一，因材施教，发展特长。在青少年中存在着个性差异，在一定条件下，形成一定的爱好和特长。根据学生的个性差异，宜因材施教，发展其特长。原则上规定每个学生按照自己的爱好，自愿地参加一个小组活动，经过实践的锻炼，发展其特长。如爱好科技的，参加科技小组活动，发展这方面的才能；爱好文学的参加文学小组活动，发展这方面的才华；爱好体育运动的参加体育小组活动，锻炼这方面的本领；爱好艺术的参加艺术小组；如此类推。这样使各个学生通过课外活动，在全面发展的基础上发展各自的特长。

第二，因地制宜。我国幅员广阔，各地情况不同，因此，开展课外活动，宜因地制宜，利用本地的有利条件，进行学习。如大城市有图书馆、博物馆、文化馆、动物园、植物园、天文馆等文化场所，可以利用这些场所进行学习。有很多地方有名胜古迹，就可以组织学生游览，进行爱国主义的教育。农村也有它的特点，就是处在自然环境之中，有山有水，有农田、林场、苗圃、菜圃、养鸡场、养牛场等场所，都可供利用作为校外大课堂，开展课外活动，进行生动的直观教育。

第三，因时制宜。有些活动有时间性，就得因时制宜，及时进行活动。如植树、种花草、种试验田等都是。观察天象，宜在夜间进行，日食、月食、潮汐等，都要及时地观察。有些体育运动，也有时间性，如冬季滑冰，夏季游泳。

第四，课外活动和课堂教学相配合。各种课外活动，都应当和课堂教学配合，取得直观教育的效果。课堂学习获得理性知识，课外活动取得感性知识。两相结合，就得到比较完全的知识。如历史课，除课堂教学之外，组织参观历史博物馆；动物学课，参观动物园；植物学课参观本地或附近的植物或植物园。有条件的学校，可以在校园种植植物学教学需用的花草树木，作为植物学教学用的活标本。

第五，课外阅读活动和课外实践活动相结合。各科课外阅读活动和各科课外实践活动，有内在的联系。各种课外实践活动，都需要有理论或技术指导，课外阅读就可以起这种作用。干什么活动，就看什么书刊。这样就把读书和实践结合起来，达到理论和实践的统一。科技小组活动可以这样做。文学小组练习写作，宜写自己参加的活动和亲身的经历，写成日记、随感、记录、游记、参观记、调查报告，等等。这样写作，就有话可说，有事可叙，有情可抒，有理可讲，可使文章有丰富的内容，有真实的感情，写得生动。

第六，采用多种形式、方法。课外活动的方式、方法，宜多种多样。各科小组活动，都要按照各科的目的和特点，因科制宜，选用适当的形式、方法。如科技小组，作观察、做实验等；文学小组，可作参观、访问、调查，写参观记、访问记、调查报告，还可以编写墙报、通讯、日记、游记，等等；音乐组唱歌，奏乐；美术组写生、绘画、练字；体育组可做各种体育运动。

第七，自己动手。课外实践活动所需用的仪器等设备，有部分需要购置，如现代化教学仪器等。有些仪器、教具、标本、模型等，可以自己动手制作的，就自己动手制作。这有个好处，就是通过自己动手，不仅锻炼了操作能力，还可以加深对所学知识的理解，把用手劳动和用脑劳动结合起来，还可以养成勤俭节约的精神。

总之，中小学的课外活动，是中小学教育的一个不可缺少的组成部分，对培养人才的幼苗具有不可忽视的作用，应当得到重视，正式列入教学计划中，落到实处，使它得到应有的地位，得到时间的保证。

此外，中小学还要为课外活动购置必要的图书、仪器、工具、器材等设备，以及活动场所。这样既有时间的保证，又有物质条件的保证。有了这两项保证，那就可以使课外活动得到正常的开展，发挥它应有的作用，使学生不做分数的俘虏，而做学习的主人，生动活泼地、主动地学习，养成自学的能力，发展他们的智力和才能，养成良好的品德。

（选自《论中国社会主义现代化教育》，湖南教育出版社 1986 年版，第 116—123 页）

谈家教

在新中国，做父母的总是指望自己的子女，也希望别人的子女，在德育、智育、体育几方面都得到发展，成为社会主义现代化建设的有用人才，成为社会主义新人、共产主义事业接班人。这是神州父母心。

对子女的教育形式有四种：

一是面教。当面对子女进行教育。父母子女团聚在一起，通过日常谈话，谈心、谈家常、谈文艺、谈学问、谈国事、谈天下大事，来循循善诱，教以共产主义的为人之道，以至治学的方针和方法。

二是函教。父母和子女各处一地，往来通讯，互问寒暖，互诉衷情，勉励子女在思想上、在政治上、在文化上、在业务上力求进步。寓教育于家书。

三是诗教。写诗作词，教育子女。诗词，言简意深，形象生动，可以使子女受到感染，有所启发，有所深思，自勉自励。

四是身教。为父母的自己有共产主义的理想、信仰、道德和情操，以身作则，使子女受到潜移默化的影响，学有榜样，发奋努力。这是四教的核心。

对子女进行教育宜有的放矢，用马克思主义之矢，射中子女思想问题之的，提高其思想觉悟水平。对子女的思想问题要进行具体的分析，找出解决问题的方法。

对子女进行教育，要长善救失，即表扬优点，批评缺点，使子女得以扬长补短，发挥长处，补救过失，持续不断地力求进步。

对子女进行教育，要“三戒”和“三要”：一戒偏爱、重男轻女，要一视同仁；二戒溺爱、护短，要慈严相济；三戒粗暴，如采用打骂的手段，要说服疏导。

总之，教育子女之道，在于爱之以德，感之以情，喻之以事，晓之以理，导之以行，并持之以恒。

附：

孩子，努力吧！

——寄全儿

全儿：

新的一年开始了，红梅清香四溢，报导春来信息。人们收看到神州大地上的草木向荣，百花争妍的良辰美景。

峥嵘岁月，记忆犹新。在延安新天地里，中国共产主义者开拓出了广阔的新教育阵地。党鼓舞我在这阵地上自由驰骋。快马加鞭不下鞍，汗湿衣衫，我一点也不感觉疲劳，而是心情舒畅，焕发出革命青春之活力。

我在上海写的科学小品文，延安的刊物转载出来受到延安人的好评。应党的召唤，在陕北这科学处女地上，我又成了一名开拓者，播种了几颗科学种子。啊！延安，你是科学的知音。为人民而开拓科学园地，洒点汗水不知什么是疲劳，这是光荣，是愉快。

黄浦江畔的科普生涯的往事，又浮现在我的脑海中。在那十里洋场里，我曾经开拓科普荒地，那是在科学救国的道路奔驰，奔进了死胡同。反动当权者在卖国，赛先生怎能救国！马克思给我指明了方向。我幡然醒悟，只有共产主义才能救中国。我走上了革命征程。我给党做地下工作。我和党的联系是单线联系。为了保密，我不与外往来。以科普写作为掩护，我单独居在亭子间里，精神非常愉快，不知疲劳，更不感孤独。是何缘故？只是因为心胸中有个崇高的理想。

人生贵有个崇高的理想。这是人生的奋斗目标、精神支柱、力量源泉。

青出于蓝而胜于蓝。你在知识方面，在生物科学方面，早已胜过我了。理当如此，我很高兴。你勤奋学习，走自学成才之路，又到西方留学深造。这是难得的。你能独立思考问题，遇事有自己的见解。这是你的一大特点，在一定意义上说，也是优点。要进一步把这一特点看成更大的优点。还需要以辩证唯物主义的宇宙观和方法论作治学的指南。这个问题，我曾经和你谈过。你说研究科学有科学的方法。这话是对的。研究各门科学都有各门科学的方法。我认为我们父子俩的观点，是互相依存，互相影响，互相补充的对立统一，而马克思主义哲学的方法论在一定意义上带有决定性作用，它是各门科学方法论的概括和总和，是最一般的方法论，对一般科学方法论、具体科学方法论有指导意义。希望对这个问题，加以三思，并再学习马克思主义的哲学，对你治学大有好处。

建设有中国特色的社会主义是创业，需要有创造精神。祖国在召唤轩辕子孙在各自岗位上有所发现，有所发明，有所创造，为四化建设做贡献。创造之神，也召唤人们攀登创造的高峰。孩子！努力吧！相信你是会有所作为的。

一九九〇年元旦　父纯才于北京

注意劳逸结合，善逸是为了取得劳的更佳成果。

（选自《论中国社会主义现代化教育》，湖南教育出版社 1986 年版，第 173—174 页。所附家书原载于《父母必读》1990 年第 10 期，第 4 页）

第五辑

革命根据地教育

解放区教育建设的道路

七七抗战后，中国转入了一个空前的战争环境，按理是全国应实行抗战教育的。国民党当局却根本否认战时教育与平时教育有区别，不肯改革他的一贯的旧教育政策，坚持他的封建法西斯主义教育，借以维持大地主大资产阶级的独裁统治。其结果是毒害青年，欺骗群众，危害师道，败坏学风，使教育破产，对抗战起消极作用。

与此相反，中国共产党则主张实行新民主主义教育，改革旧教育政策，“实行抗战教育政策，使教育为长期战争服务”，使教育“为全民族中百分之九十以上的工农劳苦民众服务”。

抗战八年，解放区在新民主主义教育方针指导之下，实行抗战教育政策，否定了那些半封建半殖民地社会的封建法西斯主义的教育政策和制度，使教育为抗战服务，为人民服务，其结果是使教育成为动员群众，支持抗战的武器之一，对抗战起很大的积极作用。

战争好比一部机器，教育好比这机器的一个齿轮，一个组成部分。因此战时教育必须适合战时需要，为战争服务。

抗日战争需要大批干部。解放区为适应这个需要，就办了很多干部训练班和学校，改变了旧的学制和课程，缩短了修业期限，教学的是抗战需要的课程，训练了不知多少抗日干部。单就晋察冀边区说，八年中就训练了八万五千多干部，分配到军事、政治、经济、文化各种事业中，起着骨干和先锋作用，对抗战做了很大的贡献。

抗日战争是人民战争，全靠人民来支持。宣传教育的任务，就是动员广大群众来参加和支持这个伟大的战争。

为达此目的，解放区就积极推广普及教育，开展群众教育，一方面积极恢复、改造和发展小学，改变旧日的课程，减少了不必要的科目，增加了军事训练、政治常识等抗战需要的科目，编印了适合抗战需要的教材。并且组织青年儿童参加社会活动、抗战活动，如送信、站岗、放哨、募捐、优抗、当小先生等。在训导方面，推翻了专制主义的训育制度，废止了体罚，实施民主教育，让学生实行自治，大大地发扬了民主，建立了自觉的纪律。

同时大量广泛开办民众学校和其他识字组织，消灭文盲，提高群众政治觉悟和文化水平，使之积极支持抗战。

在残酷的“扫荡”的战争中，解放区就进行反“扫荡”教育，教导群众如何开展游击战争，坚壁清野，转移、保护物资，遵守国民公约，开展“三不运动”与儿童的“五不运动”①。特别是在游击区，更把气节教育、应敌教育等，作为小学的经常教育。

为了坚持抗日教育，解放区采取各式各样的教学形式和方法来适应游击战争环境。连小学也实行战斗化。在游击区就实行“敌来停课，敌走上课”。校舍烧了，就实行“露天教学”。有些地方，实行“洞口教学”，在有洞的屋里上课，一遇敌情，就钻进洞里。又有些地方，在

①“三不运动”就是：（一）不说出八路军。（二）不说出粮食。（三）不说出抗日干部。“五不运动”就是：（一）不告诉敌人一句实话。（二）不报告干部和八路军。（三）不报告地洞和粮食。（四）不要敌人东西，不上敌人当。（五）不上敌人学，不参加敌人少年团。

“地下教室”里上课。游击区的一般学校，事前都有准备，一遇有敌情，就随时将校具分散坚壁起来。大“扫荡”来了，儿童们随着家庭躲进山沟或者青纱帐里，教师也跟着群众一起转移，随时进行宣传教育，更有的和游击小组联系，分别担任警戒、通讯、埋雷等工作。有些边沿地区还采用“游击教学”，即今天在这里上课，明天到那里上，使敌人捉摸不定，无法破坏。

解放区这样艰苦奋斗，坚持了抗日的宣传教育，结果是提高了人民大众的政治觉悟和文化水平，加强了他们的斗争决心和胜利信心，动员了成百万的农民参加抗日军上前线杀敌，同时又动员和组织了广大群众在后方积极生产，支持前线。不只是青年、成人，就连儿童妇女，都被动员起来、组织起来，帮助抗战勤务、参加生产。

解放区的教育事业是整个解放区抗战机构的一个环节，若是缺了这个环节，要想动员广大群众来支持八年长期抗战，这也是不可设想的。

由此可见，解放区的教育，由于执行正确的抗战教育政策，是和战争密切结合起来的，对八年抗战，做了很大的贡献，这就是解放区教育的第一大特色。

解放区在开展生产运动之后，人民大众由于经济发展，生活得到改善，就产生了提高文化的要求。另一方面，由于整风运动，揭露了文化教育工作中的教条主义的毛病，从思想上扫除了发展文化教育的障碍。这就是说，发展生产，为解放区文教建设，奠定了物质基础；整顿三风为改造解放区文化教育，做了思想准备。

解放区的环境是农村，它的教育对象，主要是农民及其子女。农民群众是农村的生产大军，连他们的子女也得参加生产，担任轻劳动。他们要求学习，但又要求不误生产。

把教育和生产对立起来，使教育和生产脱节，这是旧社会遗留下来的流毒。整风以前，解放区并没有完全摆脱这种流毒的影响，曾经一度或多或少把城市的那套旧型正规化的教育制度搬到农村，结果是“牛头不对马嘴”，农民不欢迎。

经过整风以后，特别是在大生产运动以后，解放区又开始来进一步否定那套旧型正规化的教育制度，进一步来粉碎旧的一套，另辟途径，终于为中国教育，特别是农村教育，开辟了一条出路。

这就是按照“群众的需要和自愿”的原则指示，使教育转向和群众的实际需要相结合，和生产劳动相结合的道路。

要使解放区教育前进一步，首先得克服学习与生产的矛盾。解放区在整风后，找出了一条克服这个矛盾的办法。那就是根据农村生产四时忙闲不一的特点，利用生产的空间进行教育活动，使教学来适应生产，而不妨碍生产。

农民白天忙，夜间闲，就组织他们上夜校。妇女中午闲，就为他们办午学。冬季农闲，就开展冬学运动。雨天，农民不能干活，就进行“雨天教育”，集中学习。在集体生产的场合，就利用休息时间读报，读时事和各地生产情况与经验。很多劳动互助组织，如拨工组、变工队等，都组织生产之余的学习，如识字读报等。

学校教育，也是因时、因地、因人制宜，根据不同季节、不同对象，变更教学时间和方式。小学编班，采取多种多样的形式，设立整日班、半日班、早午班，让学生好按自己的空闲时间来上学学习。能上整日班的就上整日班，不能上整日班的就上半日班或早午班。到麦收特别忙的时节，学生家里需要儿童帮助收麦，学校不是放麦假，就是减少上学时间；整日班改为半日班，半日班改为早午班。放假制度也改变了，一般不放暑假，改放麦假和秋假，以适应农事生产的需要。

由于实行了这个改革，农民群众不但愿意送子女入学，就连他们自己也高兴参加学习了。

这说的是怎样解决了学习与生产的矛盾这一方面。

另一方面，要使解放区教育得到新的发展，那还得从内容上克服教育与实际需要脱节、与生产劳动分离的毛病。反过来说，就是要使教育适合农业的实际需要，和生产劳动结合起来。这就是说，群众最迫切需要什么，就教什么，农业迫切要求提高生产，就应教生产知识，加强劳动观点。

农民学习要求能读报，看路条、信件、便条、钞票等，要能记账、写信、开路条和便条、打算盘，解放区的民众学校和小学，就教给他们这些东西。农民很高兴。

解放区农民翻身了，都迫切要求发展生产，解放区开展大生产运动，需要提高生产效率、增加产量。解放区教育为了适应这个需要，就将生产劳动作为教育内容的组成部分，并且和生产运动密切结合起来进行。

劳动教育、生产教育，在解放区受到很大的注意。在中小学和民众学校的教学内容里，都增加了生产斗争的知识，如改造懒汉、订生产计划、组织劳动互助，以及改良农作法等科学知识。同时还不断地对青年儿童进行教育，纠正轻视劳动的传统观念，加强他们的劳动观点。

解放区进行这样的教学，不只在课室里口头上讲讲就算了，并且还和生产的实际行动联系起来干。大生产运动开始的时候，就讲大生产运动的意义等问题，打通群众思想，随后就进一步介绍生产经验、推广科学知识。在剿蝗运动中，就讲灭蝗问题。有些民校，请老农讲生产课，晚上讲的就是白天要做的活。

小学，以至中学，还指导教育儿童青年参加劳动，帮助家庭生产，帮助群众生产。小学生回家，就干些轻活，如拾柴、打柴、拾粪、点豆、种麦、割草、看庄稼、拉耠子、放牲口、喂牲口……之类。有些中小学生还帮助老乡或自己家里订生产计划，推动劳动互助运动，帮助抗属收割。

有些学校，在不妨碍家庭生产的条件之下，师生还一起在校做一定的生产，如种地种菜、做手工业，将收种所得用来解决学习或生活上的困难。

这是说明怎样使教育在内容上适合群众的需要，和生产劳动结合起来的一方面。

一方面解决了学习与生产的矛盾，使学习能适应生产而不误生产；另一方面，克服了教育和生产脱节的毛病，从内容上使教育能适合群众的需要，和生产劳动结合起来——这是中国教育史上的一个大改革。由于实行了这个大改革，解放区教育面貌为之一新，大受群众欢迎，男女老少都愿意参加学习。

这是解放区教育的第二个特色。

和战争结合起来，为战争服务；和生产结合起来，为生产建设服务——这就是八年来解放区教育所摸索出来的道路。

这就是教育和人民大众的实际需要相结合的道路，也就是理论与实际相结合的道路。

解放区八年的实践，证明了这是改造和建设中国教育的一条正确的路线。

这也就是说，解放区的八年教育建设，为中国教育摸索出来了一条出路，为中国新教育，奠定了一个初基。

（原载于《北方文化》1946 年第 2 卷第 1 期）

学习老解放区教育经验的体会

——《老解放区教育简史》序

1927年大革命失败后，中国人民又处于水深火热之中。为了拯救革命，争取革命在全国的胜利，以毛泽东同志为代表的中国共产党人开展了武装斗争，提出了以农村包围城市，最后夺取城市的战略决策，创建了农村革命根据地。这是无产阶级革命史上的伟大创举。中国无产阶级革命从此开创了一个新的局面。

革命根据地是人民战争的战略基地。在长期革命战争中，党十分重视把武装斗争同建立革命根据地密切结合起来。因为建立起革命根据地，我军就可以在人民的支援和配合下，有效地出击和歼灭敌人，进行整训和休养生息；建立起革命根据地，有了革命政权，人民当家做主了，他们就能自觉地为保卫自己的政权做英勇的斗争；建立起革命根据地，才能实行土地改革，进行经济建设，帮助穷苦群众获得经济上彻底翻身；建立起革命根据地，党才有可能在这块没有压迫的新天地里进行文化教育改革和建设，培养革命干部，提高劳动人民的政治觉悟和文化水平，为支援革命战争和根据地建设做出贡献。

革命根据地的社会性质是新民主主义的，它和国民党统治区的半殖民地半封建的社会性质根本不同。在革命根据地，随着政治经济的变革，文化教育也实行了变革。在教育方面，废除了奴化的、封建主义的、法西斯主义的教育，创立了新民主主义教育。这种教育以崭新的姿态出现于中国，为中国教育史写下了新的篇章。

新民主主义教育有二十多年的历史。从1927年毛泽东同志在井冈山开辟第一个革命根据地后，党在进行政权建设时，就注意根据地的文化教育改革和建设。以后，随着革命事业的向前发展，革命根据地扩大了，文化教育事业也随着政治经济建设的发展而呈现出一片蓬勃兴旺的景象，创造了很多新的经验。在这二十多年的时间里，不少根据地曾遭到敌人严重的军事“围剿”和“扫荡”，学校被破坏，教育停办了，但师生们却受到了炮火的洗礼，斗争的锻炼。在战争环境中产生、发展和壮大起来的教育具有非常革命的特色和丰富的新创的经验。它的优良传统，值得我们继承和发扬。它的革命经验，值得我们学习。

革命根据地的教育经验是很丰富的。根据个人的认识，我觉得下面几点，十分重要。

第一，它是中国共产党领导的。

革命根据地教育建设实践证明：教育必须在党的领导下，才能有正确的发展方向；只有在党的领导下，才能保证它服务于各个历史阶段的总路线。

党在新民主主义革命时期提出的总任务是对外推翻帝国主义压迫的民族革命和对内推翻封建地主压迫的民主革命。由于各个历史阶段的政治经济情况的不同，党就根据总政策、总任务制定了不同时期的教育工作方针和政策。

在土地革命战争时期，党在南方各省和北方某些省的边界建立了革命根据地，实行“工农武装割据”。为了击败国民党反动派的军事“围剿”和取得革命战争的胜利，为了革命根据地的巩固和发展，党必须全力去动员、组织、武装根据地人民进行革命战争。当时的形势决定了党的任务。“一切苏维埃工作必须服从革命战争的要求”，便成为土地革命战争时期党在革命根据地内一切工作的总方针。教育工作当然也必须围绕这个总方针来进行。

抗日战争时期，由于日本帝国主义的大举入侵，中华民族面临着生死存亡的严重关头。于是，反对日本帝国主义侵略的民族革命便成了中国革命最主要的任务。这就要求当时的一切政治、经济和文化教育的政策和措施，都必须适应抗日战争的要求。毛泽东同志在卢沟桥事变前两个月就曾指出：“政治上、军事上、经济上、教育上的国防准备，都是救亡抗战的必需条件，都是不可一刻延缓的。”（见《中国共产党在抗日时期的任务》）抗日战争爆发后，党和毛泽东同志提出了《十大救国纲领》，其中指出：必须实行“抗日的教育政策”。这个政策是：“改变教育的旧制度、旧课程，实行以抗日救国为目标的新制度、新课程。”实施抗日教育政策，就是为了培养具有民族意识，具有胜利信心，并且具有战争、生产的本领和知识技能的干部和国民。

解放战争时期，党的主要任务是为最后彻底推翻帝国主义、封建主义和官僚资本主义在中国的统治而斗争。这时，党使用了教育这个工具，从思想上来武装广大劳动人民，动员和组织他们参加解放战争，解放全中国。

从以上各个时期的历史看，党及时地根据政治形势的发展，正确地制定各个历史阶段的总路线以及为它服务的教育方针政策，并通过党的坚强领导，使路线和方针政策都能迅速地得到贯彻执行。

第二，它是以共产主义思想体系——马克思主义思想体系为指导方针的。

革命根据地的政治、经济和文化、教育都是无产阶级领导的，因而都具有社会主义的因素，并且不是普通的因素，而是起决定作用的因素。但是当时就整个政治情况、经济情况和文化教育情况来说，却还不是社会主义的，而是新民主主义的。

毛泽东同志在1940年1月所写的《新民主主义论》中，曾对这个问题做了英明的论述。他说：在新民主主义革命时期，“当作国民文化的方针来说，居于指导地位的是共产主义的思想，并且我们应当努力在工人阶级中宣传社会主义和共产主义，并适当地有步骤地用社会主义教育农民及其他群众。但整个的国民文化，现在也还不是社会主义的”。

毛泽东同志还指出：“在现时，毫无疑义，应该扩大共产主义思想的宣传，加紧马克思列宁主义的学习，没有这种宣传和学习，不但不能引导中国革命到将来的社会主义阶段上去，而且也不能指导现时的民主革命达到胜利。”接着，毛泽东同志为防止文化教育发生偏向时说：“但是我们既应把对于共产主义思想体系和社会制度的宣传，同对于新民主主义的行动纲领的实践区别开来；又应把作为观察问题、研究学问、处理工作、训练干部的共产主义的理论和方法，同作为整个国民文化的新民主主义的方针区别开来。把二者混为一谈，无疑是很不适当的。”后面这段话，是毛泽东同志总结了土地革命战争时期王明“左”倾机会主义在革命根据地所推行的强调以共产主义为内容的国民教育政策，对知识分子的过左的政策的错误而写的经验教训。在抗日战争和解放战争时期，在毛泽东思想指导下，纠正了过去发生的“左倾”错误，使教育工作在马克思主义思想体系指导下向前发展，但是教育性质仍是新民主主义的，它是为新民主主义的政治经济服务的。

正是由于中国共产党始终坚持以马克思主义思想体系为指导，所以，根据地、解放区的教育一贯都很重视思想政治教育，创造了相当完整的思想政治教育经验。这是中国新教育的重要特色，是很值得重视的。

第三，它是民族的、科学的、大众的。

毛泽东同志指出：“中国国民文化和国民教育的宗旨，应当是新民主主义的；就是说，中国应当建立自己的民族的、科学的、人民大众的新文化和新教育。”（《论联合政府》）革命根据地的文化教育就是这种新民主主义文化教育的典范。革命根据地的文化教育是民族的，它是反对帝国主义的压迫，主张中华民族的尊严和独立的；它是我们这个民族的，带有我们民族的特性；民族的形式，社会主义的内容，就是新民主主义的文化教育。这种文化教育，既是爱国主义的，又是国际主义的，必须同资产阶级的所谓“民族文化”严格地区分开来。它是科学的。因为它是反对一切封建思想和迷信思想，主张实事求是，主张客观真理，主张理论和实践一致的，是马列主义的理论和中国革命具体实践相结合的，是辩证唯物主义的，是反对唯心主义和形而上学的。它是大众的，因而是民主的，它应为全民族百分之九十以上的工农劳苦大众服务，并逐渐成为他们的文化教育。简言之，民族的科学的大众的文化教育，就是新民主主义的文化和教育，它就是无产阶级领导的，人民大众反对帝国主义、封建主义和官僚资本主义的文化教育，就是中华民族的新文化和新教育。

这样的新文化和新教育，在中国教育史上是没有先例的。它是在同反对照搬外国教育经验的教条主义，又是在同反对抄袭本国地主资产阶级的教育思想和经验的斗争中，遵循马克思列宁主义的原理和中国实际相结合的毛泽东思想所指引的独立自主的道路发展起来的。它的经验是十分宝贵的。

第四，它的教育方针是为革命战争和阶级斗争服务的，是和生产劳动结合的。

在土地革命战争时期，毛泽东同志就指出：苏维埃文化教育的总方针，“在于以共产主义精神来教育广大的劳苦民众，在于使文化教育为革命战争与阶级斗争服务，在于使教育与劳动联系起来，在于使广大中国民众都成为享受文明幸福的人”。抗日战争时期实行抗战教育政策，使教育为长期战争服务，以争取抗日战争的胜利。解放战争时期的教育就是为解放战争服务，以争取全国解放战争的胜利。

革命战争需要大批干部。革命根据地为适应这个需要，就采用革命的办法举办了很多干部训练班和干部学校，并且创办在职干部教育，培养了数以百万计的干部。这些干部在军事、政治、经济和文化各种战斗岗位上，起着骨干和先锋作用，对革命战争做出了巨大的贡献。

革命战争是人民的战争，全靠人民来支持。文化教育的任务，就是要用各种办法来提高劳动人民的阶级觉悟和文化水平，动员他们参加和支持革命战争。为此，革命根据地一方面积极普及教育，大力恢复、改革和发展小学教育，千方百计地为造就新国民和培养未来主人翁而努力。同时积极开展群众教育，广泛开办各种形式的民众学校、识字班和识字组，扫除文盲，不断地提高人民群众的阶级觉悟和文化水平，动员青壮年参军参战，发动劳动农民深入进行土地改革、积极发展生产，以人力物力支援前线。教育工作为动员人民群众支援革命战争起了积极的作用。

革命根据地的教育还为土地改革服务。在土地革命战争时期，学校师生积极参加农民群众的打土豪分田地的斗争；在抗日战争时期，根据抗日民族统一战线政策，学校也参加了减租减息方针的宣传；到了解放战争时期，各老解放区都进行了土地改革，这是当时解放区内政治经济斗争的中心任务。党和民主政府指示各级学校，配合着这一运动，向学生进行深入的思想政治教育；学校教育也密切地与这个任务结合，为它服务。师生们在参加土地改革运动中，经受了阶级斗争的锻炼，提高了对革命的认识，树立了为劳动人民服务的思想。

在革命根据地的教育工作中，还坚决贯彻执行了教育与生产劳动相结合的方针。党和毛泽东同志经常强调执行这一方针的重要意义，提醒教育工作人员和广大师生注意生产，参加劳动。在革命根据地内，无论是干部学校、小学还是工农业余学校，都结合本身的特点，组织广大师生参加生产劳动。如抗日战争时期，延安抗日军政大学把生产劳动列为学校教育计划中的重要组成部分，从建校开始，教师和学员就积极参加挖窑洞，背木料，解决没有校舍的困难。其他干部学校，也都一面读书学习，一面生产劳动，开荒种地、纺纱织布。农村学校，有的还根据农作闲忙情况，采用了整日制、半日制、早午制以及小组教学等形式，以便组织学生参加学校生产或家庭劳动。教育、教学内容紧密地同生产实际、生活实际、革命实际联系起来。在参加生产劳动过程中，还注意使之具有教育意义，即对学生进行思想政治教育，培养劳动观点、群众观点和集体主义精神，加强组织性、纪律性，养成艰苦奋斗的作风等。这就克服了过去旧社会遗留下来的教育与生产脱离，学生厌恶和轻视体力劳动，轻视劳动人民，自由散漫、纪律松弛等毛病。这说明它的教育意义是巨大的。此外，参加生产劳动，还创造了物质财富，增加了经济收益、减轻了人民政府和群众的经济负担。这不仅有经济意义，还有自力更生，克服困难的政治意义。把教育和生产劳动结合起来，使革命根据地的教育工作进入了一个崭新的阶段。

第五，创立新型的教育体制。

为了使根据地的教育适合革命斗争的需要和符合党的教育方针，革命根据地创立了一种新型的教育体制。它包括在职干部教育、干部学校教育、群众业余教育、小学教育和部队教育五个组成部分。在整个教育事业的比重中，规定干部教育放在第一位，国民教育放在第二位；在干部教育中，又把在职干部教育放在第一位。在国民教育中，工农业余教育重于儿童教育等。这是我国在教育体制上具有特殊意义的独创结构。

这个新的教育体制的建立，不是一朝一夕所能办成的，而是从创建革命根据地起到延安时期逐步形成的。

革命根据地教育的创始，最早应该溯源于红军教育。因为中国的红军是一个执行革命政治任务的武装集团，在开辟革命根据地的时候，红军绝不是单纯地打仗的，它除了打仗消灭敌人军事力量之外，还要负担宣传群众、组织群众、武装群众，帮助群众建立革命政权以至于建立共产党的组织等项重大的任务。红军在执行这些任务的同时，也执行了教育的任务。农村革命根据地教育的创办和发展，首先应该归功于中国共产党领导的红军。

由于红军担负着如此重大的任务，党就创立了红军教育。毛泽东同志 1929 年 12 月给红军第四军九次党的代表大会写的决议，是红军进行思想政治教育和文化识字教育的指针。红军中积累起来的思想政治教育经验是极为宝贵的，它是后来干部教育和国民教育中思想政治教育理论和方法的重要来源。红军中创造的识字教育经验，也为后来工农业余教育的识字教育提供了良好的经验和学习的范例。红军教育是一个伟大的创举。

土地革命战争时期农村革命根据地的教育发轫于红军中对士兵的教育，后来才发展起各级各类教育。在各级各类学校的发展过程中，首先举办的是红军中各种干部学校以及训练班，其次才是以扫盲为中心的工农业余教育和开展普及教育中的小学教育。

苏区教育建设，为抗日根据地教育体制的改革积累了经验，描绘了蓝图。

在抗日战争时期，干部教育分为在职干部教育和专门培养干部的干部学校或训练班。党特别重视在职干部的学习，并把它放到首要的地位。这是因为一切工作，包括国民教育在内，都要经过干部去做。“政治路线确定之后，干部就是决定的因素”。由于当时革命战争的迫切需要和物质条件的极端困难，绝大多数干部不能离开战斗和工作岗位进干部学校学习；而这些肩负抗战救国重任的革命干部，是党的方针政策的具体执行者，他们的政治水平和工作能力直接影响着抗日战争的胜负和根据地建设的成败。在职干部需要迅速提高，而提高的最好办法就是大力开展在职学习。党把在职干部教育提到首要地位，从适应当时的革命形势和为完成革命的任务来说，是一项战略措施，有着深远的政治意义。

干部学校教育，在革命根据地举办的有培养军事、政治、经济和文化人材的学校和训练班。这些学校和训练班都是党和民主政府办理的。从当时的实际情况和需要出发，党还规定高等小学以上的学校（包括中学）都是干部学校，学生毕业后就分配工作。采用这种革命办法，党就能在短期内培养出大批干部，以应革命战争和革命根据地建设的迫切需要。

群众教育，主要是发动群众自己办理，党和政府居于指导协助地位。

在群众教育中，党规定成人教育应该重于儿童教育。这是因为，“农村中的成人，是目前紧张的战争与生产任务的首要担负者，他们的教育虽不免有种种困难，但他们提高一步，战争与生产即可提高一步，正如立竿见影，不像儿童受了教育，其应用尚有若干限制”。(1944 年 5 月 27 日《解放日报》社论)。

儿童教育（小学教育）也受到党和民主政府的重视，在革命根据地的教育建设中占有一定的地位。

第六，创建了新的教学制度。

为了使革命根据地的教育适合于革命战争和根据地建设的需要，为了使革命根据地的教育进一步与生产劳动结合起来，党在根据地进行了教学改革，即学制、课程、教材和教法的改革，建立了一套新的学制和课程，自编了新的教材，改进了教学方法，形成了一套新的教学制度。

革命根据地的各级各类学校，为适应革命战争的迫切需要，打碎了旧的一套，所订的学制（学习期限）都比较短。干部学校是半年至一年；中学、师范先是二年，后延长为三年；小学是五年。

课程设置，根据各地的具体情况、学生成分、学校性质和形式来决定，取消了刻板的科目表，减少了一些繁杂无用的课目，改革了一些内容陈旧的课目，增设了革命战争和革命根据地建设需要的课目，总的来说，比较精简。

干部学校，首先要学马列主义的革命理论、党的政策和根据地概况或根据地建设一类的课程；工作中的各种具体任务，凡有比较复杂的技术，需要单纯讲授的，都应该列为被重视的课程。文化水平低的干部，还要补习文化。

当时群众教育的中心任务是扫除广大成人和儿童间的文盲。因此，“群众目前迫切需要的是起码的读写算能力；而成为群众生活中最大问题的生产与卫生两项知识，应构成读写算的重要内容”。（见《陕甘宁边区关于培养知识分子与普及群众教育的决议》，1944 年 11 月 6 日边区文教大会通过）当然，对群众也进行思想政治教育。

教学方法的改革，反对理论和实际分离，主张理论和实际结合；否定了注入的填鸭式的方法，着重启发和研究讨论。特别是实习，更得到干部学校的重视。

革命根据地进行的这种教学改革，创立的新的教学制度，是适合新民主主义政治、经济的需要的，是适合农村根据地的实际情况的，因而大大推动了教育事业的迅速发展，有力地支援了革命战争。

第七，贯彻党的群众路线，采取多种形式办学。

党和毛泽东同志历来十分重视群众路线，认为革命战争和经济建设应该走群众路线，文化教育建设也必须走群众路线。

党从创立革命根据地以后，就采取群众路线的办法，依靠群众自己起来办学。因为，当时革命根据地处于敌人残酷的“围剿”中，战争频繁，供应困难，工作紧张，干部不足，单靠政府有限的人力物力是远远不能满足教育事业发展的需要的。根据这种情况，党确定了革命根据地的教育应该是群众化、实际化，采取群众所了解、所需要的形式（不论新旧），大力发展教育事业。毛泽东同志在《兴国调查》《长冈乡调查》和《才溪乡调查》中所写的列宁小学、夜学、识字班和俱乐部，就是革命根据地人民群众从实际出发自己创办文化教育事业的典范。

为了更快更好地发展革命根据地的文化教育事业，毛泽东同志于1944年10月30日在陕甘宁边区文教工作者会议上所做的题为《文化工作中的统一战线》讲演中指出：“文化工作者必须有为人民服务的高度的热忱，必须联系群众，而不要脱离群众。要联系群众，就要按照群众的需要和自愿。”毛泽东同志所说的需要，就是群众的实际上的需要，而不是教育工作者脑子里幻想出来的需要；所说的自愿是由群众自己下决心，而不是由教育工作者代替群众下决心。“群众的需要”和“群众的自愿”，是群众路线中的两条基本原则。

在抗日战争后期，抗日根据地的群众教育采取的“民办公助”的政策和“以民教民”的办法，是党的群众路线在发展教育事业上的具体运用。“民办公助”，就是发动群众自己办学，政府在方针上加以指导，在物质上给以一定的补助。“民办公助”政策的施行，提高了群众办学的积极性，推动了群众教育的迅速发展。

“民办公助”政策允许群众可以按照“需要和自愿”来办学，这就使他们能够根据当时农村分散的特点，结合工作和斗争的需要，照顾生产习惯和生活利益，因时因地因人制宜地创造多种多样的学习形式。农民白天忙，夜间闲，就组织他们上夜校。妇女中午闲，就可办午学。冬季农闲，就开展冬学运动。同时，可按生产组织建立起学习组织，如地头组、滩地组、运输组、放羊组等；专门为妇女识字组织起纺织组、编席组或炕头教学等。小学编班，也可采取多种多样形式，设立整日班、半日班、早班、午班等，让学生可以根据实际情况来校学习，同时又能参加家庭劳动。在游击区还办了游击学校，如敌来放学，敌去上学；还有坑口小学，即在地道口上学，敌人来了即躲进地道。还有教师扮成货郎，到敌占区趁敌人不在时对小学生进行教学；敌人来了，孩子就走散。

群众教育的教学内容，也根据群众的实际需要来安排。群众要求学会记账、写信、开路条，打算盘，根据地的民众学校、识字班和小学就教他们学习这些东西。农民识字课本，还采用庄稼杂字的形式，用农村常用字编成。群众很欢迎。

“民办公助”政策和群众“需要与自愿”原则的贯彻，这就解决了学习与生产的矛盾，克服了教育与实际需要脱节的错误倾向，大大促进了工农业余教育和儿童教育的发展。

实行“以民教民”的办法，是从中央苏区到陕甘宁边区的农民业余教育经验的总结，是解决业余教育的师资问题的一条行之有效的好办法，也是革命根据地群众教育的一种创造。

第八，革命根据地的教育是在同主观主义，特别是教条主义和右倾思想做斗争中发展起来的。

土地革命战争时期，革命根据地贯彻执行了毛泽东同志提出的苏维埃文化教育的总方针，使革命的教育事业得以蓬勃发展，初步建成了一个崭新的教育体制。但是，在执行方针政策和进行文化教育建设的过程中，还必须同“左”、右倾错误做坚决的斗争。当时，王明“左”倾机会主义在党内占统治地位，他的这种错误也必然影响到教育工作。“左”倾教条主义者强调以共产主义为内容的国民教育政策，对知识分子过“左”的政策，这些都同他们的政治路线一样是错误的。过早地、过“左”地确定以共产主义为内容的国民教育政策，在当时的社会条件下必然要妨碍教育事业的发展。在当时，我们应该进行共产主义的宣传，并以共产主义的精神来教育广大劳动群众，但是，施行的国民教育政策和举办的教育事业应该是新民主主义的，即是反帝反封建的。“左”倾教条主义者不加区别，所以他们对教育内容和制度以及政策的厘定都是过“左”的，不正确的。

这种过“左”政策受到革命根据地广大教育工作者的抵制，它影响的时间不长，到 1934 年下半年随着王明“左”倾冒险主义领导造成第五次反“围剿”的失败而不得不宣告结束。

抗日战争初期，党在抗日根据地采用革命的办法举办干部学校和训练班，大力培养抗日干部。在国民教育方面，由于密切联系群众的需要和实际，表现出新鲜活泼和壮健有力的气象。

到 1939 年以后，文化教育工作一时表现沉闷和软弱无力。这是由于当时根据地处在相对和平的环境，文化教育事业在数量上、规模上都有发展，但由于教条主义和形式主义的影响，教育工作发生了偏向。以陕甘宁边区为例，偏向表现在以下几方面：

（一）在办学形式上，忽视了农村的经济特点。

陕甘宁边区是以农业为主的经济，地广人稀，村庄分散，交通不便，劳动力不足。在这种情况下办学，小学不宜过分集中，适当分散才便于农民子弟来校学习。可是由于教条主义和形式主义作怪，为了强调正规化，就采取并校的不适当办法，规定五里内的学校要合并，不足二十五名学生的学校也要合并，并且规定学校要有单独的教室、宿舍、游戏场以及足够的桌椅等。这些规定，限制了农村小学教育采用多种形式办学，阻碍了它的发展。这就是产生沉闷和无力现象的原因之一。

（二）在教育内容上，与生产以及群众的需要脱节。

在教条主义影响下干部学校的基本缺点是理论与实际、所学与所用的脱节，存在着主观主义、教条主义的严重毛病。这种毛病主要表现在使学生学习一大堆马克思列宁主义的抽象原则，而不注意领会其实质及如何应用于具体的中国环境。当时延安的干部学校存在这些问题，其他抗日根据地的干部学校也存在这些问题。毛泽东同志在 1941 年 5 月写的《改造我们的学习》和中共中央 1941 年 12 月通过的《关于延安干部学校的决定》都指出了这个问题，并提出纠正这种偏向的办法。

群众教育也存在这个问题，所教的内容与群众的生产与生活需要脱节，学的东西不是群众生产、生活当中所需要的。比如讲科学知识，教师讲的不是根据地人民迫切需要的科学知识，只是讲了很多当地还没有的火车、轮船、电气机等；不是讲生产和生活必须知道的自然常识、妇女卫生等，只是大讲遥远的太阳系等。这样教出来的学生，不但对生产劳动没有帮助，就是自己在生活上也缺乏实际能力。

这些偏向，在整风运动中得到了纠正。

整风运动是以毛泽东思想为指导的普遍的马克思主义的教育运动，它解决了马克思主义思想和非马克思主义思想之间的矛盾。主观主义和教条主义这种非马克思主义思想当然受到批评，这就使以后正确贯彻执行党的教育方针政策有了思想基础。马克思主义水平提高了，就能纠正土地革命时期一度出现的以共产主义为内容的过“左”的国民教育政策，也纠正了在 1939 年到 1942 年间曾一度出现的旧型正规化的形式主义和教条主义的右倾思想，把革命根据地的教育引向康庄大道。

这些经验是十分宝贵的，它是党和革命根据地人民经过二十几年艰苦奋斗创造和积累起来的。我们的党在新民主主义革命时期办教育，并没有搬用外国教育的理论和经验，也没有搬用当时本国流行的其他教育理论和古代的封建教育思想，而是学习马克思主义理论，并把马克思主义理论同中国革命的具体实际结合起来，制定农村革命根据地的教育方针政策和教育制度，依靠群众的力量，创造了适合当时当地情况的新经验。这种革命的创新精神，至今也是值得我们学习的。

现在，我国社会主义革命和建设已经进入了新的历史时期，党中央决定了要把我们的国家逐步建设成为具有现代农业、现代工业、现代国防和现代科学技术的，具有高度民主和高度文明的社会主义强国的奋斗目标，教育工作必须为实现这个伟大的目标服务。这是非常艰巨的任务。我们必须具有革命的创新精神，和实事求是的科学态度，努力学习马克思列宁主义、毛泽东思想，经常研究我国情况，创造举办社会主义教育的经验。社会主义教育是新民主主义教育的继承和发展，我们不能割断历史，应当学习新民主主义教育的有益经验，发扬它的光荣传统。

我国革命根据地的教育，它的伟大实践和意义，它所创造的经验和做出的优异成绩及贡献，都远远超过历史上任何一位教育家。所以，我们应该很好地研究老解放区教育经验，积极宣传它的光荣传统。现在出版这本《老解放区教育简史》，很有必要。其所以必要，因为它所记录的经验，有些至今仍有一定的现实意义。特别是我国百分之八十的人口在农村，对如何办好社会主义的农村教育，我们更应从学习老解放区教育的经验中得到一些有益的启发。

当然，由于历史条件不同，我们学习这些经验需要采取实事求是的态度，要用实践是检验真理的标准的原则，来检验这些经验。在这些经验中，至今还行之有效的，我们就要加以肯定、继承和发展；当时就是错误的，我们就要加以否定，要引以为戒；在当时是行之有效的，但不适合今天的情况和要求，或者在当时还是处于试验阶段，不够成熟，那就不要盲目搬用。这一点，请读者予以注意。

（原载于《教育研究》1982 年第 5 期，第 22—29 页）

新民主主义教育

中国新民主主义教育是在中国新民主主义革命时期，由中国共产党领导的以共产主义思想为指导的民族的、科学的、大众的教育。

新民主主义教育是民族的。“它是反对帝国主义压迫，主张中华民族的尊严和独立的。它是我们这个民族的，带有我们民族的特性。”（毛泽东：《新民主主义论》）对于外国教育，它既不一概排斥，也不“全盘西化”，而是弃其糟粕，取其精华，“洋为中用”。中国教育具有自己民族的形式和特点。民族的形式和新民主主义的内容相结合，这就是新民主主义的教育。

新民主主义教育是科学的。“它是反对一切封建思想和迷信思想，主张实事求是，主张客观真理，主张理论和实践一致的。”（同上）它坚持马克思主义的辩证唯物主义，反对唯心主义和形而上学。对中国古代和近代的教育，它既不否定一切，也不因循守旧，而是剔除其封建性的糟粕，吸取其民主性的革命性的精华，“古为今用”。

新民主主义教育是大众的，“因而即是民主的。它应为全民族中百分之九十以上的工农劳苦民众服务”（同上），并逐渐成为他们的教育。它把革命干部的知识和革命群众的知识在程度上互相区别又互相联系起来，把提高和普及互相区别，又互相联系起来。这种革命教育，对于人民大众，是有力的武器，是革命总战线中的一条必要的和重要的战线。

民族的、科学的、大众的教育，是无产阶级领导的、人民大众反对帝国主义、封建主义和官僚资本主义的教育，是中华民族的新教育。

新民主主义教育，是伴随着新民主主义革命形势的发展而发展起来的。它的发生、发展过程，分为五个时期：1. 从中国共产党成立到大革命时期；2. 土地革命时期；3. 抗日战争时期；4. 解放战争时期；5. 中华人民共和国成立初期。

1. 从五四运动时期到大革命时期（1919—1927）的教育

五四运动时期，早期马克思主义者已开始从事教育活动。主要是他们到工人群众中去宣传马克思主义，开始把马克思主义和工人运动结合起来。他们中有很多人留法勤工俭学。同时，有一批共产主义小组成员和革命青年，创办了工人补习学校。1921 年中国共产党成立之后的第二个月，首先是毛泽东、何叔衡等共产党人在长沙为党创立了第一所干部学校——湖南自修大学。1923 年秋，它被反动军阀所封闭。同年 11 月，中共湖南省委办了湘江学校。毛泽东兼任校董，湖南自修大学的大部分师生都转入湘江学校。1922 年 10 月党还在上海创办了上海大学。1924—1926 年彭湃、毛泽东先后在广州主办农民运动讲习所。1927 年又在武昌办了中央农民运动讲习所。这些大学和农民运动讲习所都是中国共产党创办干部学校的发端。

1924 年，为了适应开展武装斗争的需要，共产国际和中国共产党在广州还帮助孙中山举办了黄埔军校。

这时期，在党的号召之下，工人还自己着手办学校。如 1922 年 1 月的安源工人俱乐部、1923 年 4 月的湖南水口山工人俱乐部都先后创办起工人补习学校和小学。前者招收的全是工人，学习时间在夜间，教给工人需要的知识，并宣传共产主义；后者招收的是工人子女。

在这一时期，随着农民运动的蓬勃发展，农民也起来办学校。毛泽东在《湖南农民运动考察报告》中，就描绘了这一情况。“农村里地主势力一倒，农民的文化运动便开始了。”……“如今他们却大办其夜学，名之曰农民学校。”“农民运动发展的结果，农民的文化程度迅速地提高了。”

从五四运动时期到大革命时期，共产主义小组、党和工农群众开始起来办学。这是新民主主义教育的萌芽时期。

2. 土地革命时期（1927—1937）的教育

自毛泽东开创了井冈山革命根据地，以及其他地区又相继创立了十几个农村革命根据地之后，由于根据地建立了革命政权，进行了土地改革，农民在政治上、经济上翻了身，也就有了需要和条件兴办人民教育事业。

这一时期，苏区废除了国民党统治区那一套半殖民地半封建社会的旧的教育方针和教育制度，开始兴办人民教育事业。

苏区为适应革命战争的迫切需要创办了一批干部学校，培养革命干部；广泛地开展群众业余教育、扫除文盲，对群众进行政治宣传教育和文化补习教育，提高群众的政治觉悟和文化水平；普遍地兴办小学，使儿童受到了革命教育。苏区的教育是新民主主义教育形成时期。它包括红军教育、干部教育、农民业余教育（包括扫盲识字教育）和小学教育，形成了一个初具规模的新型教育体系。

3. 抗日战争时期（1937—1945）的教育

这个时期中国革命，由土地革命战争转为抗日战争。中国共产党的总任务是“动员一切力量争取抗战胜利”。抗日根据地是“实行抗战教育政策，使教育为长期战争服务”。陕甘宁边区及其他各抗日根据地，继承和发展了苏区教育的革命传统，废除了国民党统治区奴化的、封建主义的和法西斯主义的教育。建立起了民族的、科学的、大众的新民主主义的教育。

在延安及其他各抗日根据地，都建立了在职干部教育制度。高级干部和文化水平较高的干部，都学习马克思列宁主义、毛泽东思想的理论和时事政治，还结合工作学习业务。文化水平低的干部，补习文化。各抗日根据地，特别是作为抗日战争的指导中心的延安，还大办各种干部学校，培养、训练了大批革命干部。

同时，各抗日根据地，都广泛地开展了扫除文盲运动，并且结合中心工作进行群众（主要是农民）业余教育，包括政治宣传教育和文化补习教育，提高群众的政治觉悟和文化水平。此外，还普遍地开展小学教育、"以民族精神教育新后代"。

在抗日战争时期，是新民主主义教育大发展和成熟时期。以毛泽东为主要代表的中国共产党人把马克思主义的普遍真理同中国实际情况结合起来，走自己的道路，建立起了具有中国特色的新民主主义的教育体系。它包括在职干部教育、干部学校教育、中等教育（包括中学、师范、卫生学校及其他职业学校）、小学教育和群众业余教育（包括扫盲识字教育）。此外，还有军队教育。

4. 解放战争时期（1946—1949）的教育

这时期党的总路线、总任务，是反对帝国主义、封建主义和官僚资本主义的新民主主义革命。解放战争就是要"打倒蒋介石，解放全中国"。1946 年，解放区按照中共中央的指示开展土地改革运动，没收地主土地分配给农民，消灭封建剥削。动员广大农民参加解放战争，积极发展生产，支援前线。这时期解放区各项工作，都服从总路线、总任务，并且为它服务。教育工作也适应解放战争、土地改革和解放区建设的需要，并且为之服务。

这一时期，各解放区继承和发扬了抗日战争时期的新民主主义的教育的革命传统，继续坚持在职干部教育、兴办干部学校教育，举办中等教育，发展小学教育和群众业余教育。所不同的是政治教育以解放战争、土地改革为主要内容。新建立的解放区，如东北解放区，则是对旧有学校进行改造，中学以上的学校，以政治教育为主，改造师生的思想，然后动员学生参加解放军或根据地的建设工作。对小学教育的改造，主要是改造教师思想，废除旧教材，采用解放区自编的新教材。

此外，这一时期的另一个特点，就是由于解放战争的迅速发展、革命形势和任务跟着有所转变，有些解放区的教育为适应这种变化，就开始向着新型正规化的方向发展。例如 1948 年秋，东北地区已接近全部解放，生产建设、支援战争已成为东北解放区的中心任务。为此，东北解放区就从长远着想，改变了中学的方针任务，把以政治教育为主的短期政治训练性质的学校，改为以文化教育为主，并重视思想政治教育的新型正规化学校。同时，为适应当时的迫切需要，还举办各种短期学习班。华北解放区的中学进行了同样的转变。还有其他一些解放区甚至更早地开始了这一转变。这就为 1949 年中华人民共和国成立后的人民教育事业奠定了基础。

5. 中华人民共和国建国初期（1949—1952）的教育

这是新民主主义教育向社会主义的教育转变的时期。中华人民共和国成立的前夕，1949 年 9 月召开的中国人民政治协商会议第一届全体会议，代行全国人民代表大会职权，通过了起临时宪法作用的《共同纲领》。这个纲领规定的文化教育政策是："中华人民共和国的文化教育为新民主主义的，即民族的、科学的、大众的文化教育。"

中华人民共和国成立后，根据上述规定召开了第一次全国教育工作会议，明确提出了：新中国"以老解放区新教育经验为基础，吸收旧教育某些有用的经验，特别要借鉴苏联教育建设的先进经验"建设新民主主义教育。其目的是"为人民服务，首先为工农兵服务，为当前革命斗争与建设服务"。"老解放区教育，首先是中小学教育，现在应以巩固与提高为主，条件许可时，可适应群众需要做某些发展。巩固与提高的关键是适当解决师资和教材问题。”新解放区教育工作的关键是争取团结、改造知识分子……坚决执行维持原有学校，逐步作可能与必要的改善的方针。新区学校安顿以后的主要工作，是有效地在师生中进行政治思想教育，使他们逐步建立革命人生观。“会上还拟定了创办中国人民大学实施计划，草拟了工农速成中学实施方案。”（《中华人民共和国教育大事记》）

新中国成立初期，根据《共同纲领》规定的文化教育政策和第一次全国教育工作会议规定的教育方针开展的教育工作，主要有以下几个方面：从帝国主义者手里收回教育主权；妥善地接收了全国新解放区的旧有学校；基本上肃清了隐藏在教育界的反革命分子和其他坏分子；发展了各级各类学校教育事业。1952 年比 1949 年冬小学生增加 101%，中等学校学生增加 142.2%，高等学校学生增加 69%。职工业余学校入学人数已达 302 万人，农民业余学校入学人数 2 400 余万人，冬学达 5 000 万人。少数民族教育也有发展，近 8 000 名学生在民族学院学习。新中国头三年教育事业的发展，已远远地超过了国民党政府统治时期 20 年的成就。

同时，对旧有学校教育进行初步的改革。主要有：所有学校都向工农劳动群众开门；取消了国民党政府在学校中的法西斯管理制度和对学生的特务统治，建立了革命的学生组织；在课程改革方面，取消了国民党政府所设立的公民、党义等课目，中等以上学校设立革命的政治课，进行马克思列宁主义、毛泽东思想的基础理论教育和时事政策教育；注重思想政治教育工作，肃清奴化的、封建主义的、法西斯主义的思想，进行（爱祖国、爱人民、爱劳动、爱科学、爱护公共财物）“五爱”教育，树立为人民服务的思想；在教材改革方面着手编辑中小学政治常识、语文、历史、地理等文科新教材；并且以苏联教科书为样本改编理科教科书。在教师和学生中进行思想改造，提高他们的政治觉悟和教师的社会地位，改善他们的生活；高等院校进行了院系调整工作；制定和发布了幼儿园、小学、中学的暂行规程（草案），提出了实施智育、德育、体育、美育的全面发展的教育。新中国成立初期，以老解放区教育经验为基础所实施的新民主主义教育，为后来建设社会主义教育打下了基础。

新民主主义教育除具有民族的、科学的、大众的三大基本因素之外，还具有如下特征：

①新民主主义教育是中国共产党领导的。党的领导，主要是政治上的领导。新民主主义教育的方针、政策和制度，都是按照党的总方针具体制定的。中等以上学校都建立了党组织，按照当时党章的规定，对学校行政贯彻执行党的路线、方针、政策，负有监督和保证的责任。

②新民主主义教育是以共产主义的思想——马克思主义思想为指针，但又区别于社会主义教育。共产主义的思想指明了中国的社会革命的方向：第一步、第一阶段建立中国新民主主义的社会，然后，再使之发展到第二阶段，建立中国社会主义社会。与此相应地也指明了中国教育的发展方向：在新民主主义革命时期是建设新民主主义的教育，到社会主义时期是由新民主主义教育发展成为社会主义教育。新民主主义教育由于是无产阶级领导的缘故，就具有社会主义的因素，并且不是普通的因素，而是起决定作用的因素；但又不能把新民主主义的教育和社会主义的教育混为一谈。两者是有区别的。前者是反映新民主主义的政治和经济的，后者是反映社会主义的政治和经济的。新民主主义教育，虽然还不是社会主义的，但仍应当努力在工人阶级中宣传社会主义和共产主义，并适当地、有步骤地用社会主义教育农民及其他群众。处理好上述关系，才能保证新民主主义教育在共产主义的思想指导下健康地向前发展，并在进入社会主义时期，顺利地发展为社会主义的教育。

③正确处理教育和政治、经济的关系。1941 年毛泽东在《新民主主义论》中，指出了文化（包括教育在内）和政治与经济的辩证关系。“一定的文化（当作观念形态的文化）是一定社会的政治和经济的反映，又给予伟大影响和作用于一定社会的政治和经济；而经济是基础，政治则是经济的集中的表现。”新民主主义的历史实践，证明了这个基本观点的正确性。毛泽东为党制定的各个阶段的教育方针任务，也都是为当时的革命战争和阶级斗争服务的。如培养了大批的革命干部为革命战争、阶级斗争和根据地的建设工作服务；提高广大群众的政治和文化水平，引导他们自觉地、积极地参加革命战争和阶级斗争，自觉地、积极地从事生产建设，支援革命战争等。早在 1933 年毛泽东在《必须注意经济工作》一文中就指出：“用文化教育工作提高群众的政治和文化的水平，这对于发展国民经济同样有极大的重要性。”1942 年他在陕甘宁边区高级干部会议上提出了“发展经济，保障供给”的方针。在这个方针的指引下，根据地广泛地开展了大生产运动，自力更生，克服了困难。历史事实证明了新民主主义的文化教育工作，为新民主主义的经济发展服务做出了贡献。

④教育改革。在中国共产党的领导下，革命根据地建立了新民主主义的政治和经济，随着相应地进行了文化教育的伟大变革，废除了奴化的、封建主义的和法西斯主义的文化教育，创立了具有中国特色的民族的、科学的、大众的新民主主义的新教育。这是中国教育的根本变革。随着这种变革，制定新的教育方针和教育制度，改革了教育内容和教育方法，创立成为新民主主义的教育体系，即在职干部教育、干部学校教育、中等教育、小学教育、农民业余教育及军队教育。

⑤注重思想政治教育，又不忽视文化教育。在当时历史条件下由于革命斗争迫切需要干部特别是高级干部掌握革命理论、政策和策略，用以指导革命运动；同时，根据地的干部学校，特别是抗日战争时期的干

部学校，招收的学员大都是从旧社会来的带有旧思想的知识分子，要把他们培养成为革命干部，必须以政治教育为中心，转变他们的思想。所以党对在职干部理论和政治教育十分重视，并注意克服非马克思主义的思想。而对文化低的干部，则首先学习文化，然后再学习理论。对中小学也很重视思想政治教育，提高学生的政治觉悟，但是以提高学生的文化科学知识水平为主。同时，又适当地寓思想政治教育于文化课教学之中。对群众（主要是农民），由于绝大多数是文盲，所以强调进行扫盲识字教育，同时也对他们进行思想政治工作，提高他们的政治觉悟，发挥他们参加革命战争和阶级斗争以及根据地生产建设的积极性与自觉性。根据地的思想政治工作最初发轫于红军。毛泽东在1929年写的古田会议决议中，提出了建立党的思想政治工作，纠正党内错误思想。随后红军的思想政治工作经验，就推广到根据地的干部教育和群众教育中去。重视思想政治工作，是我们党的优良传统。

⑥教育同生产劳动相结合。早在1934年毛泽东制定的苏维埃的教育方针中，就包括“教育与劳动联系起来”这条马克思主义的教育原则。到抗日战争时期，继承和发展了苏区这一优良传统。抗日根据地的学校实行“一面学习，一面生产”，师生既用脑劳动，又用手劳动。马克思主义认为，这“不仅是提高社会生产的一种方法，而且是造就全面发展的人的唯一方法”（《马克思恩格斯全集》第23卷，第529—537页）。在当时的历史条件下，根据地的实践也证明了这种一面学习、一面生产的方法，既增加了根据地的社会财富，具有经济意义，又使脑力劳动和体力劳动结合起来，具有深刻的教育意义。

⑦正确处理干部教育和国民教育的关系。在当时的历史条件下，在整个新民主主义教育体系中，干部教育（包括在职干部教育和干部学校教育）是放在第一位的，国民教育放在第二位。这是因为“一切工作包括国民教育工作在内，都要经过干部去做”。“政治路线决定之后，

干部就是决定的因素。”新民主主义革命时期，通过干部教育，培训了数以二百几十万计的革命干部。他们不仅成为新民主主义革命的骨干力量，而且后来又成为社会主义革命和建设的中流砥柱。历史证明了，当时把干部教育放在第一位的决定，是一个战略决策，具有深远的重大的意义和作用。

在当时的国民教育中，又是成人教育第一，儿童教育第二。这是因为当时农村中的成人，是革命战争与生产任务的首要担负者，他们提高一步，革命战争与生产即可提高一步，对他们的教育较之儿童教育，更有迫切性。

⑧正确处理普及与提高的关系。1944 年毛泽东在陕甘宁边区文教工作者会议上发表《文化工作中的统一战线》的演说中指出：“在教育工作方面，不但要有集中的正规的小学、中学，而且要有分散的不正规的村学、读报组和识字组。不但要有新式学校，而且要利用旧的村塾加以改造。”在这条方针的指引下，解放区小学、农民业余教育、扫盲运动，就如雨后春笋，蓬蓬勃勃地发展了起来。正规小学、中心小学，由于条件比较好，着重于提高，不正规的民办学校，由于条件较差，着重于普及。两者兼顾，可以在普及的基础上提高，在提高的指导下普及，既可打开普及的局面，又可不断提高教育质量。

⑨发挥公办与民办国民教育事业的两个积极性。根据地办国民教育，既发挥了政府办学的积极性，又发挥群众办学的积极性。说明根据地的教育事业，既是政府的事业，又是群众的事业。陕甘宁边区初期小学都是公办，发展不普遍。后来，依革命形势发展，小学除公办之外，又允许民办或民办公助。扫除文盲，是发动群众自己教育自己，以民教民。在教育事业中走群众路线，照群众的需要与自愿原则办学，使群众教育得到广泛发展。

⑩新民主主义教育是在纠正“左”和右的错误倾向中发展起来的。

土地革命时期，中央苏区由于执行王明路线的错误方针，曾经一度把新民主主义教育和共产主义教育混为一谈，硬搬苏联学校教育模式，使教育工作发生了偏差。抗日战争时期，延安的干部教育又犯过教条主义错误。另一方面，陕甘宁边区的教育曾一度发生过旧型正规化的倾向，照搬国民党地区中学的规章制度，强调小学正规化。后经整风运动克服了教条主义，树立理论联系实际的实事求是的学风，纠正了旧型正规化的右倾错误，使解放区教育沿着正确轨道蓬勃地发展。

（选自《中国大百科全书·教育》，中国大百科全书出版社 1985 年版，第 426—429 页）

《中国革命根据地教育史》导论

1919 年的五四运动是一次彻底的反帝反封建运动和新文化运动，从革命性质、革命领导权到革命动力，从政治经济到文化教育都发生了深刻的变化，极大地推动了中国历史沿着民族解放与社会解放的道路前进。

一

19 世纪中叶以后，中国的教育，一方面仍以“尊孔读经”为主，另一方面也抄袭了一些资本主义国家的教育制度、教育内容与教育方法，当时教育改革的主要方面是废科举、兴学校，发展实科教育、增加自然科学等。同时，随着帝国主义的文化入侵，帝国主义在中国也办了许多学校，特别是教会学校。洋务派的“中学为体、西学为用”是在封建教育的基础上，加添些西方的科学技术，企图达到富国强兵的目的，这实际上是不可能实现的。维新派曾经对这种改革教育的主张提出了批评，认为体用一致，不废除中国的封建教育，就不可能学到西方先进的科学技术。在五四运动以前，学校与科举之争、新学与旧学之争、西学与中学之争，都具有旧民主主义革命的性质。这时，由于世界已进入帝国主义时代和中国资产阶级的软弱，在文化教育战线上，经过几次斗争，都没有战胜帝国主义的奴化思想与中国封建复古思想，不少地方的学校仍然“读经尊孔”。

五四运动对文化教育战线影响之巨大与深入，超过历史上任何一次革命运动。这次运动之所以产生如此大的影响，是和运动所处的时代、马克思主义的传播、资产阶级与无产阶级力量的发展分不开的。

1914 年到 1918 年，帝国主义国家间爆发了第一次世界大战。在这期间，西方帝国主义国家忙于战争，暂时放松了对中国的侵略，中国的民族工业得到了进一步的发展。由于民族工业的发展，中国民族资产阶级的力量也发展起来了。在第一次世界大战前，从 1903 年到 1908 年，共注册工业公司 127 家，资本额 5 121. 98 万元，平均每年注册的工业公司为 21. 1 家；大战初期，从 1913 年到 1915 年，共注册工业公司 124 家，资本额 2 442. 4 万元，平均每年注册 41. 3 家；从 1916 年到 1918 年，共注册工业公司 374 家，资本额 7 463. 3 万元，平均每年达 124. 6 家。①

中国的无产阶级，由于帝国主义在中国直接经营企业，已有一定程度的发展，在帝国主义大战期间，伴随着民族工业的发展，无产阶级也发展起来了。据粗略估计，中国的产业工人在甲午战争前，大约有 10 万人左右。甲午战争后，随着帝国主义在中国投资设厂的增加以及中国本国资本主义工业的发展，中国产业工人总数也在不断增加。到 1913 年，中国产业工人总数约有 65 万人。到第一次世界大战期间，中国民族资本主义得到了进一步发展，工人阶级又得到了新的发展和壮大。到 1919 年，中国产业工人的人数已达 200 万人左右，中国工人阶级已成为社会上一支强大的阶级力量。除此以外，中国工业无产阶级还有天然的同盟军——贫农和手工业工人。五四运动时期，中国约有 1 000 多万

① 陈真著：《中国近代工业史资料》第 1 辑，北京：生活·读书·新知三联书店 1957 年版，第 14 页。

手工业工人，700 多万雇农，2 亿贫农。城乡无产者和半无产者合计约占当时全国人口半数以上。中国工人阶级开始由经济斗争转向反帝反封建的政治斗争。

1917 年，俄国发生了十月革命，在中国的工人阶级，特别是在先进的知识分子中，产生了巨大的影响。毛泽东曾对当时的情况做这样的概括："中国人找到马克思主义，是经过俄国人介绍的。在十月革命以前，中国人不但不知道列宁、斯大林，也不知道马克思、恩格斯。十月革命一声炮响，给我们送来了马克思列宁主义。十月革命帮助了全世界的也帮助了中国的先进分子，用无产阶级的宇宙观作为观察国家命运的工具，重新考虑自己的问题。走俄国人的路——这就是结论"。① 十月革命最大的功绩，就是给中国革命指出方向和道路。马克思主义给中国无产阶级提供了理论武器，而无产阶级为马克思主义理论提供了物质的力量。由于这些情况的变化，五四运动以后，中国的革命虽然还是资产阶级民主革命性质，但已经由旧民主主义发展为新民主主义。革命的动力发生了很大的变化，革命的领导者已由资产阶级改变为无产阶级。

五四运动时期，由于资产阶级力量较之过去有了发展，同时，无产阶级也登上了政治舞台，在马克思主义的影响下，在文化教育战线上，向帝国主义和封建主义开展了坚决的斗争。

五四新文化运动是资产阶级民主主义文化革命的性质。领导这次新文化运动的是资产阶级、小资产阶级知识分子和共产主义知识分子。资产阶级知识分子是运动中的右翼，而共产主义知识分子是运动中的左翼。胡适是资产阶级知识分子代表人物，他对反对文言文，提倡白话文是有贡献的。但是，随着运动的深入，触及旧的社会制度时，就表现了他的局限性和阶级性。1919 年 7 月，他发表的《多研究些问题，少谈

①《毛泽东选集》第 4 卷，北京：人民出版社 1969 年版，第 1475—1476 页。

些主义》一文中，攻击主张用马克思主义解决中国问题是空谈、是有害的、是梦话。胡适还是“全盘西化”论的倡始者和鼓吹者。他认为：第一是“自己要认错”，“必须承认我们万不如人”。第二是“死心塌地去学人家，不要怕模仿”，“不要怕丧失我们民族文化”①。胡适这种全盘西化的论调，就连资产阶级教育家蔡元培也提出了异议。他认为“所得于外国之思想、言论、学术吸收而消化之，尽为‘我’之一部分，而不为其所同化”②。

在胡适攻击马克思主义的文章发表以后，立即遭到共产主义者的反驳。1919 年 8 月在《每周评论》上，李大钊发表了《再论问题与主义》一文，针锋相对地指出，空谈不是主义本身所有的，而是空谈的人加给它的。经济问题，只有经过阶级斗争才能解决。必须宣传马克思主义，组织工人进行阶级斗争。他就是这样以马克思主义作为武器，批判了胡适的资产阶级改良主义的思想。这是一场马克思主义与改良主义的理论斗争。

五四新文化运动，推动和促进了教育方面的改革。首先，中小学各科教材和大学讲义中，逐渐采用白话文。北洋军阀教育部，迫于新文化运动的压力，先后于 1920 年、1922 年训令废除用文言文编写国文、修身、唱歌等科教材，改用语体文编写教材。其次，是促进了妇女解放运动，争取男女受教育平等，要求“大学开女禁”。1920 年北京大学开招收女生之先河，接着南京高等师范学校等校，陆续招收女生。从 1920 年起，中学也开始招收女生，实行男女同校同班。最后，提倡民主，正是在这一进步口号推动下，学校孕育了民主化的萌芽，有些学校实行学生自治，成立学生会或学生自治会。有些学生会后来成为中国共产党组织学生运动的一个基地。

---

①《胡适论学近著》第 1 集，上海：商务印书馆 1935 年版，第 632 页。

②《蔡元培全集》第 3 卷，北京：中华书局 1984 年版，第 28 页。

五四运动以来，在新文化运动的推动下，出现了各种不同的教育思潮与教育思想，其中平民教育运动是“五四”前后极为广泛的教育运动。这种平民教育运动可分为两大派，一派是共产主义知识分子主张的平民教育运动；一派是小资产阶级、资产阶级知识分子主张的平民教育运动。这两派虽然同是开展平民教育，但是对如何进行平民教育以及如何看待平民教育的地位和作用，则是有原则上的不同的。

早期共产主义知识分子是把平民教育作为工人运动的一部分，通过平民学校宣传马克思主义，提高劳动群众的阶级觉悟与文化水平，树立推翻旧世界，创造新世界的革命思想。当然，在早期共产主义知识分子中，在如何对待平民教育问题上也不是完全相同的。特别是留法勤工俭学的共产主义知识分子中，有的人的思想就停留在为平民教育而平民教育的阶段，而大多数人继续前进，正确地处理了平民教育与革命，平民教育与政治的关系。毛泽东在致蔡和森的信中说：“共产党人非取政权，且不能安息于其宇下，更安能握得其教育权？”①

在小资产阶级、资产阶级知识分子中，在“教育救国”的目标下，形成了不少的教育流派。诸如：平民教育、职业教育、生活教育、乡村教育等。这些教育流派，从理论来源和实践活动来讲，既有联系，又有区别。他们想通过教育来挽救中国的危亡和贫弱是有进步意义的；但是，它们采取的方法是不可取的，是达不到目的的。就是说，他们是在不推翻反动统治的前提下，企图通过教育途径来救国。历史已经证明此路是不通的。

在五四运动以后，随着阶级和政治力量的变化，这种新文化教育运动处在进一步分化的过程中，有的为大资产阶级服务，逐步走向反动；有的长期从事艰苦的群众教育工作，并逐步接近革命；而中国共产党领

---

①《毛泽东书信选集》，北京：人民出版社 1983 年版，第 5 页。

导的新文化教育运动，随着革命的深入，农村革命根据地的创建，进一步和广大劳动群众相结合，推动农村革命根据地的前进，并成为中国新文化教育运动发展的正确方向。鲁迅沿着这个方向前进，正如毛泽东所说："鲁迅的方向，就是中华民族新文化的方向。"①

二

经济政治决定教育，教育为经济政治服务。在五四运动时期，当民族资本主义发展的同时，官僚资产阶级也得到了发展。到 1913 年第一次世界大战前，本国资本为 30 386. 2 万元，其中官僚资本为 14 887. 5 万元；到 1920 年，本国资本增长为 70 079. 2 万元，官僚资本增长为 27 091. 8 万元。②

五四运动的对立面是封建军阀和外国帝国主义的在华势力。先是北洋军阀，袁世凯想复辟帝制，军阀混战，到 1927 年国民党的领导人蒋介石和汪精卫先后叛变了革命。这些反动统治者，一方面与外国帝国主义相勾结；一方面以中国的官僚资本为依据，特别是 1927 年以后的蒋介石国民党，极大地发展了中国的官僚资本，有所谓蒋、宋、孔、陈四大家族，当时在很大的程度上，控制着中国的经济命脉。这些反动统治者，为了维护自己阶级的利益、巩固自己的统治地位，不是推动教育革新，而是和旧的封建思想相结合。

大家知道，中国资产阶级领导的辛亥革命推翻了君主专制政体，废除了"忠君、尊孔、尚公、尚武、尚实"的清朝封建教育方针。1912 年 7 月，在蔡元培主持下召开的临时教育会议，制定了教育宗旨，即"注重道德教育，以实利教育、军国民教育辅之，更以美感教育完成其

①《毛泽东选集》第 2 卷，北京：人民出版社 1969 年版，第 658 页。

② 参见吴承明著：《中国资本主义与国内市场》，北京：中国社会科学出版社 1985 年版，第 124、126 页。

道德”，这是蔡元培任教育总长时所公布的代表资产阶级要求的、进步的教育方针。

第一次国共合作时期，在 1926 年 1 月，国民党召开的第二次全国代表大会，对工人、农民、青年、妇女运动各项决议中，关于教育方面，提出了不少进步的措施，例如，“厉行农村之义务教育及补习教育”“兴办各种农民补习学校”“厉行工人教育补助工人文化机关之设置”“在教育方面应使其革命化，并注意于平民学校的扩充”“注意农工妇教育”等。到 1927 年国民党叛变革命以后，这些进步的措施变成一纸空文。1928 年 2 月在国民党第二届中央执行委员会第四次全体会议宣言中，提出青年男女应该安于学习，“女子教育，尤须确认培养博大慈祥之健全之母性”，而不要参加政治斗争和社会斗争，1931 年 9 月，国民党第三届中央执行委员会第 157 次常务会议通过了“三民主义教育实施原则”，明白规定中国的教育是一个党、一个主义的教育，对于青年和儿童培养的目标主要是养成“忠孝仁爱信义和平”的封建德性。

随着国民党政府这些教育宗旨与实施方针的颁布，就极力执行“党化教育”。其基本内容是反共反人民，并在学生中贩卖“一个党、一个主义、一个领袖”的法西斯思想。自从国民党南京政府成立后，各省政府都纷纷颁布《党化教育大纲》，规定以三民主义去感化“具有革命性而误入歧途之青年”。所谓“误入歧途”的青年，就是信仰马克思主义、拥护共产党的革命政策，为民族解放事业勇敢奋斗、不怕牺牲的青年。在《党化教育大纲》中，规定国民党纪律就是学校的纪律，只有党的自由，没有党员的自由；只有学校的自由，没有学生的自由。

在学校管理上，采取控制的办法。蒋介石为了镇压人民的反抗，于 1929 年成立法西斯特务组织“中央俱乐部”（CC），1932 年成立“复兴社”，1938 年成立“三民主义青年团”，收买一批党棍、政客、流氓混入学校，和学校中的国民党区分部共同监视进步师生的活动，用逮捕、暗杀等各种手段迫害进步学生。

1931 年九一八事变后，日本帝国主义步步向中国进攻，全国人民抗日情绪日益高涨。国民党蒋介石曾经号召学生和教师努力读书，教育救国，并且允许进步或比较进步的教育社团在国民党统治区活动，极力想利用这些教育社团如晏阳初的平民教育促进会为其服务。这时，国民党蒋介石提出的“教育救国”和资产阶级教育家倡导的“教育救国”是不同的。资产阶级教育家倡导的“教育救国”是想通过教育来挽救中国的危亡，振兴民族的文化，而国民党蒋介石的“教育救国”是想从教育救国发展到读书救国，从读书救国发展到读经救国，借以消磨人民的革命精神，特别是青年学生的革命精神。

此外，1931 年九一八事变后，日本帝国主义占领了中国的东北。1937 年七七事变后，中国的半壁河山沦入敌手。敌人在其统治的地区，进行奴化教育，提出“大东亚共荣圈”“共存共荣”等反动口号，企图消灭中国人民的反抗意识和民族意识。

三

五四运动时期，小资产阶级、资产阶级教育家积极地参与了新文化运动，反对旧的封建教育，从事改良的教育活动，形成改良主义的教育思潮。这些教育家接受的是西方资产阶级的教育理论和观点，特别是以美国杜威为代表的实用主义教育思想。五四运动前夕，杜威受中华教育改进社的邀请，到中国讲学，在中国住了两年零两个月，传播实用主义的社会改良论与教育观。在一些留美学生的极力推崇下，实用主义教育思想的传播在五四运动时期就达到了高潮。中国现代一些小资产阶级、资产阶级的教育流派，如平民教育、职业教育、生活教育以及乡村教育等大都是根据实用主义教育思想发展起来的。

现在就平民教育、职业教育、生活教育以及乡村建设教育等教育流派，作如下的介绍。

平民教育

1919年10月和12月，北京高等师范学校和南京高等师范学校分别发刊《平民教育》周刊和《少年社会》，宣扬平民教育。前者宣称："不先有平民教育，哪能行平民政治"；后者认为：教育应树立"德谟克拉西"的人生观，好实现德漠克拉西的"政治"。

在第一次帝国主义世界大战时期，中国军阀政府参加了帝国主义战争，并派了15万名华工到法国去做修筑战事工程工作。当时联军在华工中设有青年会组织，晏阳初担任该会干事，对华工进行识字教育。1921年，他回到中国，倡导以平民教育救国的主张。1923年6月，朱其慧、陶行知等发起组织南京平民教育促进会。同年8月，在清华大学召开第一次"中华平民教育促进会"，以朱其慧为董事长，晏阳初为总干事。接着各地也多成立平民教育促进会，促进各省平民教育的发展，连军阀官僚也予以赞助。从此全国20多个省（区）多办起平民学校、平民读书处和平民问字处，编写了《平民千字课》为平民学校教材。后来把注意力转向农村，遂于1926年秋以河北省定县为实验区。1933年国民党政府颁布了《各省设县政建设实验区办法》，定县的平民教育实验区成为国民党政府的"河北县政建设研究院"了。1936年日本帝国主义加紧侵略华北，定县实验区遂告结束。在抗日战争期间，晏阳初曾在湖南、贵州、四川等地继续进行平民教育工作。以后，在四川重庆北碚歇马场开办了"中国乡村建设育才学院"。

平民教育者认为中国社会有四大病，即愚、穷、弱、私。因而平民教育的方法是：用文艺教育救愚、用生计教育救穷、用卫生教育救弱、用公民教育救私，使受教育者有知识力、生产力、强健力和团结力，成为创造新中国的"新民"。他们总的口号是"除文盲、做新民"。平民教育者看到在中国贫穷人民中存在着落后现象；但是，他们对于这些社会问题并没有通过表面现象来认识它的本质，本质是帝国主义和封建主义的压榨。因此，也就不能从根本上提出解决贫穷人民中愚、穷、弱、私的办法。这些贫穷人民不首先从帝国主义和封建主义的压迫下获得解放，就不可能医治愚、穷、弱、私的问题。从实验区的工作来看，也证明了这一点。他们曾经预计三年在定县扫除八万文盲。结果并未实现。后来又说，能扫除文盲多少就扫除文盲多少。对于改良农业、卫生方面的工作，不少办法是脱离当时农村实际的，不可能真正受到农民的欢迎，收到他们预想的效果。

职业教育

中华职业教育社是中国最早研究和推行职业教育的民间教育团体，1917 年 5 月在上海成立，主要负责人为黄炎培。该社的宗旨是："同人鉴于吾国最重要最困难问题，莫过于生计；根本解决，唯有从教育入手，进而谋职业之改善。同人认此为救国救社会唯一方法，矢愿相与始终之。"① 他们是想通过教育来解决人民的"生计"，而不是首先从解决人民的"生计"中来解决人民的教育。在该社的章程中提出职业教育的目的是："为个人谋生之准备、为个人服务社会之准备，为国家及世界增进生产力之准备。"② 从根本上来说，他们把社会问题归结为职业问题，职业问题又归结为教育问题，只要有了教育，一切社会问题便可以解决。这是不可能从根本上解决中国社会问题的。

马克思主义认为，资本主义的发展需要一定数量和质量的熟练的技术工人，必须提高工人的文化程度和科学技术水平。当时上海资本主义发展比较快，中华职业教育社成立于上海，就是为了满足资本主义发展

---

①《中国大百科全书·教育》，北京：中国大百科全书出版社 1985 年版，第 560 页。

②《中国大百科全书·教育》，北京：中国大百科全书出版社 1985 年版，第 560 页。

的需要，同时也在一定范围和一定程度上解决了劳动人民及其子女的就业问题。1919 年，中华职业教育社发出《各实业家征求对于雇用学校毕业生必要之条件》的调查表，询问资本家在性情、知识、才能、体力方面需要什么样的学徒。资本家在回信中表示他们最需要具备服从、诚实、耐劳、安分、尽心、惜物等性情的学徒。由于民族资本主义受到帝国主义和封建主义的压迫，它的发展受到了限制，广大劳动人民没有就业的机会，就是受过职业教育的，多数人仍然没有就业的机会。根据中华职业教育社的社章所规定的业务，可以分为三类：第一类是调查、研究、劝导、指示、讲演、出版、通讯、问答等；第二类是设立职业学校；第三类是职业指导。

关于职业学校，1918 年开设了上海中华职业学校。这个学校根据社会职业调查的结果，设有铁工科、木工科，后设珐琅工科、纽扣工科、商科、职业师范科等，1925 年增添了小工艺科和文书讲习科。这个学校设有机械工厂、木工场、珐琅工厂。还设有中央木工教室、理化实验室、打字实习室和职工教育馆等学校，重生产实习，每周在工厂实习时数占每回课程总时数的一半。工厂设备比较好，比当时一般实业学校都好。

关于 1926 年设立的上海职业指导所，包括职业谈话、职业询问、职业调查、职业讲演、职业指导、升学指导、职业介绍等。根据 1927 年的统计报告，到该社登记的人数是 316 人，受职业指导的 20 人，介绍成工作的仅 24 人。

关于该社办的职业补习教育是给一般小学毕业而不能升学的或已经就业的青年以生产技能的训练。

中华职业教育社从 1917 年成立起，随着中国政治情况的发展，不断处于变化过程中。1926 年以后，改变了以往只办教育的态度，认为“以后应加入政治运动”。教育的重点转向补习学校，教育的范围扩大到农村，九一八事变以后，曾经办过《生活》和《国讯》刊物，积极宣传抗日救国。抗日战争爆发后中华职业教育社迁往重庆。该社受到了中国共产党抗日政策的影响，接受了共产党的抗日民族统一战线的主张。1941 年，黄炎培参加发起组织民主政团同盟。1945 年 7 月，他与褚辅成应邀访问延安，作《延安归来》一书。1945 年 12 月，他发起组织民主建国会，被选为主任委员，在中国共产党领导下积极参加民主爱国运动。

中华职业教育社在旧中国 32 年间，研究职业教育理论，建立起职业训练、职业补习、职业指导、职业介绍的职业教育体系，在长期的教育实践中，为民族资本主义的发展培养了一批管理人才和技术人才。

生活教育

生活教育的积极倡导者为陶行知。在 1923 年到 1925 年，陶行知与晏阳初从事平民教育运动。后来，陶行知认为平民教育运动“碰了壁”，就改变了方向，倡导生活教育运动。

陶行知倡导的生活教育分为六个时期：

1926 年到 1930 年，提倡和推行乡村教育运动。创办了南京晓庄乡村师范学校和五六所小学校。宗旨就是陶行知 1926 年 12 月写的《中华教育改进社全国乡村教育宣言书》所说的那样：“我们的使命，是要征集一百万个同志，创设一百万所学校，改造一百万个乡村。”① 1930 年 4 月，因晓庄学校暴露出了有中共地下党组织，被国民党政府下令封闭，陶行知被通缉。

1932 年至 1935 年，提倡和推行普及教育运动，在上海郊区创办山海工学团。提出工学团是：“工以养生”“学以明生”“团以保生”“工学团是中华民族救生圈”。② 陶行知所推行的乡村教育运动和普及教育

① 中央教育科学研究所教育理论研究室《陶行知年谱稿》编写组：《陶行知年谱稿》，北京：教育科学出版社 1982 年版，第 22 页。

②《陶行知年谱稿》，第 52 页。

运动，其实质都是“教育救国”论。

1936年初到1937年抗日战争爆发，提倡和推行国难教育运动。这时，一方面，国民党政府实行不抵抗主义，招致民族危机日益严重；另一方面，在马克思主义思想的影响下，在中国共产党的抗日民族统一战线的号召下，陶行知的思想逐渐革命化。1936年初，在中国共产党上海地下组织的推动和帮助下，陶行知发起成立国难教育社。他表示当前国难当头，积极推动国难教育运动。他在《发起组织国难教育社缘起》和《国难教育社成立宣言》中说：“整个中华民族已经到了最后的生死关头”，“我们除了反抗敌人的侵略，没有法子可以获得民族解放，我们除了流血，不会获得民族自由”。①

1937年7月7日卢沟桥事变以后，提倡和推行战时教育运动。抗日战争一开始，陶行知领导的生活教育社出版《战时教育》杂志等刊物，将“国难教育运动”改名为“战时教育运动”。这不仅是名字的改换，而是更富有积极抗战的意义。为了适应抗战的需要，停办山海工学团，成立战地服务团，为抗战服务。②

1938年到1945年，提倡和推行全面教育运动。在抗日战争时期，国民党政府实行消极片面抗战，中国共产党号召并实行全面抗战。陶行知为配合“全面抗战”，提出“全面教育”主张，并把“战时教育运动”改为“全面教育运动”。③ 他指出：“我们要有全面的教育来配合以促成全面抗日战争。”

1945年秋到1946年7月，陶行知为了适应民主革命斗争的需要，提倡和推行民主教育运动。④ 1946年夏，他又提倡大学运动。⑤

---

①《陶行知年谱稿》，第67页。

②《陶行知年谱稿》，第76页。

③《陶行知年谱稿》，第77页。

④《陶行知年谱稿》，第127—128页。

⑤《陶行知年谱稿》，第130页。

从“一二·九”运动起到1946年7月他逝世时，陶行知把生活教育运动和民族民主革命斗争结合在一起了。生活教育运动由“教育救国”论，随着时代的前进转变成了社会革命论。

在这期间，陶行知本人还积极投身抗日救国运动，是中国民主同盟的领导人之一。抗日战争胜利之后，他积极响应中国共产党的号召，以坚贞不屈的民主战士的姿态，赴汤蹈火的革命精神，献身反内战，反独裁，争取和平与民主的运动。为此遭到国民党当局的仇视，把他列为预谋暗杀的黑名单第三名。但他毫无畏惧，坚持战斗，直到1946年7月25日终因刺激过深，劳累过度，猝然病逝。周恩来称赞他十年来“一直跟着毛泽东同志为代表的正确路线走，是一个无保留追随党的党外布尔什维克”①。毛泽东亲笔为他写悼词：“痛悼伟大的人民教育家。”

乡村建设教育

除了上述几种教育流派之外，还有梁漱溟一派的“乡村建设”运动。据宋史《吕大防传》记载：“关中言礼学者推吕氏。尝为乡约曰：‘凡同约者，德业相劝，过失相规，礼俗相交，患难相恤’……”这就是宋代推行过的“吕氏乡约”。梁漱溟就是以这个维护封建制度的“吕氏乡约”为基础制定出了他的“乡村建设”方案，主张改造社会要从这种“乡治”着手，宣称中国问题不是对谁革命，而是走“乡村建设”的道路。认为这是“拯救中国、恢复伦理本位社会”的出路。他认为“教育即乡村建设”，因而举办乡农学校、乡学、村学。这种学校由“乡村领袖”（地主绅士）、“学众”（农民）和“有志乡村运动”的知识分子（教员）组成。他这套办法，就是要实行“政教合一”。从教育着手，使政治伦理化，经济合作化，力求乡村“团结自救”。他在山东菏泽地区做乡村建设实验，进行了广泛的集政治、经济、文化、教育为

① 《周恩来选集》（上），北京：人民出版社1980年版，第238页。

一体的乡村学校的实验。既对农民进行伦理、宗法思想教育和武装训练，又行使乡村的行政权力。他提出开办“乡治讲习所”，得到了国民党中央政治会议的批准。1930 年 1 月，他在河南辉县百泉办了一所河南村治学院，自任院长。1930 年 6 月，他主编《村治》刊物出版，宣传他的政治理论。1931 年，他在国民党政府的支持下，在山东邹平县办“山东乡村建设研究院”，并以邹平和菏泽两县为乡村建设实验县，办理乡农学校、乡学、村学，研究乡村建设的理论和实践方案，设立研究部和训练部，培养乡村建设干部。自任研究部主任、院长。

从梁漱溟的“乡村建设”的理论和具体实施办法看来，他说：“所谓乡治者，是我认为我们民族前途的唯一出路。”他所提倡的“乡治”即“乡村建设”，办乡村教育，是以“乡村领袖”即地主绅士统治乡村，对农民进行封建伦理、宗法思想教育。历史证明这种教育是不可能解决当时中国的社会问题的。就在他们推行乡村建设的时候，中国的土地革命战争在江西、福建、湖南、安徽、湖北等地蓬勃开展，已经建立起了农村根据地，推翻了那里的反动统治和封建制度，创立起新民主主义制度。中国的出路何在？已经有了明确的答案，即进行无产阶级领导的新民主主义革命。抗日战争的烽火燃烧到了山东，梁漱溟在那里的乡村建设实验也就结束了。此后梁漱溟以“第三方面”（乡村建设派）的身份，奔走于国民党和共产党之间。他曾经参加发起“中国民主政团同盟”，后来退出了。1949 年中华人民共和国成立，梁漱溟应邀到北京参加全国政治协商会议，得到了归宿地。①

四

五四运动以后，马列主义传到了中国，解决了中国革命的道路问

① 参见《中国大百科全书·教育》，北京：中国大百科全书出版社 1985 年版，第 223—224 页。

题。随着革命道路的解决，首先在共产主义知识分子中，认为中国教育的革新也必须以马列主义为指针。在五四新文化运动以前，先进的资产阶级知识分子曾经兴办了五十多年的新教育和新学校，先是向日本学习办学的经验，后是向西方资本主义国家学习办学的经验，收效并不大，特别是在广大劳动群众中，文化依然落后，教育依然不普及。教育以马列主义为指针，就是教育必须以工农群众为主要对象，教育必须和革命斗争相结合，教育必须和劳动相结合。

为了推进革命事业的发展，把马克思主义的普遍真理同中国革命的具体实践结合起来，中国共产党及其领导人，十分重视教育工作，重视劳动群众中的教育工作。并且，这种教育工作，随着革命形势的发展和革命力量的壮大，教育规模、教育对象以及教育组织形式、教育内容与教育方法都处在变革的过程中。

1919 年 2 月，在北京出版的《晨报》上，李大钊就提出劳动教育问题，主张在教育上人人机会均等，劳动者必须有受教育的机会。同年，在《新生活》这个“五四”时期著名的通俗刊物上，他以“工读”为题，提出了“使工不误读，读不误工，工读打成一片”的意见，并利用中国“耕读传家”的古训，改为“耕读作人”。在当时条件下，工人的学习，如果不同劳动结合起来，是不可能进行的。不仅如此，李大钊还运用唯物史观，分析社会问题，提出社会上政治、法制、伦理、哲学和教育都是随着经济的构造变化而变化的。

1918 年 4 月，毛泽东、蔡和森在湖南成立了“新民学会”，经常集会讨论国家大事和世界局势，研究马克思主义如何同中国革命结合问题，曾经派了不少湖南革命青年到法国留学，探讨革命理论。

为了在工人群众中宣传马克思主义，灌输革命思想，北京大学平民教育讲演团，利用假期进行街头讲演并到北京近郊的卢沟桥、丰台、长辛店等地对工人和农民讲演。这种活动一直继续到 1923 年。

以邓中夏为首的共产主义知识分子于1921年1月，在长辛店创办了劳动补习学校，教员除邓中夏外，还有张昆弟、何孟雄、朱务善等，李大钊曾到学校视察。学校白天教工人孩子，晚上教工人。教学内容注重贯彻阶级教育。这所学校在中国现代工人教育史上占着重要地位。在这期间，上海和广州的共产主义小组都办起工人学校，不同程度地提高了工人阶级的觉悟。

在中国革命斗争史上，马克思主义的教育，大体上是这样发展起来的：在共产主义知识分子领导下，工人运动的发展，革命力量的壮大，为革命教育提供了需要与可能，并为开展革命教育创造了条件；而革命教育的开展，马克思主义为劳动人民所接受，又进一步推动了中国革命运动的发展壮大。

1921年7月，中国共产党成立后，进一步推动了教育的发展。在历次党的代表大会上，针对当时的情况，都提出教育的问题。1922年7月，中国共产党第二次代表大会提出“改善工人待遇”“保护女工和童工”“废除一切束缚女子的法律，女子在政治上、经济上、社会上、教育上一律享受平等的权利”“改良教育制度，实行普及教育”。1922年5月，中国社会主义青年团第一次全国代表大会《关于教育运动的决议案》中，提出要开展“青年工人和农民特殊教育运动”，提出“工人愈无知，资本家便愈容易加以掠夺和压迫，我们务必将这可怕的情形，唤起青年工人为争取教育权而奋斗，并努力从事识字教育和阶级斗争的教育运动，普遍地启发一般青年工人的阶级觉悟与斗争能力”。“至于农村对青年农民尤应努力作特殊的教育运动”。总之，党对在工人、农民中开展广泛的教育十分重视，并取得了成效。

在革命教育中，随着工人群众中涌现出大批的先进分子，不少人被提拔为干部，领导工人运动。这就自然地出现了群众教育与干部教育问题。

在干部教育方面，一方面是一面工作、一面学习，不少人是白天工作，夜间学习，由于这些人有高度的革命性与主动性，学习的效果一般是很好的；一方面是成立干部学校，现就几所当时影响较大的干部学校，简介如下：

湖南自修大学。毛泽东、何叔衡、易礼容等利用湖南长沙船山学社的社址和经费，为中国共产党创办的一所最早的干部学校。1921 年 8 月创立，1922 年 12 月，李达应聘任校长。

学员入学不收学费，寄宿只收膳费，报考者以通讯方式答复《入学须知》中提出的问题，然后面试，方定去取。开始录取学员共计 24 名，毛泽东本人和校内工作人员，当初也是学员。在《组织大纲》中规定，“暂设文、法两科”，文科设有：中国文学、西洋文学、英文、论理学、心理学、伦理学、教育学、社会学、历史学、地理学、新闻学、哲学；法科设有：法律学、政治学、经济学。每人选其中一个科目。此外，还注意劳动教育，强调脑力劳动与体力劳动相结合。学校有自己独特的教育制度与学习方法，注重学员自学，反对教员单纯的灌注方式。湖南自修大学为党培养了很多优秀干部，如何叔衡、毛泽东、夏羲、夏明翰等。该校于 1923 年 11 月，以“所倡学说不正，有妨治安”罪名，被派驻军，强行关闭。接着，党在长沙开办了湘江学校，自修大学的许多学员转入这个学校。

上海大学。第一次国共合作时一所新型的革命大学。1922 年 10 月成立，校长于右任。1923 年，邓中夏、瞿秋白先后到校任领导职务。学校成立评议委员会（后称行政委员会）处理全校重大事务，委员中有共产党员、国民党左派、国民党右派等。学员开始有 160 人，后增至 300 人，最后达 800 人。学校设社会学系、中国文学系、美术系和英国文学系，另设中学部和俄文班。学校曾有许多无产阶级革命家和著名学者任教，如邓中夏、瞿秋白、蔡和森、恽代英、张太雷、沈雁冰、萧楚女、陈望道、杨贤江等。1927 年 4 月，国民党军队进驻学校。同年 5 月，学校被国民党政府封闭。

农民运动讲习所。第一次国内革命战争时期，中国共产党和孙中山领导的国民党合作，从 1924 年 7 月到 1926 年 9 月，党在广州举办了一至六届农民运动讲习所。一至五届培养广东、广西、湖南等八省农民运动干部；第六届学员是来自全国 26 个省（区）的农民运动干部。1927 年 3 月到 6 月，党在武昌举办了中央农民运动讲习所，为湘鄂赣等 17 个省培养了 800 多名农民运动干部。此外，这一时期，其他许多地方也办了农民运动讲习所或农民运动讲习班。

广东农民运动讲习所，第一届主任为彭湃，第二届主任为罗绮园，第三届主任为阮啸仙，第四届主任为谭植棠，第五届主任为彭湃，第六届主任为毛泽东。设在湖北武昌的中央农民运动讲习所的常务委员为邓演达、谭平山、毛泽东等。

广东农民运动讲习所的教育内容，注重理论、历史、现状的学习。具体内容分为四类：（1）基础理论课，如《帝国主义》《社会问题与社会主义》等；（2）专业课，如《中国农民问题》《海丰及东江农民运动状况》；（3）革命文艺课，如革命歌曲等；（4）军事课，包括理论教育、实地调查、军事操练三个方面。毛泽东讲授《中国农民问题》《农村教育》等；彭湃讲授《海丰及东江农民运动状况》等，周恩来讲授《军事运动与农民运动》，萧楚女讲授《帝国主义》等，李立三讲授《中国职工运动》等。

农民运动讲习所的学员毕业后，深入农村艰苦工作，英勇战斗，成为革命队伍的骨干力量，为革命事业做出了卓越的贡献。

平民女校。这个学校是 1921 年 12 月在上海由中国共产党人创办的一所培养妇女革命干部的学校。学员来源大部分是在新思潮影响下进步的青年妇女。教员有陈独秀、沈泽民、沈雁冰、邵力子、李达、陈望道等人。刘少奇曾亲自到校指导学员学习并作讲演。

劳动学院。这个学院是中华全国总工会和省港罢工委员会为广东、香港各工会开设的培养工人运动干部的学校。1926 年 5 月成立，院长为邓中夏，担任教授的有刘少奇、萧楚女等。

黄埔军官学校。1924 年国共合作后，为组织培养革命军人，在广东创办军官学校。1923 年底和 1924 年初，国民党内决定由廖仲恺、蒋介石等人筹办，并有共产党人参加领导。1924 年 5 月，学校正式成立。孙中山任学校总理，蒋介石任校长。仿苏联红军的建军原则，设党代表、政治部。周恩来 1925 年担任政治部主任。1927 年 4 月蒋介石叛变革命，学校改变性质，成为破坏国共合作、反对民主革命的工具。

这些培养干部的学校，有些是统一战线性质，是和国民党左派合作办起来的；有些是中国共产党办的。这些学校和旧的大学不同，学员首先是要革命的，入学主要不是凭一次的考试，而根据他们实际的文化和政治水平作为取舍的标准。课程的设置，根据革命的需要，既有马克思主义及其他革命理论，又有各门科学和实际应用的知识；既注重课堂的教学，又注重实际的操练；既注重书本知识，又注重中国社会的实际问题，特别是农村各阶级的关系。学校毕业的学员，绝大部分都走上了革命的道路；有的工作深入农村，发动农民群众；有的参加部队，举行武装起义。他们为中国革命做出了卓越的贡献，不少人献出了宝贵的生命！

这个时期的社会教育或群众教育，是和群众运动密切联系在一起的。工农群众运动的过程就是广大工农群众受教育的过程，许多劳动群众逐步摆脱旧的传统的观念，打碎统治阶级加给他们的正统的思想，逐渐树立进步思想，以至于革命思想。

这个时期，在工人运动中，除了北京长辛店等地铁路工人运动外，主要的是江西安源煤矿工人的罢工运动。安源煤矿是中国封建买办官僚勾结德日帝国主义经营的。工人生活十分困苦，工人中流行这样一个顺口溜：“来到安源三五年，萍矿做工苦难言，家中父母倚门望，回家没得路费钱。”1921 年刘少奇、李立三等中国共产党领导人来安源做发动工人的工作。首先启发工人阶级觉悟，领导工人斗争，曾经办工人夜校。1922 年 1 月，组织了“路矿工人补习学校”。这个学校不收学费，只根据个人的经济能力，出一点笔墨纸张费。上白班工人夜读，夜班工人日读。最初 60 多人，按程度分为两组。自编教材，用马克思主义教育工人，发展党的组织。通过阶级和阶级斗争的教育，启发了工人群众的阶级觉悟，激发了他们的革命精神，培养了骨干，仅四个多月，就把工人组织起来了。随着罢工斗争的胜利，补习学校扩大到 200 多人。到 1923 年 1 月，补习学校分为三个分校，学员就更多了。在办工人补习学校的同时，还办了国民学校，它是路矿工人的子弟学校。国民学校到 1923 年也扩大为三个学校，初小四年制，可收部分工人子女免费入学。

这个时期，中国共产党在重视工人教育的同时，特别重视开展农民运动，进行农民教育。在中国南方省份，特别是湖南和广东广泛而深入地开展农村工作，发动劳动农民起来革命。毛泽东和彭湃不仅创办和主持了农民运动讲习所，而且深入湖南、广东等省的农村，进行调查。毛泽东写了《湖南农民运动考察报告》，分析了农村阶级状况，总结了农运的经验，指出了农运的方向，有力地推动了农运工作的开展。在这期间，党通过开会做报告、办训练班等方式，教育了劳动农民，培养了大批的基层干部，为后来开展革命战争、开辟农村根据地创造了条件。

五

1927 年，国民党的领导人蒋介石、汪精卫先后叛变革命以后，大批屠杀革命人民和共产党员。为了坚持革命，反对国民党政府的屠杀政策，中国人民在中国共产党领导之下，举行了多次的武装起义。1927

年8月举行了世界闻名的南昌起义，9月，毛泽东在湖南领导了秋收起义等。中国共产党之所以能够及时举行武装起义，是和长期发动工人运动，特别是农民运动以及士兵工作分不开的；并且在这些运动中，通过各种方式培养了大批干部，领导与组织了这些武装起义的斗争。否则，这些武装起义便不可能取得胜利。

在《新民主主义论》中，毛泽东说："这时有两种反革命'围剿'：军事'围剿'和文化'围剿'。也有两种革命深入：农村革命深入和文化革命深入。"① 在文化革命中，革命的理论教育工作者，运用马克思主义的立场、观点与方法，在哲学、政治、经济、文化、教育诸领域中，向国民党反动派的反动思想和唯心主义做了坚决的斗争，并取得了胜利。而在教育领域中，杨贤江在本世纪20年代末期，发表的《教育史ABC》和《新教育大纲》及其他教育论文，系统地阐述了马克思主义的教育理论与教育思想，正确地解决了政治与经济、政治经济与文化教育的辩证关系，揭露了资本主义教育与旧中国教育的反动本质，批判了改良主义的教育思潮，指明只有推翻旧的统治，中国才能解放，教育才能普及。

随着武装起义的胜利，革命战争的开展，农村革命根据地的创立，在中国这块大地上就开始出现了两个世界、两种政权，即以国民党反动派为代表的封建的大资产阶级的政权，以中国共产党为代表的工农革命群众的政权。在革命根据地创建以后，革命的教育工作，就出现了新的面貌。正如马克思所说："一方面，为了建立正确的教育制度，需要改变社会条件；另一方面，为了改变社会条件，又需要相应的教育制度，因此，我们应该从现实情况出发。"② 五四运动和中国共产党成立以前的革命教育主要是发动和教育工农群众及革命的知识分子为夺取政权做

①《毛泽东选集》第2卷，北京：人民出版社1969年版，第662页。

②《马克思恩格斯全集》第16卷，北京：人民出版社1964年版，第654页。

准备，那么，革命根据地创立以后的革命教育，就主要是为建立、巩固和扩大革命部队，为扩大、巩固与建设革命根据地而斗争，并且要使革命与建设正确地结合起来。革命根据地的教育工作，经过 22 年的奋斗，形成了中国自己一套独特的教育体系，发展了革命的教育内容，创造了适合实际需要的教育原则。

（1）革命根据地的教育不是为少数人服务，而是为劳动大众服务，并从实际出发，根据革命战争的需要与可能，创立起一套新的教育体系。在和平时期，国民教育一般是从小学到中学到大学；而在革命根据地则是从斗争的实际出发，创造了新的教育体系，即干部学校教育、社会教育和普通教育。同时，创造了部队教育和在职干部教育。这种教育体系，到抗日战争时期达到了更加完备的地步。

（2）革命根据地的教育是在马列主义、毛泽东思想指导下，根据中国革命斗争实践和农村革命根据地的特点建立的。它逐步地形成了新民主主义的教育理论与教育实践。

（3）采取群众路线的领导方法，发动群众办学，特别是在抗日战争时期，这种方法也达到了比较完备的地步。教育工作特别是社会教育和小学教育工作，都不是单纯地由上而下的贯彻，而是由下而上的发动群众，调动群众的积极性；不仅调动学校内部师生员工的积极性，还要调动社会群众的积极性。没有社会群众的积极性，在那样艰苦的条件下，许多教育问题都是无法得到解决的。

（4）革命根据地的教育是民族的、科学的、人民大众的。无论是部队教育、干部教育还是社会教育、普通教育都充分地体现了这种教育方针。

在教育内容与教育方法上，则做到了“三统一”。即理论与实践统一，书本知识与实践活动统一，课堂教学与课外校外活动统一。

新民主主义教育的发展分为三个时期：第一个时期，从五四运动到大革命时期。这个时期，中国共产党还没有取得政权，革命的教育运动是和当时革命的政治运动相联系的。并为革命的政治运动服务。同时又是革命根据地教育的前奏。第二个时期是革命战争时期，从 1927 年 9 月到 1949 年 9 月。这个时期，又区分为三个阶段，即土地革命阶段、抗日战争阶段、全国解放战争阶段。这个时期，中国共产党已经创建了革命根据地，教育直接为创建和发展革命根据地服务。第三个时期是新中国成立后的头三年，从 1949 年 9 月到 1952 年国民经济恢复，教育为这时期的新民主主义的政治和新民主主义的经济服务。

中国革命根据地在共产党的领导下，在马列主义、毛泽东思想的指引下，经过长期的艰苦奋斗，终于建立起有中国特色的新民主主义的文化和教育，在中国教育史上写下了光辉的新篇章，它不仅有深刻的历史意义，而且还有重要的现实意义。

毛泽东曾经说过："我们的人民共和国是经过革命根据地逐步发展起来的，不是突然建立起来的。"① 新中国的教育也是如此。革命根据地的教育是新民主主义教育的主要组成部分，它为新中国的教育奠定了基础。

（原载于《中国革命根据地教育史》，教育科学出版社 1991 年版，第 1—26 页）

①《毛泽东著作选读》下册，北京：人民出版社 1986 年版，第 771 页。

第六辑

科学普及与教育

谈科学大众化

一

文盲、科盲、迷信、不卫生等，都是旧社会遗留给工农劳苦大众的祸害。今天，要开展群众识字教育，扫除文盲。这是当务之急。此外，还要开展科学大众化运动，扫除科盲，用科学知识武装他们，启发他们的智慧，提高他们的科学知识水平，以利发展生产，增进健康。

自然科学是人类认识自然和改造自然的武器。人类进行生产斗争，必须使用这个武器。它是文盲、科盲、迷信和不卫生的对立物。它好像照妖镜一样，能照出这些祸害的原形并且消除它们。它会告诉人们自然界中的许多猜不透的哑谜，教人认识自然界的矛盾的运动的规律；它还教人怎样去改造自然，做自然的主人，享受科学文明的幸福。

由此可知，开展科学大众化运动，就是请科学走出象牙之塔，走到劳苦大众和青少年中间去，和他们结下姻缘，为他们服务。

如果科学依旧摆出学究的架子，那末，大众一定会敬而远之。如果要想把科学知识普及到大众中去，那就一定要适合大众的需要和胃口。那就要使科学平易近人，能为大众所接受，能消化。这就需要科学大众化、通俗化了。

开展科学大众化运动，必须要有媒介。帮助科学大众化的媒介很多，如教员、挂图、自然博物馆、电影等等都是。这中间有一样必不可缺少的重要媒介，就是通俗科学读物。通俗科学读物要想受到大众读者的欢迎，那就非实行大众化、通俗化不可。要不然，就受到大众的厌弃。

二

有些通俗科学读物，有很多是不适合大众的需要和胃口的，在内容上，往往是空洞的理论、抽象的教条、死板的公式或枯燥无味的记载，一点也引不起读者的兴趣。甚至有的通俗科学书，只不过是科学专著压缩成小册子，编者并没有看清对象说话。在这种小册子里，是连篇累牍的专门名词和科学概念。像这样的压缩工作，也美其名曰大众化，岂不冤哉枉也！

在中国出版界编的通俗科学读物中，还有个毛病，那就是满纸的“洋八股”，编者是个文抄公，抄袭洋教条，没有和我国实际结合，当然不受大众欢迎。

另一方面，在通俗科学读物中，也有些优秀的成功的作品，如我国高士其、苏联伊林、法国法布尔等人的作品。他们和通俗科学读物的编书匠不同，是运用高超的文艺形式创作通俗科学作品的。他们的作品，不是空洞地高谈理论，抽象地讲述教条，而是形象化地描写事物，用具体的事例说明问题。他们能把奥妙复杂的事物浅显明白地讲解清楚，而且讲得极其生动活泼，饶有趣味。他们常用故事体裁，讲述科学知识，使读者读起来津津有味，不忍释手。

由此可知，写作通俗科学读物的成功与失败的原因之所在了。这也告诉了我们写通俗科学读物，应该走什么路子。

三

怎样使科学大众化、通俗化呢？这可以从三方面来讲：

首先，从讲什么问题讲起。这和我们的社会教育方针有密切联系。我们的社会教育方针之一，是提高大众的文化科学知识水平，是要使大众从迷信思想中解放出来，从陈腐的传统观念中解放出来，扫除人们头脑中的一切荒谬的东西。使人们认识科学真理，从而过科学的生活，用科学技术从事生产劳动。通俗科学读物是进行社会教育的重要的工具，也是对青少年儿童进行科学教育的重要工具。

老百姓不懂卫生，通俗科学读物就应当给他们讲卫生知识。老百姓迷信，信鬼信神，相信风雨雷电水旱等现象都是受神操纵的，通俗科学读物就应当对他们解释明白发生这些自然现象的原因，破除迷信观念。老百姓对自然界的事物，缺少应有的认识，对某些事物，也是只知其"当然"，不知其"所以然"，只知道是"什么"，不知道"为什么"。通俗科学读物，就要告诉他们自然现象的"所以然""为什么"，自然界的矛盾运动及其规律。还有老百姓对于生产墨守陈法，不求改进。通俗科学读物，就要讲改进生产的科学方法。

简单地说，天文、气象、地球、数学、物理、化学、生物、农业、工业、水利、生理卫生等科学技术及其新成就、新发明，都应当作为通俗科学读物的题材。

通俗科学读物，应当给读者各种基础科学知识和应用科学技术，使他们对于自然现象有所认识，知道自然是可以由人力改造的，并且使大众以这些科学知识做基础树立人定胜天的思想，用以认识自然、改造自然，同时改造自己。

再说写作通俗科学读物的指导思想问题。我们应当应用辩证唯物主义和历史唯物主义的观点和方法，来指导写作通俗科学读物。要用辩证唯物主义和历史唯物主义的观点和方法，来观察问题，分析问题，解释问题，解决问题。例如，讲治理江河，就要善于调查研究，分析江河的矛盾运动的规律，再根据这种分析找出解决这些矛盾的方法，然后应用这种方法去治理江河。伊林的《人和山》这本名著就是这样写的。又如，写科学发明史，就要用历史的观点，来叙述从古到今发明的过程及其结果。伊林的《黑白》《几点钟》和《不夜天》，就是这样写出书的发明史、钟的发明史和灯的发明史的故事。

现在，来谈谈写作技巧的问题吧。写作技巧的好坏，对通俗科学读物有极重要的关系。通俗科学读物受不受人欢迎，写作技巧有很重要的作用。

通俗科学读物，要想深受大众爱好，那就一定要用群众易懂的通俗语言，生动的群众语言，写得深入浅出，生动有趣，具有新鲜活泼的、为老百姓所喜闻乐见的中国气派和中国风格才成。最好是用通俗文学的笔调来写通俗科学读物，打破科学读物和文学读物之间的鸿沟。

通俗科学读物的任务，在于对自然界森罗万象的事物，通过它的现象揭露它的本质，即揭示出事物内在的矛盾运动和事物之间彼此的相互联系，使得读者认识自然规律。这是在“深入”上下功夫，讲清道理。但是，自然界的事物非常错综复杂，奥妙曲折。通俗科学书对这些事物，就要用浅显明白、通俗易懂的语言，解释得清清楚楚，才容易被读者所了解。这就是“浅出”的意思。

这就是说，通俗科学读物，讲自然现象要深入问题的本质，而行文要浅显明白，一看就懂。有些通俗科学读物，文字固然浅显，但内容却也肤浅、贫乏。另有些通俗科学读物，内容很深，文字却不通俗易懂。这两种毛病，都不适合大众的要求。大众所要求的科学读物，既要深入，又要浅出。深入是目的，浅出是手段。要善于把两者统一起来。

怎样做到“深入浅出”呢？

从消极方面讲，就得反对科学八股，反对洋八股，把科学知识变成空洞的理论、死板的公式、抽象的教条、枯燥的记载，而与我国实际情况脱节。

从积极方面讲，对自然界的事物，应当尽可能地善于用具体的实例，适当的比喻，动人的故事，浅近的说明来讲解科学知识——科学真理。从具体到抽象，即由形象思维到抽象思维。具体化、形象化，是科学通俗、大众化的一大特点或一大要求。

在这里要特别提出一点来说一说，就是故事体裁，是写通俗科学读物的一种受欢迎的表现形式。我国的高士其、苏联的伊林、法国的法布尔，都擅长用这种体裁创作通俗科学作品。用这种形式来阐明自然界的事物的规律和应用它来改造自然的事迹，甚至用拟人化手法写成科学故事，很受大众特别是儿童和少年的喜爱。在这里要注意一点，就是写科学故事，不能随意虚构，一定要以科学知识为根据。要不然，就会变成荒唐无稽的神仙鬼怪的故事。这就违背了科学教育的目的，走入邪路。

科学大众化，要求深入浅出，也就是要求生动有趣，引人入胜。生动活泼的趣味性，也是大众化的一个要求。但是我们要求的，不是牵强附会的胡诌，不是油腔滑调的打趣，一句话，不是低级趣味，而是富有意义而又含蓄的趣味。

这也就是说，不要在文章里生硬地插入一些低级趣味的东西，而应当善于精心构思，善于选择和配备资料，善于运用精彩的文章结构，善于运用新鲜生动的语言，善于运用动人的故事，巧妙的比喻，具体的实例等方式方法，来形成趣味。使趣味性和科学性结合起来，形成浑然一体。只有这样的趣味性，才能引人入胜。趣味性是大众化的手段，不是目的，是达到科学大众化的目的的手段。

科学大众化要求用大众看得懂的语言，这就要求学习大众的、生动的语言，学会用它来写作。除此之外，古代语言中有生命的东西和外国语言中的有益的东西，也都可以并且需要采用。不通畅的欧化句子，必须排除。文笔宜简明、浅显、朴素、流利、生动、活泼。段落不宜过长，一段一个意思。这点对儿童和少年很必要。这两点也是通俗文体的一个要求。此外，语言要符合语法，注意修辞，合乎逻辑，一句话，语言要规范化。

总起来说，科学大众化，要求学会用文艺形式，来写通俗科学读物，传播科学知识。这就要求作者要有丰富的科学知识，还要求有文学修养，那就不难把科学和文学结合起来，创作出科学文艺作品。科学大众化，宜采取多种形式，不拘一格。本文着重讲的是科学文艺。即使一般通俗科学读物，也要求有科学性，要求文字通俗易懂，通顺流畅，语言规范化。

最后，还谈一下，开展科学大众化运动，还要求出版界大力支持，使通俗科学读物广泛发行到广大工农群众中去，到广大青少年儿童中去。

（原载于《科普创作》1984 年第 6 期）

切实加强中小学的科学教育

中小学的科学教育，就我国目前的情况而言，是通过小学数学、自然和中学数学（包括代数、平面几何、三角、立体几何、解析几何）、物理、化学、生物学等科的教学而进行的。作为整体，它是中小学教育中一个很重要的组成部分，是实施全面发展的教育不可缺少的重要组成部分。切实加强中小学的科学教育，对培养全面发展的社会主义现代化建设的人才，迎接新的技术革命，促进四个现代化的进程，对提高整个中华民族的科学文化水平，对建设社会主义的精神文明，都有着深远的现实意义和历史意义。

一

中华人民共和国成立以后，对中小学的科学教育是一贯重视的。首先，在 1953 年第一次正式颁发的中小学教学计划中，中学数学、自然科学（包括物理、化学、生物）所占的百分比各为 18. 09%和 18. 05%，比 1950 年的临时教学计划分别增加了 1. 98%和 2. 94%，而在 1957 年修订的教学计划中，又分别增加到 20. 13%和 20. 75%。小学数学在 1953 年的教学计划中所占百分比为 28. 2%，比 1952 年的临时教学计划增加了0.88%。至于小学的自然，虽然在课时上没有增加，但从1953年起要求在一年级到四年级的语文课本中都要编入有关自然常识的内容，所以比重实际上还是增加了。

其次，在教材方面，1952年颁发的新订中学数学、物理、化学、生物和小学算术、自然的教学大纲和新编的教科书，无论是在科学性还是在思想性上，都比以前所有的教材有很大的改进和提高。

再次，1953年起，从重点中学开始，有计划地配备了中学自然科学各科的实验设备，到50年代末，大部分中学的物理、化学、生物三科都能够按照教学大纲的要求，进行演示实验和分组的学生实验。

此外，在自然科学的教学中，除了强调不断改进课堂教学外，还提倡积极开展课外的科技活动。许多学校的无线电、航空模型等课外活动一时搞得很是活跃。

历史事实证明，在“文化大革命”前的17年中，中小学的科学教育是不断有所改进、有所提高，而且是取得成绩的。但十年内乱否定知识，取消教育，使教育大伤元气。自党的十一届三中全会以来，经过几年来的拨乱反正，中小学科学教育得到了恢复和改善，学生学习科学的积极性也有所提高。但从四个现代化的要求来看，从同一些发达国家科学教育的比较来看，当前我国中小学的科学教育还是相当薄弱的。以小学为例，目前只在小学四、五年级开设自然课（极少数小学在低年级开设自然常识），每周两课时，以六天平均，每天只有15分钟。而美国的科学教育，从幼儿园到小学三年级，每天有17分钟，四至六年级每天28分钟。苏联小学阶段只有三年，二、三年级设有自然课，每周都是两课时，以五天平均，每天18分钟，一年级虽然没有设自然课，但在小学自然教学大纲中，明确规定要在俄语课本中编入有关自然常识的内容。为了促使我国中小学教育赶上世界先进水平，特别是为迎接新的技术革命，适应四个现代化的需要，必须进一步加强中小学的科学教育。

二

中小学的科学教育不仅要向学生传授科学知识技能，而且要培养科学态度，教给科学方法，发展科学思维，注意发展智力，培养能力，为树立辩证唯物主义的世界观打下基础。

科学知识是人类认识自然的产物，也是改造自然的巨大力量。在人类历史的发展过程中人们通过生产实践和科学实验，在认识自然方面积累了越来越丰富的经验，逐步形成了数学、物理科学、地球科学和生命科学等各自的系统知识，这些系统知识都反映了物质世界运动变化的客观规律。人类只有掌握这些客观规律，才能进一步改造物质世界，以适应社会发展的要求。用迄今为止所积累的数学、物理科学、地球科学、生命科学的全部知识中最基础的知识来武装学生，无疑是中小学科学教育的首要任务。

在传授科学知识的过程中，还必须十分重视培养学生的科学态度。所谓科学态度，包括的方面很多，但对中小学生来说，第一是要培养他们热爱科学，对探索大自然的奥秘具有强烈的兴趣。科学家对自然的探讨，有些人是着眼于它的实用，有些人则是由于对某一方面发生了兴趣。兴趣产生探索的欲望，驱使科学家去寻求许多问题的合理答案。今天，我们对学生进行科学教育，当然是着眼于为社会主义现代化建设服务。这是我们培养学生对科学的爱好和兴趣，激发学生学习科学知识的动力。中小学学生对科学的兴趣越浓厚，他们学习科学基础知识的积极性就越高，这方面的知识就学得越好。而科学知识学得越多越好，又能进一步激发他们对科学的爱好和探索自然奥秘的兴趣。第二是要培养学生实事求是，独立思考，勇于创造的科学精神。科学是探讨事物发展的客观规律的。从客观实际出发，实事求是，独立思考，勇于创造，是科学家对待科学研究的基本态度。在中小学的科学教育中，应当引导学生认识科学是来不得半点虚假的，只有使自己的思想符合客观实际，才能在学习和工作中收到良好的效果。第三是要培养学生以百折不挠的坚韧精神追求真理，对失败采取积极的态度。科学的任务是探求客观真理，而人类对客观真理的探求，不是一件轻而易举、一朝一夕所能完成的事情。它往往需要科学家付出几年、十几年甚至毕生的精力，进行反复多次的观察、实验、分析、研究，才能得到符合客观实际的结果。在失败面前不灰心，坚持实验，终于获得成功的事例，在科学史上比比皆是。在中小学，教育学生学习科学家的坚忍不拔的精神和严肃认真的态度，是科学教育一个不可忽视的要求。此外，还要教育学生勤学好问，既要重视前人科学研究的成果，又不墨守成规而勇于探索，不断追求新知，这也是青年后代所应具有的科学态度。

在传授科学知识的过程中，教给学生科学的方法，也是十分重要的。科学家在取得丰富研究成果的过程中，也发展了一套比较完整的科学方法，包括观察、实验、分析、综合、归纳、演绎等。近代自然科学兴起以后，由伽利略创立的实验室的实验，发展到现在已成为科学研究的一个基本方法。中小学的自然科学各科，都应当把实验贯穿在整个教学中，并且根据各年级和各科的具体情况，有计划地培养学生的实验技能，使他们逐步学会观察、分类、量度、收集和分析数据，并从数据中做出结论，进行误差处理。同时还要培养学生学会根据科学的定律、原理来做出推论，或对具体问题进行分析，做出正确的答案。在中学的物理教学中，还要尽可能地培养学生学会提出假说或模型，然后用实验来加以验证的方法。总之，在科学教育中，要使学生不仅学到科学知识，而且学到取得和运用知识的科学方法。

在传授知识的过程中，尤其重要的是发展学生的科学思维。科学是具有严密逻辑体系的系统知识。在科学史上，每一次重大突破或伟大的创造发明，无不是科学家摆脱了形而上学的束缚，自觉或不自觉地运用辩证逻辑思维而获得的结果。中小学科学教育要密切结合各科的教学内容，从小学起就注意培养学生逻辑思维的能力，并在形式逻辑思维的基础上，逐步发展学生的辩证逻辑思维。即着重培养学生掌握对立统一的规律，从事物的发展和相互联系中客观地全面地看问题，对具体事物进行具体的分析，透过现象探索出事物的本质。

上述四项任务是中小学科学教育中不可分割的整体，但必须有意识地按照这四项任务，恰如其分地对学生进行全面训练。这样，才能使学生在知识、智力、能力和思想上得到不断的增长和提高，为树立辩证唯物主义世界观奠定基础。树立辩证唯物主义世界观，必须以学生掌握科学基础知识为基础。有了这个基础再学辩证唯物主义，就容易理解。

三

十年内乱的最严重后果之一是耽误了一代人才的培养，现在后继乏人的现象已经越来越明显了。随着全党全国工作着重点转移到建设高度民主、高度文明的社会主义现代化强国的总任务上来，全国各条战线都将日益感到人才奇缺。从农业现代化、工业现代化、国防现代化和科学技术现代化的要求来看，不仅需要大量的各种水平的专业人员，而且需要大批的、具有较高文化科学水平的劳动后备力量。对所需这些人才的水平，还要求越来越高。各级各类学校必须努力提高教育质量，以适应这种要求。提高教育质量，应当从教育的各个方面着手，加强中小学的科学教育就是其中很重要的一个方面。因为中小学教育是整个教育体系的基础，而科学教育又是中小学教育的一个重要组成部分。中小学教育水平的高低，在一定程度上取决于科学教育水平的高低。中小学水平提高了，高等学校以至科学技术队伍的水平才能相应提高。苏联在 30 年代的中小学教育改革中，特别重视了科学教育，为苏联培养一支有较高水平的科学技术队伍打下了良好的基础，在 1957 年发射第一颗人造地球卫星中起了很大作用。美国在苏联的卫星上天以后，很快觉察到这一点，便于1958年在“国防教育法”中提出加强中小学的数学、自然科学和现代外国语的教学。1969年“阿波罗-11”号登上月球的创举，说明了它的成效。我们从苏联和美国的这两件事例中，十分明显地看到加强中小学的科学教育对发展和提高科学技术是何等重要。科学技术现代化是四个现代化的关键。而科学技术人才的培养，基础在教育。由此使我们认识到，切实加强中小学的科学教育，对迎接新的技术革命，加速我国实现四个现代化的重要性和必要性。

中小学教育是普及义务教育，其年限随着一个国家的经济发展而逐步延长，当代许多国家已经把义务教育普及到中学的最后阶段。由于加强了中小学的科学教育，就使受过义务教育的青年后代，都能受到较好的科学教育，提高科学素养，因而这个国家的科学文化水平就得到了普遍的提高。目前，苏联中学以上的毕业生已占全人口的62%；美国在1976年以后，每年有三百一二十万的高中毕业生和一百三十万左右取得各种学位的大学生和研究生。在我国，随着现代化建设的发展，现在已经开始实行普及九年制义务教育，再进一步将普及高中阶段教育。加强我国中小学的科学教育，必将对提高整个中华民族的科学文化水平起到深远的影响。

四

现代科学课程的范围几乎和科学本身同样广阔，它的内容基本上由数学、物理科学、地球科学和生命科学四个部分所组成。科学教育作为整体，在中小学教学计划中究竟应占怎样的地位，是一个比较复杂的课程设置问题。一方面，科学教育和其他学科的教育，应该根据它们各自的特点和教学目的，在教学计划中作适当的安排。如以科学教育与语文教学的关系而言，科学教育要以语文为工具，而语文要以科学知识来充实它的内容。它们在教学计划中所占课时的比重，在小学低年级，应当语文大于数学和自然；而在高年级则应当数学和自然合起来稍大于语文。到了中学，科学教育的比重就应当更大了。另一方面，科学教育的四个组成部分之间的关系，也应当按照各自的特点和教学目的，在课程设置上互相协调，各得其所。小学的科学教育包括数学和自然两门，数学应当占较大比重。自然也应该做到从一年级起就给予有关物理科学、地球科学、生命科学的最浅近的知识和最初步的科学训练。从课程设置上可以从三年级起开设自然课，而要求在一、二年级的语文课本中编入有关自然常识的内容。现在有的学校已经开始小学低年级就教自然常识的实验，应当坚持下去，待获得成功后，再逐步推广。中学的科学教育仍然包括上述四个组成部分，但课程结构却比较复杂。数学作为中学的一个学科，包括代数、平面几何、三角、立体几何、解析几何和初等微积分基础，科目和内容都比较多。它是中学课程中一门基础学科，是学习其他学科的工具。在中学阶段，物理科学分设物理和化学。物理是一门探讨物质运动最普遍规律的自然科学，也是中学一门重要的课程，是学习化学和其他自然科学的基础，而与数学的关系最为密切。近年来高分子化学的发展，正在日益深入到生物学的领域，看来，化学即将成为学习生物学所必须具备的一门知识。为了开阔学生的眼界，中学还应该开设“地球科学基础知识”一课，讲授有关地球、地质、天文、气象、海洋等最基础的知识。生命科学对工农业生产、医学和科学技术的发展影响很大，中学应该进一步调整植物、动物和生理卫生的内容，增设现代生物学基础知识，并在生物课程中增加环境与生态学以及新人口论的知识。这样，中学的科学教育就包括数学、物理、化学、地球科学基础知识、生命科学基础等课程。在中学教学计划中，怎样安排好这几门课程，需要根据各学科本身的特点和它们之间的相互联系，做到密切配合，前后呼应，彼此加强，共同发挥科学教育的整体作用。但究竟谁先谁后，同一年级开几门，同一学科初高中怎样体现连贯性，各门课程的课时究竟多少最为合适，这是需要通过科学的教育实验才能妥善解决的。

研究和制定中小学科学教育大纲也是十分重要的。大纲要有一个原则性的总目标，而各门学科的目的要求要有一定的灵活性，以适应不同条件的学校。总目标和各科目的要求，都要体现科学教育的四项任务。教学内容是大纲的主体，不仅要规定讲授知识的内容，而且要提出课内课外开展哪些活动，以全面贯彻四项任务。在确定知识内容时，要系统地讲授各门学科的基础知识，也要适当介绍各科新发展的重大成果，使学生能初步理解这门学科的一些重要概念、定律、原理是怎样形成的，它的发展趋势大体将是怎样的。

大纲还要规定一些适合学生阅读的课外科技读物，以扩大知识眼界。

中小学科学教育大纲以及根据大纲编写的各科教材，也要经过教育实验来制定。中小学分开实验的，可以只考虑制定小学或中学的大纲。

为了切实加强中小学科学教育，还应该制定各学科仪器设备的配备标准。采用现代化教育手段，也要有计划地逐步地实现。当前有关部门要有选择地引进一批教育电影片，并有计划地拍摄一批教学和科普电影片，以配合中小学的科学教育。此外，在学校比较集中的地区，可建立科技中心，积极帮助学校开展科学实验和课外科技活动。

五

培养教师和提高其水平是加强中小学科学教育的关键。当前中小学教师水平一般都不够高，特别是中学理科教师，合乎质量要求的为数更少。近年来各地教育行政部门已采取一些措施，让部分青年教师脱产或在职进修。现在需要根据加强中小学科学教育的要求，更有目的地挑选确有培养前途的中小学有关教师予以培养，要求在一定时期内，在专业训练方面达到大学本科毕业或中等师范毕业的水平。由于科学技术的迅速发展，还应该积极创造条件，使原有大专毕业或师范毕业的中年教师得到进修的机会，更新知识，不断提高专业水平。同时还要积极开展各科的教学研究，发挥有经验教师的骨干作用，在改革教学的过程中，使更多的教师在专业和教学上不断有所提高。

为了更好地充实中学理科师资队伍，还可以请高等学校教师和科研机关的研究人员到中学兼课。各地科学技术协会也要配合教育行政部门，为中学理科教师举办有关学术报告会、学术讨论会和开展其他科技活动。

在培养新教师方面，高等师范院校、综合大学的有关各系，要按照中学加强科学教育的要求，对学生在掌握专业知识和进行实验操作等方面，给予严格的训练。师范学校应当按照小学加强科学教育的要求，改进有关学科的教学，使培养出来的学生能更好地胜任小学的数学和自然课的教学。有条件的学校，可以专门开办数学班和自然班，培养小学数学和自然课的教师。从长远看，加强和改善各级师范学校的科学教育，培养这方面的合格的师资，是加强中小学科学教育的根本之计。

六

加强中小学科学教育，仍然要以有关学科的教学为主要途径。原有的或新设的学科，都有一个怎样改进教学方法以适应科学教育的新任务和新要求的问题。当前在中小学中，学生主要是通过听讲和阅读来学习前人所积累的科学成果，即概念、定律、原理等知识。这是取得知识的一种方法。而科学教育还要求向学生讲授探求科学的过程，使学生了解科学的成果是在怎样的条件下，通过怎样的过程获得的。这就需要为学生创造条件，使他们通过科学实验和各种课外科技活动，从感性认识逐步上升到理性认识。这是取得知识的另一种方法。把以上两种方法结合起来，是我们改进教学方法的出发点。同时，在教学中引进现代化教育手段，加强个别教学，也要求改进教学方法，与之相适应。

改进教学方法，首先，要改进课堂教学的组织形式，要为学生提供更好的学习环境，把课堂变成探讨科学的场所，既能进行班级教学，又能适合分组活动或个人活动。其次，要根据教材内容的要求，有目的地指导学生进行观察、实验、采集和制作标本，并在教师的引导下作出结论，使学生既学到知识，又掌握取得知识的方法。再次，要改进教师的讲解和提问。学生学习知识不应该是被动地接受，而应该是主动地探求。要充分发挥学生学习的主动性、积极性和创造性。教师的讲解和提问，主要是解决疑难，启发思维，引导学生更进一步地向前发展。因此一堂课讲什么、问什么都需要精心考虑，力求做到讲得精练，问得恰当，以保证学生有更多的时间进行思维活动。最后，要充分利用幻灯、电影等现代化教育手段。

在科学教育中改进教学方法的另一个重要方面是加强课外科技活动。课外科技活动，是课内科学教育的补充、加深和加广，是理论和实践统一原则的体现。课外科技活动，是培养青少年的科技兴趣和特长的一个不可缺少的环节。通过课外科技活动，可以培养学生的观察、思维、实验、操作的能力，还可以培养他们的创造精神，把他们引向“向科学进军”的正确方向。要充分利用校内校外的学习环境和条件，根据各科教学的具体要求，有目的地开展多种形式的课外科技活动。分科活动，因材施教。校内校外，可以分设数、理、化、生、地、天、技术等小组。让青少年按照自己的爱好和特长，参加一组，进行活动。搞课外科技活动，要因地制宜。城乡可以结合各自的条件，结合当地实际来进行。例如农村可以结合农业生产，种试验田。还要充分利用社会条件，如少年宫、图书馆、科学博物馆和科技中心等，来扩大课外活动的场所，组织阅读、实验、参观、实习等各种活动。还要鼓励学生在家庭里利用简单的工具、器材自己制作仪器，进行各种实验。

教学方法是不能千篇一律的，不同的学科、年级、教材内容，应该有各种不同的教学方法。这就要求深入开展教学的科学研究工作，从实际出发，根据科学教育的要求，不断分析教学中的问题，研究改进，使教学方法能更好地适应科学教育的要求。

（选自《论中国社会主义现代化教育》，湖南教育出版社 1986 年版，第 83—94 页）

如何开展课外科技活动

开展课外科技活动，是加强科学教育的一个重要环节，同其他课外活动一样，是课堂教学的必要的延伸、扩展和加深。它有利于开发智力，培养能力和发展创造力。培养科技人才，要从小起，培养孩子爱科学、学科学、用科学的兴趣和志气。对如何开展青少年科技活动的问题，我提出八条意见，供给大家参考。

第一，理论和实践的统一。课外活动同课堂教学一样，也离不开这条原则。我们如何使理论和实践统一起来，可以通过两条渠道来实现：一条是科学实验室的实验，检验理论是否正确。学生学习书本知识，是学习前人或别人的知识，他自己还没有亲身的实践。通过做科学实验，如物理实验、化学实验、生物实验等，来检验书本上讲的定理、定律是不是符合客观规律，是不是真理。这是课堂教学和科学实验的结合。另一条是在课外开展科技活动。通过课外科技活动，一方面把课堂所学的知识应用于实际，一方面通过课外活动，还可以有所发现，获得新的知识。如湖南省洪江市幸福路学校红领巾气象站地震辅导小组的活动，通过气象地震站，同学们观察发现蚊子的活动和天气的变化有密切的关系。蚊子为什么知道下雨？像这样的问题，目前从书本上还找不出答案。于是辅导员就带领同学们做实验，通过实验，他们找到了奥秘。他们制成一种像蚊子一样的能测量自然电场变化的仪器——低电仪。他们经过这样一个实验而掌握了一套测报地震的规律，先后做出了唐山等大震的预报和一些小震预报。同学们在辅导员的指导下，不但学到了书本上没有的东西，还有新发现。这一例子证明，通过课外科技小组的活动，不仅可以学到理论，还可以发现新知识。

第二，用脑和用手的统一。上面的例子说明了，学生通过眼睛观察蚊子的活动，经过头脑思索，用手操作，找出正确的答案，找出解决问题的方法，这样就把用眼、用脑、用手，统一起来了。所以不要看轻课外活动，它的意义可重大呢！我们常说全面发展的教育，要求学生既要发展他的智力，又要发展他的体力，既要用脑思维，又要用手劳动，使学生把脑力劳动和体力劳动结合起来，找出解决问题的方法，这样就把用脑和用手统一起来了。

第三，因材施教，培养特长。孔子教他的学生，就是针对各个学生的不同特点，因材施教，发挥各人的长处。这条原则，到现在还是适用的，我国现在有两亿一千万学生，他们智力的发展不可能是同一个水平，总是存在着差异的。有的学生是比较聪明一点，有他先天的因素，生理的原因，还有后天的影响，环境的影响，教育的影响。在一定的条件下，要使青少年养成一定的特长。比如说前几年，音乐学院、美术学院就招收了一批有音乐、美术特长的孩子。教师和辅导员都要注意发现这种苗子。发现学生有某种特长的苗头，就要从小抓住加以培养，使之成为特长。但是要在打好全面发展的基础的条件下，培养各个学生的特长。要从小起注意培养人才的幼苗，这就要因材施教。《学记》还提出一条长善救失的原则，也就是发扬长处，补救短处。学生有什么长处，就使它得到发展；学生有什么短处，就要帮助他，使之得到补救。

第四，分开学科，开展活动。数学、物理、化学、生物、农艺以及各种技术，都要分为小组，学生依各自的爱好和特长，分别参加科研活动，培养和发展自己的特长。

第五，因地制宜，土洋并举。咱们的国家大，情况很复杂，经济文化发展不平衡，城乡条件不同。城市有城市的有利条件和不利条件；农村有农村的有利条件和不利条件。我们既要看到城市搞科技活动条件比较好，如北京、上海、天津等大中城市，它们的现代化科技设备比较好，有少年宫、科技中心等；又要看到它们有不利的条件，市中心中小学离野外远，离大自然远一点，去野外观察就费劲。相反，农村的现代化条件不如大中城市，可是农村也有好的条件，就是接近自然环境和农田，这是城市所不及的。这是农村学校开展课外活动的有利条件。应该看到城市和农村的不同情况，不同条件，因地制宜地开展科技活动。有现代化条件的地方和学校，就要很好地用来开展科技活动。缺少现代化条件的地方，可以土法搞科技活动。农村学校还可以搞农艺试验田。现在农村比较富裕，可以创造条件搞课外科技活动。

第六，勤俭节约，自己动手。我们现在教育经费很少，但是要看到，咱们国家经济这么困难，基建下马压缩，教育经费不减，还增加。有的地方重视，教育经费就增加了，有的地方不重视教育，教育经费就减少，甚至被挪用。不管怎么样，教育经费还是困难的。在这样的情况下，我们要提倡勤俭节约，自己动手，开展科技活动，要因陋就简，利用废物制造仪器、设备。还提倡师生自己动手，制作可能做的教学仪器设备，自己动手采集制作标本。就是教学经费增加了，还是要发扬勤俭节约，自己动手这个好传统。

第七，校外配合，提供方便。城市里面的少年宫、少年馆、博物馆、天文馆、科技中心、图书馆等，要给学校提供方便，让学生去搞科技活动，或参观，或借阅图书。为了培养人才，这是社会应尽的义务。

第八，利用自然，研究自然。特别是农村学校，一出门就是大自然和农田。教师要利用野外和自然环境，指导学生观察自然现象，研究自然界的问题。我们不一定花很多钱，比如我们 30 年代在上海搞科学大众化运动，我写了一篇《螳螂生活观察记》，那是我亲眼观察的。怎么观察呢？我们晚上跑到野外去，在草丛中，拿手电棒去捉了很多螳螂来。我就弄个花盆，用铁丝窗纱做个罩子罩起来，然后把蝴蝶、蚱蜢多种昆虫放到里面去。我就放在案头上，看螳螂吃蚱蜢、吃蝴蝶，看着螳螂交配，看螳螂产卵。我写这本小册子不仅有书本知识，还有自己亲身的观察。我还写了一篇《凤蝶外传》。这篇科学小品，当然有从书本上学到的一些知识，更重要的，这篇东西所以写得比较生动，就是我亲自观察了凤蝶一生的生活，从凤蝶产卵，卵变幼虫，幼虫变蛹，到蛹变蝴蝶的过程。写科学文艺，单凭书本知识，写不了那么生动，还要有亲身的观察。所以写科学文艺不单要有丰富的科学知识，还要有感性知识，实践经验。开展科技活动的另一个渠道，是到野外去观察自然，利用自然，研究自然，取得知识。

上述八条，前三条是方法，也是目的，后五条都是方法。总而言之，中小学开展科技活动，目的在于从小起培养爱科学、学科学、用科学的人才。

这里我想对各地的教育行政部门和学校讲几句话，要求教育系统和学校都重视课外活动，把开展科技活动作为加强科学教育的一个重要环节。要同其他课外活动一样，安排到教学计划里面，并且采取具体的措施，规定一定的时间，提供一定的活动场所，还要有一定的科技设备。从各地教育局到学校，都要挤点钱做科技经费。有的学校办工厂收入很多嘛，那更应该拿出点钱来搞科技活动。校外的少年宫、青少年活动中心、自然博物馆、图书馆等机关，都要协助学校的科技活动，为它提供方便，对青少年开放。要有科技辅导员，负责指导学生进行科技活动。教育部门和学校都要支持科技辅导员协会的工作，包括精神上支持和物质上支持。要尊重辅导员的劳动，他们也是培养祖国花朵的园丁，他们是用心血浇灌着祖国的花朵，对他们的辛勤劳动，大家都要尊重。辅导员同志们的积极性是很高的。看来这个协会的成立，必将进一步提高同志们开展科技活动的自觉性、积极性和创造性，做出更多更好的成绩。

（本文为 1981 年 8 月董纯才在中国青少年科学技术辅导员协会成立大会上的讲话的一部分，选自《论中国社会主义现代化教育》，湖南教育出版社 1986 年版，第 124—128 页）

要重视生物科学的教学和研究

《生物学通报》在中断14年之后又复刊了，这是一件十分值得庆贺的事。

生物科学是研究生命现象的科学。这一科学经过了长期的历史发展。人们经过了从古代就开始的搜集、积累、记录和描述生物现象的缓慢过程，通过分析、比较和总结从而建立了描述性的生物科学。19世纪随着工业的发展，以达尔文进化论和细胞学说为标志，生物学又发展成为实验性的科学。20世纪50年代以来主要以分子生物学为标志的生物学，更是迅猛发展。人们已从古代的在个体水平上了解生物，发展到了在亚原子、原子、分子、细胞器、细胞、组织、器官、个体、种群、群落、生态系统和生物圈等各个从微观到宏观的不同层次水平上对生命体系的内在规律进行精确研究的阶段。生物学日新月异的发展已吸引了越来越多的非生物学科学家涌向生物学领域。人们常说，"我们正在进入生物学世纪"，21世纪是生物学世纪，这是有道理的。

生物学是农业的基础。农业生产的对象就是生物，所以生物学的进展直接影响着农业科学的进展。60年代中期，美国农业小组等应用遗传学原理，在墨西哥和菲律宾进行良种培育工作，首先培育成功"墨西哥小麦”，最高亩产达 1 870 斤，使墨西哥小麦亩产从 1950 年的 120 斤提高到 1969 年的 400 多斤，增长两倍以上，使墨西哥从粮食不足转为小麦出口。印度引种墨西哥小麦，单产提高 53%，1971 年的小麦总产量比 1967 年的增加了一倍。随着 IR 系水稻培育成功，单季亩产 1 200 斤以上，三季亩产可达 3 000 斤。在热带地区各国引种，使稻谷增产 9%，仅这两项以良种为基础的配合灌溉、化肥、农药和农业机械的农业发展，就解决或部分解决了许多第三世界国家的粮食问题，成绩显著，被人称为“绿色革命”。我国的杂交水稻，也是根据遗传学的原理培育成功的，对南方各省的粮食增产，同样起了重要作用。仅此一例，就可以看出生物学对农业生产的促进作用。从生物力能学的角度来看，若能提高生物光能利用率和能量转换率，就可能使人类获得最大的可持续能量。因此农业生产涉及提高各级营养水平上的能量转化率和加快伴随的物质循环问题。通过生物学的研究了解各级营养水平上的各种生物的功能和结构，及其能流途径，加以合理的调控和利用，就可达到提高农业生产的目的。这就给农业工作者、生物学工作者提出了一个重大的课题。

生物学也是医学的基础。疾病是致病因素干扰、破坏了人体稳定系统和人体自反馈、自调节系统的结果。治病就要了解人体各种生命过程的生物学特征、致病因素的致病机理和人体的抗病机制。许多致病因素本身就是生物因素。传染病的病原体就大都是生物体。有关这些生物体的研究直接促进了医学发展。特别是细菌学、免疫学等对医学贡献很大。抗生素的发现，使大部分细菌性传染病得到了基本的控制。乙型脑炎、天花、霍乱曾是世界上死亡率很高的流行病。应用免疫学知识，普遍接种疫苗防疫后，使得这些疾病基本被消灭。目前大家比较注意癌症。癌症问题的解决依赖于细胞学、免疫学、分子生物学等多个生物学科综合研究。看来，癌症很可能是一个许多不同病理现象的综合概念，进一步解决这方面问题，离不开生物学、医学工作者等的进一步努力。

生物学的成就也大量地应用于工业和国防。制药工业、酿造工业、食品工业、制茶、制烟、制漆、制革、纺织等工业发展都与生物学研究紧密相关。而生物化石的研究则是地质勘探寻找矿藏的重要根据。酶是生物催化剂，其催化效率使一般化学催化剂望尘莫及。近年来，酶的应用越来越受重视，目前许多工厂已经在使用酶。北京一个味精厂，以前用酸水解粮食生产味精，低产费粮。现在改用水解酶做催化剂，使粮食中蛋白质水解为氨基酸的效率大增，不但增加了生产，还减少了粮食消耗。酶的应用范围正不断扩大，具有广阔的发展前途。

生物学作为一门科学，也可以被坏人利用，给人们带来危害。大家都知道在历史上有过细菌战、生态战等生物战略战术。因此，在国防上，我们也要利用生物科学知识，研究掌握各种反生物战争的手段。

生物体本身是经过长期历史演化而形成的有高度自组织能力，多层次结构，多级控制，有高度自学习、自稳定机能，内部有大量信息传递、转换处理的系统。这个系统的复杂性、严密性及其组织化的程度，远高于一般我们所能理会到的。了解生物系统内部的结构、功能以及信息的传递及处理，就可能建立各种生物学模型，为仿生工程提供科学原理。学习生物高效功能机理，利用仿生工程可大大提高我们各方面的生产。人脑的奇妙思维学习机理，使人们惊叹不已。了解其内部结构和机理，制出调控、记忆、学习等部分人脑功能的机械，可以有效扩大人们的工作能力，降低劳动强度，因此大脑功能的研究成为目前最受注目的研究课题之一。

生物学的革命还改变着人们的思想，促进着思想方法的革新。生物学研究的主要进展都帮助了自然科学中唯物辩证思想的确立。19 世纪细胞学说和达尔文进化论的建立，无疑对辩证历史地分析问题的思想方法的发展起了重大推动作用。20 世纪内，正是由于科学家从生物系统的角度去进行研究，才提出了系统论。控制论也是在对人类高级神经系统的了解同计算机系统进行类比的基础上提出的。正是控制论和系统论使人们有了科学处理相互作用的手段和思想方法。现在的方法论在生物学研究中还是远远不够的，许多问题仍处理不了，还有待于进一步总结出新的思想方法和工作方法。

我们通过生物学研究还可以达到自我认识。现在我们知道人不是上帝创造的，是逐步由低等动物进化而来的。这是生物学研究的结论。人类在进化上是最高等的生物。但在自然界的物质循环中，人只是一个环节。从人类中通过的能流，只是自然界能流总量的极小一部分。“万物之灵”的人类绝不能同一般生物同日而语，但组成人体的元素却与组成低等生物的元素基本相同。人是自然的产物，但又能自觉地改变自然。人类要生活得更好，就要更好地适应自然和合理地改造自然。为此，这就要求人们进一步了解奇妙的生命，奇妙的自然界，奇妙的人类本身。这方面像人类学、社会生物学等许多方面我们基本是空白的，要求我们迎头赶上。

生物学的革命对其他学科的进展也起了推动作用。前边已经谈到了控制论、系统论的出现与生物学研究有关。生物力能学的研究促进了非平衡热力学的出现和进展。在生物的多层次高度组织化系统中，生物结构包含了分子、原子及原子以下更小的物理学研究的层次上的精细结构，生物功能的发挥使静态结构变为动态结构，在各层次相互作用中的作用力符合力学规律；能量变换符合热力学规律；生物系统的功能发挥、结构对应、信息传递符合严格的数学关系。生命系统中的这些层次上还有许多现象却是目前物理学、数学等学科所解释不了的。深入研究会得出这些学科中的新成果，扩展这些学科研究领域。

总之，生物学研究与人的生产、生活以及科学的发展紧密相关。我们要实现四个现代化，提高我国人民生活水平，单靠数理化等几个学科是不行的。特别是生物学工作水平低，农业现代化就是一句空话，生物学工作落后，科学技术现代化就谈不上。生物学工作的现代化是“四化”中的一个不可缺少的组成部分。

生物学发展的形势和我们面临的问题，要求我们重视生物学研究和生物学知识的普及，为生物学革命大声疾呼。

（原载于《生物学通报》1980 年第 1 期，第 3—5 页）

从模仿到创作

——我写科普读物所走过的历程

晓庄学校被国民党当局封闭的第二年，即 1931 年春夏，我翻译了法国著名的号称为“昆虫荷马”的法布尔的《科学故事》。这是我从事科普工作的前奏。那年夏天陶行知先生从日本回国到上海，申报馆的老板史量才问他：“你回来后想搞什么？”陶先生说，日本的工业很发达，这是与科学的发达紧密相关的，他想搞科学研究工作，史量才表示赞成，并且捐十万元作为科研的基金。（“一·二八”战争后，史说因受战争的影响，经济发生困难，科研基金的援助不能继续下去。不久，科研基金的援助就停止了。）陶先生召集了晓庄学校的几个师生，我是其中之一，共同创立自然科学园，提倡“科学下嫁运动”，意思是要把科学下嫁给劳苦大众，也就是搞科学普及运动。自然科学园成立之后，首先着手编辑一套《儿童科学丛书》。1931 年 9 月开始工作到 1933 年总共编了 108 册，其中我编了 23 册。在此期间，陶先生又同世界书局商定，我们给这家书局编一套小学教科书，陶先生编小学语文课本，我同戴白韬合编自然常识课本。随后又给世界书局编了一套农民识字课本和农民常识课本。后者又是我同白韬合编的。这套书出版发行后就被国民党当局禁止发行了。1932 年我们用自己的稿费又创办了“儿童科学通讯学校”，招生对象是少年儿童和小学教师，自编讲义。我编的是生理卫生知识。在此时期，我还为中华书局编写了《攀缘的动物》《游泳的动物》《爬行的动物》《行走的动物》；为商务印书馆编写了《田螺》《河蚌》《虾蟹》《蚯蚓》；为中山文化教育馆编写了《动物大观》。从 1932 年起，我先后翻译了苏联著名科普作家伊林的作品《几点钟》《不夜天》《白纸黑字》《十万个为什么》《人和山》《五年计划的故事》，在开明书店出版。《白纸黑字》原在良友图书公司出版，出版后不久，就被国民党当局取缔发行。后来改名为《黑白》，由开明书店出版发行。伊林的这六本著作非常出色，堪称科学文艺杰作，受到群众的欢迎，影响较大。我还为儿童书局翻译了英国的《世界动物奇观》。此书一面是说明，一面是木刻插图，图文并茂，通俗生动。我还翻译了其他科学读物。通过阅读法布尔的名著《昆虫记》和翻译伊林的著作，我从中受到不少启发。写作科普作品不但要注意科学性，而且要注意写作技巧和方法，要写得深入浅出，通俗易懂，生动有趣，使群众喜爱读。我原来在编写《儿童科学丛书》，开始是学习法布尔的《科学故事》体裁，即用讲故事、对话体裁形式写的，随后用的是叙事文、说明文。最后，总结了一下经验，我感觉到我编写的这些读物在文字上犯有平铺直叙、干燥无味的通病。法布尔写《昆虫记》这部科学文艺巨著，是以文艺的形式写昆虫的生活。伊林的科普作品也是以文艺的形式、故事的体裁写的。《几点钟》《黑白》《不夜天》这三本是写科学史的，即是写钟、书、灯的发展史的。《十万个为什么》讲的是日常生活中的科学常识，《五年计划的故事》《人和山》是写苏联人民如何改造自然的。伊林写作都不采取教科书的形式，而是搜集丰富的材料，用艺术的笔法，写得深入浅出，生动有趣，能引起读者的兴趣，爱不释手，从而获得丰富的科学的知识。《五年计划的故事》和《人和山》不仅是传播科学知识，而且使读者看到苏联是如何征服自然的，从弦外之音，感到社会主义制度的优越性。我爱好阅读文学作品，深受其影响，并且得到一个启示：想到文学家们都用艺术的形象和生动活泼的语言来描写人类的社会生活，写出优美的诗歌、散文、小说，而我们为什么不可以用文艺的形式来写科学通俗读物呢？于是我在1935年开始，努力改变文风，抛弃呆板的旧形式，学习运用生动活泼、新鲜有趣的语言，先写成了《动物漫话》。这本小册子有30多篇，给商务印书馆出版发行。在1937年我又进一步有意识地学习运用艺术笔法、故事体裁写成了《麝牛抗敌记》《凤蝶外传》《狐狸的故事》等六篇小品文，并将它们编成一本小册子，名为《麝牛抗敌记》，交文化生活出版社出版。我随即到了延安。1938年，这本小册子传到延安后，延安的青年刊物转载过其中几篇，受到读者欢迎。到延安后，我本是从事教育工作的，但应《解放日报》副刊的约稿，我写了《马兰纸》《一碗生水的故事》《人和鼠疫的战争》《蛀谷虫》等几篇科学小品文。《马兰纸》是写陕甘宁边区在国民党的封锁之下，边区人民在党的自力更生的方针指引下，用边区常见的野生的马兰草作为原料造纸，解决缺乏纸张问题的故事。这是有意把生产斗争和社会斗争相结合起来。

我由于上大学时学过生物学，后来在晓庄又从事生物学研究工作，所以我写的科学通俗读物多是生物方面的知识。

我从几年从事科普作品的翻译和撰写工作的经验中得到这样一个结论：科学的内容，文艺的形式——这就是科学文艺，科学文艺作品是科学和文艺相结合的产物。科学的内容与文艺的形式相结合，它是最受群众欢迎的科普读物。为了使科普读物收到应有的效果，使群众喜爱阅读，我们应提倡多写科学文艺作品。写科学文艺读物，一是要有渊博的科学知识，二是要有文学的修养，要把科学和文艺相结合起来。此外，还有很重要的一条，就是要善于用辩证唯物主义观点指导写作。就是说，要用这种观点和方法来分析自然界事物的矛盾的运动的客观规律，进而应用客观规律来征服自然，改造自然。写科学文艺作品，在科学知识方面，不仅要掌握书本的理性知识，而且还应具有丰富的感性知识，即实地观察自然现象、做科学实验、制作标本的实践经验，这样就可把文章写得如实反映情况，深入浅出，生动活泼，引人入胜。我写《凤蝶外传》，就是由于我既有从书本上得到的关于凤蝶的知识，而且还实地观察了它们一生的生活变化，从凤蝶产卵，卵变成幼虫，幼虫化为蛹，蛹又变化成凤蝶的全部生活过程，掌握了第一手的实际材料。这样才使我对凤蝶的生活做出了如实的比较生动的描绘。我写的《螳螂生活观察记》也是如此。

此外，写科普读物，既要传播科学知识、技能，又要注意培养读者的智力和能力，即记忆能力，理解能力，观察能力，实验操作能力，思维能力——逻辑思维和辩证思维的能力（分析问题和解决问题的能力），特别要有意识地启发和培养创造力。还要有意识地培养读者爱科学、学科学、用科学的志趣。

我写作的科普作品是有缺点的，除前述所犯的通病之外，就是后来写的科学文艺作品，也只是一种尝试，或者说是习作，还很不成熟。

（原载于《科普创作》1981 年第 1 期，后收入《董纯才科普文稿》）

创作有中国特色的科普作品

这次代表大会开得很好，我祝贺大会的完满成功。承蒙大会推选我为中国科普创作协会名誉会长和荣誉会员，这是党和人民给我的荣誉，我表示衷心感谢。

在旧中国我只是一个科普的探索者、拓荒者。那时候是“黑云压城城欲摧”的黑暗时代，编写了科普读物，出版是很困难的，甚至受到反革命势力的压制。例如，我编写的《农民常识课本》和翻译苏联伊林的《白纸黑字》一书的故事，就遭受到国民党反动政府的取缔。顺便说一句，那时候靠科普写作的稿费维持生活是很艰苦的。我们本是要把科学献给劳苦大众和他们的子女的，实际上劳苦大众连饭都吃不饱，哪有心买书呢？我们的目的没有能够达到。我们的愿望破灭了。从 1949 年 10 月 1 日起，中国发生了天翻地覆的大变革。从此，五星红旗飘扬在我们伟大的祖国的上空。同时，科普的春天跟随着降临到九州大地上。科普工作日益蓬勃开展起来，特别是党的十一届三中全会以来，在党的路线的光辉照耀下，科普工作更是盛况空前，百花齐放，争奇斗艳，这对一个老年科普作者来说，确实感到分外欣慰。我们科普作者要适应四个现代化建设的需要，就要更进一步创作更多更好的作品，为振兴经济的宏伟目标服务，为建设社会主义的物质文明和精神文明服务。邓小平同志在党的十二大的开幕词中指出，要走自己的道路，建设有中国特色的社会主义。这是我国各条战线的总方向、总目标，当然也是科普工作的方向、目标。按照这个方向、目标，科普作者就要创作有中国特色的科普作品。科学作品怎样表现中国特色呢?

一要写我国自己的科学技术的成就。从我国古代的科技发明创造到现代的科学技术的成就，都可以写。特别是新中国成立后 35 年来我国在认识自然、征服自然、改造自然方面的许多辉煌成就，如治水、治山、治沙、治土、治碱、造桥、人造卫星……都是很好的题材。

二要用民族的形式写作　这不仅是指用本民族的语言，更重要的是用我国老百姓喜见乐闻的中国气派和中国风格的文学体裁来创作。

科学的内容—民族的形式，这就是人民群众要求的科普文艺作品。

我们要引进外国的先进科学技术，我们要介绍新的技术革命，以促进我们生产的迅速发展，赶超发达的资本主义国家。这是毫无疑义的。但引进必须结合我国的实际情况。把这些东西写入科普作品中，还必须用民族形式才成。

社会主义新时代，应有反映这个时代的科普作品和科普作家，来为这个时代服务。社会主义新中国，应当有中国式的伊林，来写它的科技的光辉成就。我们科普作者应当有此抱负，努力自勉自励，用民族形式写作现代先进科学技术，用以武装工农大众和青少年，促进生产的现代化，才不愧于我们所处的时代，不辜负祖国人民对我们的期望。

伊林能创作出苏联《五年计划的故事》，为什么我们不能写出中国的五年计划故事呢?伊林能创作出苏联征服自然的故事——《人和山》，我们为什么不能创作出新中国成立以来的许多改造自然的故事呢?伊林能创作出灯的故事——《不夜天》之类，我们为什么不能写写我国古代发明火药直到人造卫星上天呢?

我们要加倍努力，不怕道路崎岖，来攀登科普创作的高峰。

社会主义的科普作品，可以我国古代到现代的科学技术的成就，特别是新中国成立以来我国人民认识自然、保护自然、征服自然、改造自然的光辉业绩，世界现代最新先进科学技术等作题材，以我国的特有的、生动优美的语言和多种形式来创作。如果能用形象的艺术语言来创作那当然更好，更受欢迎。把这样的科普作品奉献给劳动群众和青少年，使他们运用现代先进科学技术，从事生产劳动，改造山河，创造出比资本主义更高的劳动生产率，使我们伟大的祖国跻于世界先进行列。

“我们的目的一定要达到。”

“我们的目的一定能够达到。”

祝愿同志们：献身祖国千秋业，攀登科普最高峰！

（本文为 1984 年 1 月 19 日董纯才在中国科普创作协会第二次代表大会上的讲话，选自《董纯才科普文稿》，科学普及出版社 1985 年版，第 63—65 页）

第七辑

纪念与回忆

一个人民教育家所走的道路

伟大的人民教育家陶行知先生，献身于人民教育事业近 30 年。陶先生所创导的生活教育运动，从晓庄创校算起，也整整 22 年了。陶先生创立了生活教育的理论和实践，培养了大批革命干部，特别是教育干部，散布全国各地。陶先生和他的门生们，在蒋介石国民党的迫害下，牺牲头颅热血，受尽折磨苦难，艰苦奋斗，忠贞不屈，为人民教育事业和民族民主革命运动立下了不朽功绩。从他所说的“摸黑路”中，终于摸上了一条光明正确的道路——新民主主义革命的道路，跟着毛泽东的旗帜前进。

陶先生是一个民主主义者，受过五四运动的洗礼，服膺民主和科学。在中国教育界，他是第一个注意到农民教育问题的人，他关心农民疾苦，并把农民当作自己服务的对象。早在 1926 年，陶先生就把他所领导的中华教育改进社的工作重心放在乡村教育上。他在该社改造全国乡村宣言书里，明确地提出该社“主要使命之一即在力行乡村教育政策为我们三万万四千万农民服务”。在他草拟的信条里，又宣誓似的说：“我们要为着农民‘烧心香’。我们要常常念着农民的痛苦，常常念着他们所想得的幸福。”我们必须有一个“农民甘苦化的心”，才配为农民服务。这是一种朴素的为人民服务的思想。比起其他同时代的教育家来，这是陶先生的伟大过人处。

由于具有这种朴素为人民服务的思想，陶先生曾经立下一个宏愿，“要筹募一百万元基金，征集一百万位同志，提倡一百万所学校。改造一百万个乡村”，使中国乡村一个个都变成“天堂”，都变成“乐国”。虽说这是一种改良主义的思想，但要承认这是一个良善的宏愿。

陶先生是个实行家，他说到就做到。在发表上述宣言后，于 1927 年 3 月 15 日，就在南京晓庄，创办晓庄乡村师范学校，着手培养乡村教师，推广乡村教育，开乡村教育运动之先河，在晓庄的积极宣传和倡导之下，随后就有浙江、江西等省，向他要去干部，开办乡村师范。

晓庄学校，除了师范部之外，还有周围乡村，办了好几所小学和民众学校、民众茶园、晓庄剧社以及乡村医院，来开展乡村群众文化运动和卫生运动。后来还组织了农民武装，实行联庄自卫。

这样就不免引起了蒋介石的注意。蒋曾经三到晓庄“参观”“游览”，而晓庄师生对这位“大人物”并未特别表示欢迎，只是以普通来宾而招待之。

晓庄和陶行知的威信和影响，是逐渐增高，逐渐扩展到了全国。晓庄学生不仅仅限于乡村教育活动，并且还进一步参加和赞助工人运动。对晓庄学生的这种革命行动，陶先生不是压制禁止，而是歌颂赞扬。

当然蒋介石是不容许这样一个进步学校存在的。终于用“赤化”名义，武装封闭和占领了晓庄，并捕杀了 14 名晓庄学生。先后两次下令通缉陶先生。事前曾威胁陶先生，要他开除所谓“赤化”学生，他却坚决严正地拒绝了。

陶先生所倡导的乡村教育运动，至此就告一段落。

陶先生原是企图用教育来改造中国农村社会，把农村变成“西天乐国”的。晓庄的创办，这本是一种改良主义的办法，只不过是他的理想的开端。但蒋介石一见到这个发端有利于人民，就用刺刀来捣毁了他的宏愿，并逼着陶先生本人逃亡了。还一下子就取去了 14 个青年革命者，他的门徒的头颅。

陶先生当初本是走和平改良道路的，何曾想到还会流血呢！这是一个血的教训。

这个血的教训说明了一个真理，就是在地主买办阶级的统治之下，是不允许任何人做任何进步事业的，哪怕是你走和平改良的道路也不行。地主买办阶级只许你做他的奴才，绝不许你为人民做一点好事，更不用谈什么“西天乐国”了。

晓庄虽被封闭了，陶先生一点也不悲观失望，仍然继续奋斗，寻求中国教育的出路。翌年，就由乡村教育运动，转向普及教育运动。

作为普及教育运动的序曲的，是科学下嫁运动，即科学大众化的运动。晓庄被封后，1930 年，陶先生曾逃亡日本。因见日本工业发达，感到要使中国由农业文明过渡到工业文明，必须发展自然科学，1931 年夏从日本回国，秘密活动，创办自然学园，编辑儿童科学丛书，设立儿童科学函授学校，提倡科学下嫁运动，企图使自然科学走出象牙塔下嫁人民大众。无奈人民大众连饭都吃不饱，哪有福气来娶自然科学小姐执箕帚、做茶饭。结果，科学下嫁运动就被地主买办阶级的魔手所窒息而夭折了。

在倡导科学下嫁运动之后不久，同时进一步又着手以劳苦大众为对象，提倡“即知即传人”，倡导用小先生制，传递先生制，从事普及教育运动。一面在上海附近大场等地，创办乡村工学团，继续开展乡村教育，一面在城市里开始面向工厂，推行工人教育，面向城市贫民，组织贫民教育。

这时期，在中国共产党所领导的革命运动与文化运动的影响之下，陶先生的心目中，除了农民之外，又加上了工人。开始提出大众教育的口号，其对象为劳苦大众。因此他就把他所作的锄头歌，增加一段："光棍锄头不中用，联合机器来革命！"唱出了工农联合的呼声。

这就是说，生活教育运动，从乡村教育发展到普及教育，范围是扩大了，由农民扩展到了工人。

一方面，由于接受了过去的痛苦教训，体验到在地主买办阶级的反动统治下，人民教育事业，是得不到发展的，由于处在"九一八"国民党不抵抗招来的严重的民族危机，激起高度的民族义愤和爱国思想；另一方面，又由于受中国革命的影响和苏联社会主义建设成功的启示，陶先生在"九一八"以后，是逐渐摆脱改良主义思想的影响而倾向革命了，首先是要求抗日救国，争取民族解放。

因此，在伟大的"一二·九"爱国运动爆发之后，陶先生就和沈钧儒、邹韬奋等先后发起组织上海文化界救国会、上海各界救国会，开展抗日救国运动，成为救国会的领袖之一，变成了一个坚强的民主战士。

1936年7月，响应中国共产党"停止内战，一致抗日"的号召，和沈、邹等发表"团结御侮的几个基本条件和最低要求"。主张国民党应与红军议和，释放政治犯，双方停止内战，建立统一抗敌之政权。

同年春，陶先生提出"国难教育"口号，团结文化教育界人士组织国难教育社，主编《大众教育》，开展国难教育运动。

这时期，在无产阶级的革命思想的影响下，陶先生对于生活教育的理论，就有了很多重要的新的发挥。他肯定地说："生活教育是大众的教育。"又说："为什么要大众教育？中国遇着空前的国难。这严重的国难，小众已经解决不了，大众必得起来担负救国的责任，而中国才可以救……""大众教育是什么？大众教育是大众自己的教育。是大众自己办的教育，是为大众谋福利除痛苦的教育。……大众教育只有一门大功课，这门大功课里是争取中华民族大众之解放。"

他又明确指出："国难教育的目标，是推进大众文化，争取中华民族的自由平等，保卫中华民国领土与主权的完整。国难教育的组织，是成立各界大众救国会及各界大众救国会联合会以实施大众之国难教育。"

你看！此时陶先生不是把教育运动和救国运动合而为一了吗？不是把教育人民大众与解放人民大众的斗争结合在一起了吗？

是的，生活教育运动，发展到了国难教育，就和抗日救国运动合流了，这是它的一个飞跃的进步。就变成了中国民族解放运动的一个组成部分。

正因为如此，陶先生又触怒了制定不抵抗主义政策的蒋介石，在"救国会七君子"未被捕入狱前，早已遭到第三次通缉，不得不流亡海外，到美国和欧洲，到处宣传鼓动抗日救国。

"七七"抗战后，国难教育跟着民族解放运动的发展而发展为抗战教育。生活教育社出版《战时教育》杂志，鼓吹抗战教育，并且还向群众进行抗战教育。

不久，陶先生从海外回国，参加抗战运动。蒋介石曾经邀请陶先生加入国民党，意欲叫他担任三民主义青年团的一个高级职位，陶先生干脆而坚决地拒绝了邀请。

武汉失守后，生活教育社迁到四川，陶先生就在那儿创办育才学校，设立晓庄研究所。同时又积极参加国民党统治区的民主运动，并加入民主同盟，成为该盟的领袖之一，变成了一个坚强的民主战士。

在蒋介石的不承认政策之下，育才学校的经费是没有着落的。几百个孩子嗷嗷待哺，逼得陶先生不得不学武训，化缘办学，逼得他不得不为两顿稀饭而奋斗。

陶先生这位伟大的民主战士，相信真理，服膺唯物主义，并表示愿意接受唯物主义的思想领导。因此，尽管处在反动派的高压之下，当1944年陕甘宁边区的文教大会的决议和毛主席在该会上的讲话传到重庆后，陶先生就遵照毛主席和文教大会的方针，组织好几千群众开展群众文教运动。

抗战胜利后，陶先生创办社会大学，并努力从事民主运动，直至去世。这都说明，由于“认识了文化是政治经济斗争的武器”，在“九一八”以后，特别是在“一二·九”运动后，陶先生就把他所创导的生活教育运动和中国人民的民族民主革命运动结合起来了，并服务于民族解放和人民解放的革命斗争。

总起来说，陶行知先生献身于人民教育事业、民族解放运动与民主运动，是发扬了中国人民的威武不屈、富贵不淫、贫贱不移的优良传统精神，再接再厉，奋斗不懈，鞠躬尽瘁，死而后已。他是一位伟大的人民教育家，坚强不屈的民族战士和民主战士。他从亲身体验中，认识了中国共产党和中国人民领袖毛泽东是中国人民的救星和领导者，因此自从晓庄被封以来，特别是在“一二·九”以后，他不畏强暴，不顾一切诬蔑和迫害，和共产党携手奋斗，变成了共产党的一位共患难的亲密战友。开始他是在“摸黑路”，走了一段改良道路，“九一八”以后，他接受了过去的经验教训和革命运动的影响，逐渐倾向革命，到“一二·九”运动以后，就大踏步地走上了革命道路——新民主主义革命的道路，跟着毛泽东的旗帜前进。

（原载于《东北教育》1949 年第 1 卷第 4 期，第 2—4 页）

毛泽东思想在教育领域中的胜利

——为纪念中国共产党建党30周年而作

中国人民革命的胜利，是一件震动世界的有历史意义的伟大胜利。这是中国共产党的指导思想——马克思列宁主义的理论与中国革命的实践相结合的思想——毛泽东思想的伟大胜利。

毛泽东思想不论在政治、军事、经济、文化、教育哪一方面，都已取得了辉煌的成就和胜利，无疑地，今后还会继续取得更大的新的成就和胜利。

毛泽东思想是中国人民的胜利旗帜，是中国人民从事革命斗争与建设工作的指南。

几年来东北的人民教育事业紧跟着人民经济的恢复和发展，有了很大的发展和变革，这是毛泽东同志的教育政策在东北的胜利，这是毛泽东思想在教育领域中的胜利。

现在仅将我在东北从事教育工作的实践中所体验到毛泽东思想在教育领域中所起的指导作用及其成果写出来，用以庆祝建党30周年。

一

“中国国民文化与国民教育的宗旨，应当是新民主主义的，就是说，中国应当建立自己的民族的、科学的、人民大众的新文化与新教育。”所谓新民主主义的文化，就是“无产阶级领导的人民大众反帝反封建的文化”。“一切奴化的，封建主义的与法西斯主义的文化、教育，应当采取适当的但是坚决的步骤加以扫除。”这是毛泽东同志所规定的新中国文化教育建设的总路线和总政策。

东北在解放前，先是日本侵略者实施的奴化教育，后是蒋介石国民党实施的封建的、买办的、法西斯主义的愚民教育。

东北人民，在共产党领导下，自从开始建立自己的政权那一天起，就根据毛泽东同志的教育政策，明确宣布废除封建的、买办的、法西斯主义的奴化教育，建立民族的、科学的、人民大众的新教育。几年以来，东北人民政府就是一直按照这个教育工作的总路线和总政策，来制定教育工作计划，从事改造旧教育，建设新教育，使东北的教育事业得以“革故鼎新”，获得空前巨大的发展，使它由奴隶教育变成人民教育，由封建的、买办的、法西斯主义的教育变成新民主主义的教育。

二

毛泽东同志曾经这样教导我们：“革命文化，是革命总战线中一条必要与重要的战线。”又说建设社会主义，没有文化不行，建设新民主主义，没有文化也不行。因此，东北早在解放初期就是执行毛泽东同志和中共中央的“恢复和发展人民文化教育事业”的政策；结果不但是很快地恢复了原有的学校，而且很快地发展成了一个空前未有的学校网，散布到全东北的城市与乡村（平均每个村有一所以上小学）。现有初等学校 35 465 所，学生 5 159 327 名；中等学校 300 所，学生 208 010

名；高等学校 17 所，学生 21 125 名。

恢复和发展学校教育的目的和任务，就是毛泽东同志所指示的“培养各类知识分子干部”与“教育新后代”，以适应革命斗争与国家建设的需要。这是学校教育的两大基本任务。

在抗日战争时期，各抗日根据地，都根据毛泽东同志的“创设并扩大增强各种干部学校，培养大批的抗日干部”的教育政策，开办各种干部学校，培养了大批的干部，他们后来都变成抗日战争、解放战争和当前国家建设的骨干。

东北在解放战争初期，就根据毛泽东同志这个教育政策的精神，并接受了抗日根据地的培养干部的经验，也开办了抗大式的干部学校，如军大、东大、医大，培养出将近几万知识分子干部。同时又根据当时解放战争与群众工作的迫切需要，在中学里也进行短期政治教育，动员了几万中学生参加解放战争与群众工作。这些干部，大多数都成为今天东北建设事业的骨干与积极分子。这些大、中学校，最近两三年来，都已转为新型正规学校，从事培养各种建设人才。

这就是我们创办干部学校及恢复、发展和改造中学教育的成果之一。

普及小学教育，这也是毛泽东同志和中国共产党的教育政策。这跟扫除文盲一样，是文化上的一大革命，是文化高潮到来的标志之一。前面讲过，由于执行了恢复和发展的方针，在东北目前已形成了一个巨大的小学校网，使得广大人民群众的子女都能入学，享受毛泽东时代的新教育。入学儿童已达到学龄儿童总数的 70%以上。这可以说是为东北普及义务小学教育奠定了初步基础。

这就是恢复与发展学校教育的另一成果。

三

毛泽东同志指出：“新民主主义文化是大众的，因而即是民主的。

它应当为全民族百分之九十以上的工农劳苦群众服务。”“为工农服务”，这是新民主主义教育的一个基本方针。正是由于坚决执行了这条方针，才得改变东北教育的根本性质。教育如何为工农服务呢？东北地区还是根据毛泽东同志的教育政策，从三方面着手进行的：一、开展工农业余教育；二、专为工农与工农干部开办学校；三、普通学校为工农子女大开方便之门。

“从百分之八十的人口中扫除文盲，是建立新中国的必要条件。”很显然地，过去被剥夺享受教育权利的工农群众，今天已翻身成为新中国的主人翁，那就应当受到教育，使自己成为有高度政治觉悟与文化教养的新人，以便更有效地担负国家建设与国家管理的伟大任务。由此可见，所谓扫除文盲，也就是开展工农群众识字运动。

早在抗战时期，各抗日根据地曾根据毛泽东同志所提示的“广泛发展民众教育，组织各种补习学校，识字运动……提高人民的民族文化与民族觉悟”的政策，广泛展开了工农群众的政治、文化教育，收到很大的成效。

东北解放后，也根据毛泽东同志这个教育政策和抗日根据地的经验，一开始就注意推行工农群众的政治、文化教育。在东北解放初期，就对工人，特别着重对农民进行政治启蒙教育，提高他们的政治认识与阶级觉悟，发动他们积极进行土地改革，参加和支持解放战争。除此之外，历年还组织冬学和识字班，进行识字教育。进冬学的农民，逐年增加；去年冬因忙于抗美援朝工作，上冬学的农民虽说减少了一些，但仍有 344 万多人。最近两年，在冬学结束后，都有相当一部分农民转入常年学习。

自 1949 年以来，由于工作重点由乡村转入城市，群众教育，也跟着将重点转到大城市和工矿地区，以工人为第一位对象。于是工人业余教育就进一步广泛地展开了。东北人民政府去年已决定计划在三五年内扫除现有职工文盲。全东北现有职工文盲约 50 万人，目前参加学习的约有 35 万人左右。

工农群众，在文化水平提高之后，无论是在提高政治认识和提高生产技术方面，都得到很大帮助。

关于如何开展工农群众教育，毛泽东同志也告诉过我们："主要的在于发动人民自己教育自己，而政府给以恰当的指导和调整，给以可能的物质帮助。"他还说过："我们练兵是以兵教兵。开展识字运动，也可以民教民，由识字的教不识字的。"

几年来，东北开展工农业余教育，就是根据毛泽东同志的这个指示发动识字的教不识字的，发动工人教工人，农民教农民，发动学生、教员、技术人员之类知识分子当工农群众的教员。目前东北工人业余教育的教员，多数是识字的工人，其次才是职员和小学教员。在农村冬学教员中，也是识字的农民占多数。毛泽东同志的"以民教民""发动人民自己教育自己"的教育思想已在东北变成了物质的力量。

在工农业余教育之外，东北还根据以毛泽东同志为首的中央人民政府的指示，开办了工农速成中学七所及工农文化补习学校四所，共招收了 4 900 余工农群众及工农干部，目的是要把他们培养成工农出身的新型知识分子，以做国家建设的骨干，为由新民主主义过渡到社会主义准备干部条件。

工农子女是新中国的未来的主人翁和建设者。对他们的教育，是非常重要的。东北人民政府，自从接收旧学校以来，就再三地明确规定中、小学向工农子女开大门，招收新生"应首先注意吸收劳动人民子弟，应给他们以入学的各种便利条件，对贫苦子弟，应给以照顾和优待"。为此，除人民政府积极办学之外，还提倡"民办公助"的办法，奖励扶植人民群众办学，还打破旧型正规化的束缚，而采取全日班、半日班（二部制）、小先生制等多种多样的形式，以便广大贫苦儿童入学。为此，东北人民政府号召工矿区开办学校，吸收工人子女入学。为此，设立人民助学金，解决贫苦群众子女入学的困难。一句话，东北各级人民政府采取了多种多样办法，扩充学校网，以便工农子女入学。今天在小学生总数中，工农子女将近占80%，中学生中工农子女占62%。由此可见，我们的学校教育，基本上已成为以工农为主体的全民性的教育了。

这就是毛泽东教育思想的巨大成果之一。

四

对旧有学校教育必须进行改革，这也是毛泽东同志所指示的一个教育方针。东北地区在恢复和发展学校教育过程中，同时就遵循毛泽东同志所指示的方针与方法来进行改造或改革工作。

解放初期，在东北，党和政府根据毛泽东同志的团结教育知识分子的政策，对受过封建的、买办的、法西斯主义的宣传教育的影响的东北青年学生，就施行政治思想教育，并采用毛泽东同志的教育方法“民主的即说服的方法，而不是强迫的方法”，来争取改造他们。结果毛泽东同志的教育思想胜利了，它粉碎了东北青年学生中间的反苏反共反人民的盲目正统观念，使他们初步树立起“为人民服务”的思想与反帝反封建反官僚资本的革命思想，并纷纷地参加到革命行列中来。学校面貌也因此焕然一新，反动的邪气被打倒，革命的正气大为伸张。

在进行思想改造的过程中，我们依据毛泽东思想，先批判了旧型正规化，阶级观点模糊与轻视革命政治教育的右倾思想，随后又纠正了机械地搬用农村土地斗争方式来进行思想教育与单纯根据成分清洗出身地主富农家庭的教员和学生的“左”倾偏向，这才使争取改造知识分子政策得以完满实现。

对于旧教员，当然也是执行毛泽东同志的团结教育政策，“采取适当方法，教育他们，使他们获得新观点，新方法，为中国人民服务”。在解放初期，主要是对他们进行政治教育，清除他们的反苏反共反人民的盲目正统观念，以为人民服务的思想和反帝反封建反官僚资本的革命思想来武装他们。

《中共中央关于在职干部教育的决定》指出，“对在职干部，就其工作岗位上，施以必需的与可能的教育，实是全部干部教育工作中的第一位工作”。而教员又是对教学质量能起决定作用的因素之一。因此，组织教员经常进行学习，是非常必要的。因此在施行初步政治思想改造之后，我们就进一步对教员进行理论教育，以马列主义的基础理论、毛泽东思想来提高他们的思想水平。这是提高教员素质的根本环节。

东北的学校在转入正规化之后，还深入一步给教员以业务教育。“做什么，学什么”，这是《中共中央关于在职干部教育的决定》关于进行业务教育的口号。这也是毛泽东同志的教育思想。毛泽东同志还教导我们教员要教好，就要先向学生调查，再教学生，就是说，教员先当学生，再当先生。“只有代表群众才能教育群众，只有做群众的学生，才能做群众的先生。”

正是根据这一毛泽东教育思想，我们就号召教员们实行“教什么，学什么”“先学后教”“边学边教”的口号，进行业务学习。近年来，东北的教员们正是在这种口号之下，努力学习新教材，新观点与新教法，并试用新观点与新教法来讲授新教材，结果是在教学实践中提高了自己，改进了教学，真正做到了“教学相长”。

对于文化水平较低的教员，我们也是依照毛泽东教育思想所指示的方法，为他们办业余文化补习学校，号召他们进这种学校补习文化。

东北的教员们，就是这样遵循毛泽东思想所指出的方向，从政治、理论、业务、文化各方面来努力进行自我教育，提高自己，改进教学。

毛泽东同志经常以“理论与实践统一”这条马克思列宁主义的基

本原则，来谆谆告诫我们。东北教育界，几年来就是以这条基本原则做武器，跟教条主义和经验主义或狭隘实用主义做斗争。首先，就是变革教学内容（教材），去旧换新，使之与革命斗争及国家建设的实践相联系起来。因此就废除了那些有反动思想内容的旧教材，而采用新编的与革命斗争及国家建设有密切联系的新教材。

其次，就是根据这个教育原则，改进教学方法。教员们开始学习运用毛泽东的思想方法，从客观实际情况出发，即从学生的实际情况出发，来循序渐进地、“实事求是”地进行教学，并注意联系社会实践，注意直观教学，重视科学实验，观察与实习，使书本知识的教学与科学实验相结合，使理论知识与感性知识统一起来。在这种改进教学的过程中，还展开了新旧教育思想的斗争。和教条主义与形式主义的教学方法的斗争现在还在继续着。

老解放区的经验证明：学习要有效果，必须通过学生的自觉，必须发扬学生的学习积极性。因此在教学过程中，我们就遵循毛泽东教育思想的指示，注意“发扬学生的学习积极性”的原则。由于学生学习的自觉性与积极性得到高度的发扬，学习效果就大为加强。

一方面是教员努力改进教学，另一方面是学生自觉地、积极地学习，结果当然是学生的政治思想水平与科学知识水平的提高。

这就是毛泽东思想在我们祖国的东北一角教育领域中的胜利。

“理论只要一掌握群众，就立刻成为物质的力量。”我们要继续努力学习运用毛泽东思想来改进东北的教育工作，扩大毛泽东思想在教育领域的胜利。

毛泽东思想引导着中国人民在胜利的道路上前进。让我们永远遵循着毛泽东思想所指示的方向努力前进吧。

（原载于《东北教育》1951 年第 5 卷第 4 期，第 6—8 页）

在毛泽东思想指引下开创文字改革的新局面

——纪念毛泽东同志诞辰 90 周年

毛泽东同志在领导我国革命的长期实践中，一贯重视文化工作对完成民主革命和进行社会主义建设的重要作用。他高度评价五四运动中群众的觉醒和掀起的新文化运动，指出“这个文化新军的锋芒所向，从思想到形式（文字等），无不起了极大的革命”。他还指出，为了建设人民大众这支文化大军，“文字必须在一定条件下加以改革，言语必须接近民众”。抗日战争期间，在陕甘宁边区和敌后根据地，积极开展了拉丁化新文字运动，毛泽东同志热情赞助，把它列入著名的陕甘宁边区施政纲领，并写了“努力推行，愈广愈好”的题词。

新中国成立后，毛泽东同志和党中央更加关怀我国的文字改革，作了许多重要的指示。毛泽东同志明确提出“文字必须改革，要走世界文字共同的拼音方向”。同时又指出，汉字的拼音化需要做许多准备工作；在实现拼音化以前，必须简化汉字，以利目前的应用，同时积极进行各项准备。在毛主席和周总理的亲自关怀下，1955 年在北京召开了全国文字改革会议。会议决议提请国务院审定公布《汉字简化方案》，大力推广以北京语音为标准音的普通话，建议早日拟订汉语拼音文字方案草案。党中央和国务院批准了全国文字改革会议的报告。1958 年，刘少奇同志在党的第八次全国代表大会第二次会议的报告中提出："要积极地进行汉字的改革"。这期间，周恩来、陈毅、吴玉章等同志组织领导这一工作，文字改革进行得比较顺利。1956 年，国务院公布了《汉字简化方案》，发布了《关于推广普通话的指示》；1958 年 2 月，由国务院提请全国人民代表大会批准公布了《汉语拼音方案》。1958 年 1 月，周恩来同志在政协全国委员会举行的报告会上作了《当前文字改革的任务》的报告，明确规定当前文字改革的任务，就是：简化汉字，推广普通话，制订和推行汉语拼音方案。我国的文字改革工作，在毛泽东思想的指导下，有老一辈无产阶级革命家的积极努力，经过在全国范围内的实践、总结，终于有了明确的方向和具体的方针任务。

在制订拼音方案的过程中，毛泽东同志曾经一度主张采用汉字笔画，即所谓民族形式字母。中国文字改革研究委员会曾经提出过多种民族形式字母的方案，毛泽东同志看后都不满意，认为笔画太繁，有些字母比注音字母更难写。拼音文字搞成复杂的方块形式，不便于书写，尤其不便于连写。后来，毛泽东同志说，民族形式字母不要搞了，还是采用拉丁字母。于是，中共中央正式做出决定："汉语拼音方案采用拉丁字母比较适宜。"1956 年 1 月，在中央召开的知识分子问题会议上，吴玉章同志就文字改革工作发言，最后毛泽东同志讲了话，对拼音方案采用拉丁字母的问题，作了十分精辟的阐述。他说："会上吴玉章同志讲到提倡文字改革，我很赞成。在将来采用拉丁字母，你们赞成不赞成呀？我看，在广大群众里头，问题不大。在知识分子里头，有些问题。中国怎么能用外国字母呢？但是，看起来还是以采取这种外国字母比较好。吴玉章同志在这方面说得很有理由，因为这种字母很少，只有二十几个，向一面写，简单明了。我们汉字在这方面实在比不上，比不上就比不上，不要以为汉字那么好。有几位教授给我讲，汉字是‘世界万国’最好的一种文字，改革不得。假使拉丁字母是中国人发明的，大概就没有问题了。问题就出在外国人发明，中国人学习。但是外国人发明，中国人学习的事情是早已有之的。例如，阿拉伯数字，我们不是久已通用了么？拉丁字母出在罗马那个地方，为世界大多数国家所采用，我们用一下，是否就大有卖国嫌疑呢？我看不见得。凡是外国的好东西，对我们有用的东西，我们就是要学，就是要统统拿过来，并且加以消化，变成自己的东西。我们中国历史上汉朝就是这么做的，唐朝也是这么做的。汉朝和唐朝，都是我国历史上很有名、很强盛的朝代。他们不怕吸收外国的东西，有好东西就欢迎。只要态度和方法正确，学习外国的好东西，对自己是大有好处的。”周恩来同志在《当前文字改革的任务》的报告中，也讲到了采用拉丁字母的问题，他说：“我们采用了拉丁字母，经过我们的调整使它适应了汉语的需要之后，它已经成为我们自己的汉语拼音字母，已不再是古拉丁文的字母，更不是任何一个外国的字母了。字母是拼写语音的工具，我们用它来为我们服务，正像我们采用火车、轮船、汽车、飞机（从来源来说，这些东西也都是外来的）来为我们服务一样，正如我们采用阿拉伯数字来计算，采用公历来纪年，采用公里来表示距离，采用公斤来表示重量一样。因此，这是不会使我们的爱国感情受到任何损害的。”

《汉语拼音方案》公布以来的实践证明，它是具有我国民族特点的，在拼写普通话和为汉字注音等方面比其他拼音方案更为优越，对人民群众的学习和工作，是发挥了积极作用的。1983 年 2 月，胡乔木同志在纪念《汉语拼音方案》公布 25 周年座谈会上讲话时着重指出：要坚持推行《汉语拼音方案》。这是经过长期研究讨论由国家正式制订的唯一方案，已在国内外获得公认地位，不应再走回头路去另起炉灶，那样会造成许多无益的混乱。

在努力开创文字改革新局面的进程中，我们的工作一定要一方面坚持正确的方向，一方面采取积极而稳妥的步骤。

（一）文字改革必须为人民服务、为社会主义服务

汉字已有几千年的历史，在形体上虽有多次改变，但作为文字制度来看，仍属于表意文字体系。汉字在发展过程中，经过繁化、简化和形声化的长期演变，不少的字仍然是笔画繁多，结构复杂，并且表音有很大的局限性，人民群众不易掌握，就是有相当文化程度的人，也常常为汉字的难读、难写所困扰。许多有识之士早就看到了这个问题，并且不断提出改革汉字的主张。清朝末年的切音字运动，五四运动以后提出的国语罗马字运动，拉丁化新文字运动等，都是针对汉字使用不便而要求进行改革实现言文一致，以利于更好地普及教育，提高人民大众的文化。

毛泽东同志和老一辈无产阶级革命家坚定地推行文字改革，既是根据历史发展提出的任务，更是着眼于社会主义历史阶段广大人民群众学习文化科学的迫切需要。1958 年，在政协全国委员会的一次会议上，吴玉章同志说："我已是 80 岁的人了。我跟汉字打了几十年的交道，从我个人来说，汉字再难也难不倒我。但是为了工农群众，为了少年儿童，为了我们的子孙后代，我们一定要改革汉字。"周恩来同志在《当前文字改革的任务》的报告中也指出文字改革要为广大的劳动人民和千千万万的儿童考虑。

当前，为了加快社会主义物质文明和精神文明的建设，发展教育和科学已列为实现社会主义现代化的战略重点之一。这就更应该从广大人民群众的实际需要来考虑语言文字的社会应用和文字工具的改革。

社会上语言文字的应用，要力求规范化。我国亿万青壮年，是在新中国诞生后成长的，他们学习的是国务院批准公布的简化字和用普通话

写的书报文章。可是当前社会上在用字和文体方面，却存在相当混乱的情况。以字体而论，很多电影片、电视说明、题词、商标、广告、招牌上常常出现繁体字和非法定的简化字；在文体方面，有些人写文章喜欢掺杂大量文言词语，这给青少年和儿童带来了阅读的困难，也大大降低了宣传的效果。毛泽东同志在延安曾批评那位将“工人”写成“𢒼[illegible]”的同志，说这“是古代文人学士的学生……他的意思也是发誓不要老百姓看”。后来，在《中国农村的社会主义高潮》的一篇按语中又说：“我们的许多同志……爱好一种半文言半白话的体裁，有时废话连篇，有时又尽量简古，好像他们是立志要让读者受苦似的。”语言文字的应用和文风的改变，需要按照毛泽东同志的教导，着眼于为广大群众服务和促进社会主义建设的各项工作，提高认识，合乎规范。

努力推广普通话，这是关系到国家统一、民族团结的大事，是社会主义现代化建设的迫切需要。五届人大五次会议通过的新宪法已经载明“国家推行全国通用的普通话”的条款。教育部、中国文字改革委员会等 15 个单位向全国发出了《大家都来说普通话倡议书》。我们要提高对推广普通话重要性和迫切性的认识，采取积极措施，首先在各级各类学校中普及普通话；文化、广播、商业、交通、铁路、邮电、旅游、医院和解放军系统以及其他服务性行业的工作人员也要学习和逐步普及普通话。

汉语拼音方案要继续推行，加快普及的速度。它是学习汉字和推广普通话的重要工具。多年来的经验证明，熟练掌握汉语拼音，对青少年的识字、阅读、写作都有积极意义。注音识字对在成年人中扫除文盲、提高文化也是很有成效的。至于现代科学技术的发展，电子计算机的推广应用，提高信息传输的速度和准确性，都需要有一种比汉字更为简明和容易掌握的文字工具。汉语拼音在这些方面比起汉字来是有不可抹杀的长处的。

（二）文字改革要从实际出发

毛泽东同志提出“文字必须改革，要走世界文字共同的拼音方向”的同时，一再教育我们，搞文字改革不要脱离实际。他主张首先进行汉字的简化，并具体提出从形体上简化和数量上精简的任务。对拼音字母形式的问题，毛泽东同志也是经过较长时间的研究和多方面的实践、比较，最后才决定采用世界上许多国家通用的拉丁字母，使之适应普通话语音，制订出《汉语拼音方案》。有了法定的拼音方案，根据我国使用文字工具的实际情况，周恩来同志曾经明确宣布：“汉语拼音方案是用来为汉字注音和推广普通话的，它并不是用来代替汉字的拼音文字。”

有人认为，推行汉语拼音，就是要废除汉字。这是一种误解。新中国成立以来，党和人民政府的语文政策，从来没有提出要废除汉字。汉字有悠久的历史，当前和今后仍是我国人民和海外侨胞共同使用的文字工具。在新中国成立以来改革汉字工作的基础上，现在需要总结经验，对汉字的整理和简化进行全面考虑，以利于文化教育的普及和提高，适应汉字信息处理的要求。要使现代汉语用字有合理的数量，减少结构单位和结构方式并做到笔画简省，审定汉字的普通话读音，规定简明合理的排检法以利于检索。这些都是从实际出发，考虑到汉字要长期使用而必须进行的工作。

在全面整理和继续使用汉字的同时，积极普及汉语拼音知识，及时解决汉语拼音应用中的若干技术问题，坚持以《汉语拼音方案》为基础，做好拼音文字的研究、实验工作，使汉字和拼音文字这两种文字工具在同时使用中，各自发挥其所长，相互弥补其不足。这是我国社会主义现代化建设的实际对文字改革提出的要求，我们应该全力以赴，力争早日实现。

（三）文字改革要实行领导和群众相结合

文字改革是党和人民政府领导的，有正确的方针政策，有广大人民群众的积极拥护。实行领导和群众相结合，就能把文字改革工作推进到一个新的阶段。50 年代，在全国范围内开展的简化汉字、推广普通话、制订和推行汉语拼音方案等工作，取得了显著的成绩。后来因为不断地搞政治运动，特别是十年内乱的破坏，同广大群众文化生活密切相关的文字改革也停顿了。近几年来，文字改革工作在逐步恢复，认识到文字改革的重要性的同志正在增多。但是，由于我们的宣传工作和研究工作还存在不少缺点，文字改革的进程仍然十分缓慢，不能适应现代化建设新形势的要求。我们要根据党的十二大的精神，加强领导，充分发挥社会主义制度的优越性，动员广大群众，促进文字改革新局面的早日实现。

文字改革要为全社会所了解并得到更多群众的支持，必须加强宣传工作。要使 50 年代研究解决的许多问题，为青少年和各方面人士系统了解，正确地吸取经验教训；对文字改革工作前进中的问题和解决这些问题的意见，能及时反映出来，不同的认识和意见充分展开讨论，集思广益，进一步推动工作。我们认为十亿人口的社会主义中国，需要加强对文字改革的统一领导，切实采取有效措施，认真开展各项文字改革工作，同时在实际工作中要经过更多同志的讨论和争鸣，才能更好地贯彻执行党和政府确定的文字改革方针政策。

（四）文字改革还要加强研究和实验

文字改革是一件非常重要的事业。它关系到亿万人民的切身利益，关系到文化教育的普及和提高，关系到科学技术的应用和发展，关系到我国两个文明的建设。然而文字改革又是一件十分复杂的事情。它牵涉到人们的认识习惯和社会心理，牵涉到文字制度的根本改变，牵涉到社会和科技的实际应用。因此，我国的文字改革始终遵循积极而稳妥的正确方针。

几十年来，社会发生了很大的变化，科学技术有了长足的发展，文字改革的情况也和以前有所不同了。对于新情况下的文字改革问题，我们应当很好地研究，弄清楚文字改革的规律，并对文字改革三项任务中的一些比较重大的实际问题，如汉字的全面整理和合理简化，普通话的普及和提高，汉语拼音的正词法和区别同音词问题，汉语拼音方案在扫盲、小学注音识字、提前读写和电子计算机的应用以及拼音电报等方面问题，也能从语言学、文字学、社会学、教育学、逻辑学、心理学、生理学以及数学、信息科学等不同的角度，用不同的方法进行深入研究和科学实验，从而提高文字改革的自觉性，并逐步把文字改革建成具有完整的科学体系和科学方法的一门应用科学。这样，才能使我国的文字改革健康而顺利地发展下去。

周恩来同志在《当前文字改革的任务》的报告中郑重提出文字改革是关系到全国人民的一件大事，政府对它采取的步骤是很慎重的。“希望大家积极支持文字改革工作、促进这一工作而不要促退这一工作，好使中国文字能够稳步地而又积极地得到改革。”我们一定要遵循毛泽东同志和周恩来同志的教导，同全国人民共同努力，认真做好文字改革工作，为社会主义现代化事业做出积极的贡献。

（原载于《人民日报》1983年12月31日第3版）

《汉语拼音方案》与初等教育

——纪念《汉语拼音方案》公布30周年

《汉语拼音方案》的制订和推行是中国人民生活中的一件大事。30年来，《汉语拼音方案》在很多方面发挥了积极的作用，特别是在文化教育事业方面，它已成为认读汉字和学习普通话的有效工具，是基础教育的基础。

几千年来，汉字一直是我国通用的文字，它的历史功绩是无法抹杀的。但是，汉字经过长期演变，象形字已不象形，很多形声字已经丧失标音的功能，必须凭借新的桥梁，才能将形和声联系起来，进行认读。历史上有人曾经采用直音、反切、注音字母等办法来解决这个难题，但都有很大的局限性。解决认读汉字难的问题，始终没找到一个理想的突破口。

近百十年来，落后屈辱的民族危难，迫使国人寻找一条跨越认读汉字障碍的捷径，以便快速普及教育，提高整个民族的科学文化素质，真正自立于世界先进民族之林。新中国成立后，医治战争创伤，恢复经济发展的需要，更使普及文化教育提到重要地位。但是由于汉字认读费时费力，我国初等教育的学制要比用拼音文字的国家至少长一到两年。

《汉语拼音方案》正是诞生在上述大背景下的。它总结参考了350多年来中外人士为汉语制订拼音方案的经验，吸收了当时各方人士的意见，经过许多著名的语言文字专家长期广泛的研究和讨论。因此，《汉语拼音方案》比起历史上存在过的各种拼音方案来，确实更加完善。早在提请全国人民代表大会批准方案之际，周恩来总理就指出，方案在注音识字，提高汉语教学效率方面将大有可为。

《汉语拼音方案》问世后即在扫盲工作中，在提高我国初等教育效率，迅速改变昔日文化落后状况中显示了巨大的作用，特别在小学语文教学改革实验中，更是产生了神奇的效益。始于60年代的“集中识字法”实验，首先就是依靠《汉语拼音方案》来进行注音认读，实验中的大量阅读也必须依靠《汉语拼音方案》来扫除难字、生字的障碍。因此，我们可以说没有《汉语拼音方案》，就失去了这项实验的前提。80年代兴起的“注音识字，提前读写”实验，更是运用《汉语拼音方案》，突破了历来没能解决的识汉字与学汉语脱节的难关，使说话（普通话）、识字、阅读、写作等语文基本技能的掌握同步进行。已有的一些小学教学改革实验的考核数据告诉我们，以往需要教学五六年的内容，在四年内就可以完成，学生负担不重，而成绩却超过用传统方法教学的班级。这就为小学教育整体改革，包括学制改革创造了有利条件，并开拓出一条新路子。小学教育的三大重点是语文、数学、常识，而在这三项中语文教学又是关键和基础。所以，利用拼音突破汉字难关，使语文教学效果大大提高之后，也就为推动其他各科的教学改革与其同步进行奠定了基础。

我们要进一步认识《汉语拼音方案》的作用，更加积极地推行它，使其在社会主义现代化的建设中，特别是在我国教育事业的发展和民族文化素质提高的过程中，发挥更大的作用。

（原载于《光明日报》1988年4月13日第3版）

怀念我的良师徐特立同志

徐特立同志是我党德高望重的老一辈革命家和教育家。徐老虽然离开我们已整整十年了，但在我的脑海里，却常常浮现出他老人家慈祥的面容，在我的耳旁，也不时萦回着他老人家亲切的教诲。特别是延安时期，我在徐老身边生活和工作的情景，仍然历历在目，缕缕可述。每当我忆及这些难以忘怀的往事，徐老崇高的思想和品德，就鼓舞和激励我像他老人家那样，活到老，学到老，革命到老，为实现新时期的总任务贡献一切力量。

徐老无比热爱毛主席

1937 年 10 月，我从帝国主义统治下的黑暗的上海，到了革命圣地延安。徐老当时担任陕甘宁边区教育厅长，正着手发展边区教育事业，迫切需要一批知识分子来参加边区教育工作。当他了解到我曾经从事过教育和科学普及工作的情况后，立即要求中央组织部将我分配到教育厅工作。当然，我也很乐意到教育厅工作。因我早就听说过徐老是毛主席尊敬的一位老师，是杰出的革命教育家，能有机会在他老人家的领导下工作，一定会得到很多教益。

我到边区教育厅后，很想听徐老讲一讲他光荣的革命历史，尤其希望了解他和毛主席的亲密关系，但徐老总是谦虚地不谈自己。一天，在我的再三要求下，徐老才拿出珍藏的毛主席写给他的那封信给我看。毛主席在信中写道，“徐老同志，你是我二十年前的先生，你现在仍然是我的先生，你将来必定还是我的先生。……你是革命第一，工作第一，他人第一。”多么崇高的评价，徐老的形象在我眼前更光辉，更高大了。我说：“徐老，毛主席所说这些方面都是佩服你的，愿意继续地学习你的，也愿意全党同志学习你。你老讲讲革命的斗争史，让我们得到启发和鼓励吧!”徐老听了，微笑着，恳切地说：“我个人没有什么，真正值得我们学习的是毛主席。从前我在湖南第一师范教过书，当过毛主席的先生那是真的；但是，那不过是一日之师，而毛主席则是我的终身之师。”接者，徐老细述了毛主席青年时代以及后来领导中国革命的许多光辉事迹。最后说：“泽东同志值得我们学习的地方是很多的，特别是他精通马列主义理论，善于运用马列主义的立场、观点和方法，解决中国革命的实际问题。此外在政治、经济、历史、军事、文学各方面都有很深的造诣。他的知识是多方面的，非常渊博。他的最大特点就是坚持理论联系实际，实事求是的原则，不自以为是。自从遵义会议确定泽东同志在全党的领导地位以后，我们的革命就有了胜利的希望……”

徐老滔滔不绝地说着，从心底里流露出对毛主席衷心爱戴的感情。徐老的这一席话深深地感染着我，更加激起了我对毛主席的崇敬和景仰。我未到延安之前就渴望见到中国人民的大救星毛主席，一到延安就提出了这个要求。我听了徐老的谈话之后，就更加迫切地希望见到毛主席。不久，我的美好愿望终于实现了。1937 年 11 月的一天，金色的阳光照耀着延安，毛主席在边区教育厅长徐老和副厅长陈正人同志的陪同下，健步来到边区教育厅的庭院里，亲切地接见了我，这是我最幸福的一天。

徐老艰苦朴素的生活作风

当时的边区教育厅，设在延安城里天主教堂旁边的一个小院子里，只有三间低矮破旧的平房，中间是过道兼饭堂，两边是办公房兼宿舍，徐老就住在西房。在这间狭窄的房里，有个小炕，这是徐老和他的警卫员睡的地方。炕前摆着一张旧的没有油漆的小方桌，是徐老办公的地方。房子的另一头，放着徐老唯一的一口木箱子，是徐老长征中历经千辛万苦带来的，里面装满了在江西苏区编写的教材和资料。木条条做成的窗棂上，糊着的纸已经发黄，还有好几个破洞洞，西北高原的寒风，一股股灌了进来，这一切都显得十分简陋和单调。我们的老厅长徐老就在这样的条件下，为发展边区的教育事业，终日辛劳地工作着。

我到教育厅后，徐老兴奋地说："董纯才同志，你就安排在边区教育厅啦，我很高兴。你和我一起住，一起办公好了。"开头的几天，徐老就和我坐在小方桌旁边谈情况，让我熟悉工作。夜晚，徐老、他的警卫员和我三个人睡一个炕。徐老特别关怀我这个刚从上海来延安的青年，让我睡在炕的中间，他自己和警卫员睡在两边。土炕那么窄小，睡觉时三个人挤得紧紧的，我却感到未曾体验过的欢快和满足。

当年延安的生活是够艰苦的。住的如此，吃的就更不用说了。每餐吃的菜是白菜、土豆、豆芽……一次为了招待我，徐老还去买了一小包辣椒，算是添菜。徐老是领导干部，在革命队伍中年岁最高，组织上对他有些照顾，发给他一些大米。但他总是和大家同甘共苦，坚持吃大食堂，叫警卫员从食堂把饭菜打回来，和我们一起吃。

徐老边吃边讲长征路上艰苦生活的故事，但照例不讲自己。后来，我听周围的同志介绍，徐老是长征中的一位老英雄。红军开始长征的时候，组织上给五十八岁的徐老分配了一匹马，但他经常把这匹马让给有病或体弱的同志骑，自己终日走路。他衣服烂了，自己缝补；鞋子破了，自己制作；路上缺少粮食和蔬菜，就吃草根和树皮。徐老身上背着一点点干粮，但怎么也舍不得吃掉。行军到卓克基的时候，谢觉哉同志病得很厉害，徐老就把所负的干粮全部送给他。谢老《赠徐特立六十生日》诗云："漠漠沮洳地，峨峨暴冻冈，是谁皆束腹，赠我竟倾囊。"说的就是这件事。

在平日的谈话中，徐老曾着重向我指出，俭朴的生活能锻炼坚强的意志，陶冶崇高的品质。他说："我生平过惯了俭薄的生活，觉得只有这样，才能使精神愉快。"事实的确如此。长征胜利后，徐老虽然担任了较高的领导职务，但仍保持着普通一兵的本色。这位边区教育厅的老厅长，穿着一件破旧的灰布棉衣，戴着灰色的八角帽；清瘦的面孔上，老是浮现出愉快的微笑，显得那样和蔼可亲。真是任何难艰困苦都不能使他皱眉，反而使他生命的火花显得更加辉煌。他以自己的行动，写了一本没有字的生活教科书，我从中受到的教益是终生难忘的。那时，我刚到延安，还不太适应艰苦的生活，但有徐老做自己的表率，使我在那样的环境中，也和大家一样，充满了乐观主义精神。

徐老十分重视扫盲教育

旧中国是一个文盲充斥的国家，中国革命的关键，就在于共产党唤醒广大人民群众的觉悟，用马列主义武装他们，组织他们团结斗争，推翻压在头上的三座大山。人民群众的觉醒，首先是文化上的觉醒，这就要让他们掌握文化，做文化的主人。徐老多次告诉我，还在中央苏区的时候，毛主席就向他指出扫除文盲是一项非常重要的工作，是苏区教育方针的基本出发点。徐老担任中央苏区教育部长时，在战火纷飞、硝烟弥漫、敌人层层封锁的困境下，坚定不移地执行毛主席的教育方针，发展苏区的教育事业，创建列宁小学，并办了很多干部学校。徐老按照毛主席关于开展扫盲工作的意见，在苏区提出"老公教老婆，儿子教父亲，秘书教主席，识字的教不识字的，识字多的教识字少的”好办法。在苏区那样困难的条件下，连纸笔都没有，怎样克服这些困难？徐老号召大家用沙盘当纸，拿树枝当笔，没有沙盘就在地面用树枝写字。徐老不顾年迈，亲自率领中央教育部的干部，深入苏区农村调查研究，因陋就简，开办了地方识字班、训练班和夜校等。徐老还发动苏区群众在路口树立识字牌，让大家随时随地都能识字。他对办学好的乡村、识字多的群众运用各种方法进行表扬和奖励，使苏区扫盲群众运动得到了很大发展。

在长征路上，徐老坚持发动红军战士识字。他生动地向我述说，红军战士的篷上，背包上，都写着字。在蜿蜒曲折的山道上行军时，后面的战士就认前面战士背包上写的字。有时先遣队的红军战士在路边竖一块牌子，上面写两个字，续行的红军战士便一个教一个认，这些方法在当时都是很有趣和很有效的，深受广大战士欢迎。

陕北地区的文化，比江西苏区更落后，工作也更艰巨，然而徐老却充满着信心。他说，我是新文字运动（即拉丁字母拼音法）的积极推行者，因为它能帮助我们扫除文盲，发展边区教育事业。我们一到陕北，就办起了一个文盲师范（鲁迅先生逝世后，党中央为了纪念他，命名为鲁迅师范）。招收的都是文盲、半文盲，教给他们新文字，只要一个短时期即可学成，毕业后便担任小学教员和识字班的先生，这在扫盲史上是一个创举。

在我们相处的日子里，徐老多次谈及扫盲工作，用意当然十分清楚，那就是鼓励我、指导我从事普及教育的工作。后来我一直在延安编写小学课本和农民识字课本，编辑《边区儿童》和《边区教师》等报刊。我在做这些工作的时候，总时时想到他的教导。今天我们国家仍然文盲不少，科盲更多。因此，为了早日实现四个现代化，我们必须以徐老为榜样，在扫盲工作和普及科学教育的事业中做出坚持不懈的努力。

徐老关于编写小学教材的科学主张

徐老年轻的时候，曾连续教了十年的蒙馆，以后又在湖南长沙办学，教过小学，中学，直至高等师范，能胜任自然科学和社会科学各门课程的教学。他还考察过日本，并到法、比、德和苏联等国留学，对于古今中外的教育有很深刻的研究和了解。特别是在苏区和陕北的数年间，徐老又亲自从事革命教育活动，积累了丰富的经验。我一到延安就很崇敬他老人家，迫切要求他将知识和经验传授给我们。而徐老对我也总是有问必答，答则详尽透彻，从不敷衍，真是诲人不倦。

徐老是很健谈的，一谈起来总是内容广泛，仿佛漫无边际，但仔细回味，却颇为精粹。在每次谈话中，徐老都有自己的独特见解，都有自己的亲身体验，丝毫没有浮泛粉饰之辞，使我受到很大启发和教益。

徐老主张，编写小学语文教材，识字要从简到繁。如他编写的小学语文课本第一册第一课课文就是“一个人”。语文课本内容要像百科全书一样丰富，即不但要有政治思想内容，还应有自然常识、社会常识和生产常识，从简到繁，体现认识的规律；要注重文化基础知识，把政治思想教育与文化基础知识紧密结合起来，做到学用一致。徐老又主张，小学算术教材，要加一点简单的代数、几何、三角的常识，理由是日常生活中经常需要应用这些知识。徐老还口讲指划，举了许多生动的事例，说明农民、木匠、泥水匠等在劳动实践中都懂得运用简单的代数、几何和三角常识。徐老当时讲话的神态，我至今还记忆犹新。

1939 年秋，我担任边区师范学校副校长，并负责编写小学语文教材。毛主席指出，要把谷子、糜子、豆子之类的字，写进课本里去。可见，徐老对毛主席的教育思想，一直是正确地、全面地理解和执行的。

抗日战争时期，我遵照毛主席和徐老的意见，编写了一套初小语文课本。解放后，60 年代人民教育出版社编写小学语文教材和算术教材，也遵循了这样的原则。“文化大革命”中，“四人帮”破坏教育事业，干扰教材的编写工作，反对教材的科学性、知识性、系统性和实践性，大搞空头政治，虚无主义，致使学生知识贫乏，头脑简单，摧残了人才，浪费了时间，科学技术事业后继乏人。粉碎“四人帮”后，在华国锋同志为首的党中央的正确领导下，教育事业蓬勃发展，教材编写工作也上了正轨。人民教育出版社编写的小学语文、算术课本，在一定程度上体现了徐老的主张。实践证明，徐老的主张是正确的，科学的。

徐老是勤奋学习的典范

我和徐老生活在一起的时候，正值秋去冬来。边区教育厅院子里的几棵树，已经黄叶飘飞，枯枝在寒风中抖动。年逾六十的徐老不畏严寒，每天黎明即起，洒扫庭除以后，就读书学习。

徐老勤奋学习，数十年如一日，从不间断。熟悉徐老生平的同志，曾叙述过，徐老幼年家贫失学后，通过自学涉猎了经、史、子、集，而尤爱好自然科学，掌握了代数、几何、三角、物理、化学等科的基本知识。43 岁还甘愿做“扶拐棍的学生”，毅然到法国留学，一面做工，一面学习，实行勤工俭学。1930 年，他到江西苏区以后，也未放松自己的学习。苏区缺少书报，一本《共产党宣言》十分珍贵，他读了又读，以至数遍。长征路上，他个人生活用品极简单，在马褡子里，却装着喜爱的书籍和苏区编写的教材、教育资料。徐老爱学习、爱书籍的精神是很感人的。

徐老的知识非常渊博，既是教育家，又是自然科学家，马列主义的理论水平也很高。但他正如毛主席赞扬的那样是“懂得很多，而时刻以为不足”的。他开会工作之余，只要有一点点时间，就不愿意白白放过，而要利用来学习。他探讨研究问题，是极愿花时间下功夫的。常参看许多的书报，深思熟虑，必期得到正确的答案。

徐老的这种学习精神，一直持续到他的晚年。1965 年，徐老因病住院，我当时亦住院治病。我看到在他病房里的桌子上，放的是《毛泽东选集》一至四卷的大字版本。其年，徐老已是 88 岁的高龄了！他还那样孜孜不倦地学习毛主席的著作，精神实在感人至深。

1937 年底，党中央和毛主席派徐老回湖南担任中共代表，建立八路军驻湘办事处，开展抗日民族统一战线的工作。闻讯后，我真依依不舍。徐老也仿佛看出了我的心情，即赠送我两件珍贵的礼物：一件是他自己装书用的木箱，另一件是他长征时经过藏族地区得到的纪念品。临行前，他还委婉而恳切地对我说："你的情况我们都很了解，你有进步要求很好，只要你继续努力，入党问题是不难解决的。"徐老对我的殷切期望，给了我莫大的鼓舞和鞭策。第二年春，我就光荣地加入了中国共产党。

我曾经先后两次在徐老的领导下工作，一次是上面说的 1937 年秋冬间，在边区政府；一次是 1942 年在中央宣传部。解放后，也曾去看望徐老。徐老的慈祥的形象和谆谆的教导，他那种坚定不移地跟着毛主席革命到底的坚强意志，他那种对自己"学而不厌"，对人家"诲人不倦"的精神，他那种艰苦朴素的优良作风和共产主义者的高贵品质，都一直深深地铭刻在我的脑海里。徐老这位老革命家，老教育家，是永远值得我学习和怀念的一位良师。

（原载于《湖南教育》1979 年第 3 期，第 6—9 页）

董纯才著述年表

1924 年

1.《碧波之哀音（哭亡兄）》，《浦东中学月刊》第 2 期。

1929 年

2.《乡村小学的生物学》，《湘湖生活》第 5 期。

3.《我们的生活草案（附表）》，《湘湖生活》第 6 期。

1931 年

4. 董纯才编，陶知行校：《苍蝇与瘟疫》上，上海：儿童书局。

5. 董纯才编，陶知行校：《苍蝇与瘟疫》下，上海：儿童书局。

6. 董纯才编，陶知行校：《水族相养器》，上海：儿童书局。

7. 董纯才编，陶知行校：《蚯蚓》，上海：儿童书局。

8. 董纯才编，陶知行校：《鸟类迎宾馆》，上海：儿童书局。

9. 董纯才编述，陶知行校：《螳螂生活观察记》，上海：儿童书局。

10. 董纯才编述，陶知行校：《养兔》，上海：儿童书局。

11.《狐的智谋》，《少年时代（上海）》第 1 卷第 2 期。

1932 年

12.（苏）米·伊林著，董纯才译，丁柱中校：《几点钟：时钟的故事》，正午书局。

13. 董纯才编：《奇异的光》，上海：儿童书局。

14. 董纯才编，陶知行校：《钟表装拆法及其原理》上，上海：儿童书局。

15. 董纯才编，陶知行校：《钟表装拆法及其原理》下，上海：儿童书局。

16. 董纯才编，陶知行校：《植物标本制作法》，上海：儿童书局。

17. 董纯才编，陶知行校：《蚊虫与疟疾（上）》，上海：儿童书局。

18. 董纯才编，陶知行校：《蚊虫与疟疾（下）》，上海：儿童书局。

19. 董纯才编，陶知行校：《猫的生活》，上海：儿童书局。

20.（法）法布尔著，董纯才译：《法布尔科学故事》，上海：儿童书局。

1933 年

21. 董纯才编，陶知行校：《动物采集保存法》（一、二、三），上海：儿童书局。

22.（苏）米·伊林著，董纯才译：《白纸黑字：书的故事》，上海：良友图书印刷公司。

23.《长篇童话·走兽的故事：一、小兔子旅行》，《小朋友》第568期。

24.《长篇童话·走兽的故事：二、刺猬的利器》，《小朋友》第569期。

25.《长篇童话·走兽的故事：三、鼩鼱的婚筵》，《小朋友》第570期。

26.《长篇童话·走兽的故事：四、家兔的演讲》，《小朋友》第571期。

27.《长篇童话·走兽的故事：五、野猫的悲哀》，《小朋友》第572期。

28.《长篇童话·走兽的故事：六、胡獾的恶臭》，《小朋友》第573期。

29.《长篇童话·走兽的故事：七、小狐的顽皮》，《小朋友》第574期。

1934年

30.（苏）米·伊林著，董纯才译：《十万个为什么》，上海：开明书店。

31.（英）达格里熙著，董纯才编译：《小兽生活》，上海：儿童书局。

32.（英）达格里熙著，董纯才编译：《大兽生活》，上海：儿童书局。

33.《科学新知·蛇毒治病》，《生活教育》第1卷第7期。

34.《科学新知·微生物活动电影》，《生活教育》第1卷第8期。

35.《科学新知·落雷的新研究》，《生活教育》第1卷第9期，署董纯才译。

36.《科学新知·我们为什么戴眼镜》，《生活教育》第1卷第11期。

37.《科学新知·蜜蜂医治疯湿病》，《生活教育》第1卷第12期，署董纯才译。

38.《科学新知·遗传因子决定人的命运》，《生活教育》第1卷第14期，署董纯才译。

39.《科学新知·吃虫的水生植物》,《生活教育》第1卷第18期。

40.《科学新知·自然研究:秋季》,《生活教育》第1卷第18期。

41.《科学新知·自然研究》,《生活教育》第1卷第19期。

42.《科学生活·自然研究:冬季(续)》,《生活教育》第1卷第20期。

43.《科学生活·自然研究:冬季(续)》,《生活教育》第1卷第21期。

44.《碗橱里的科学》,《中学生》第43期,署(苏)米·伊林著,董纯才译。

45.《衣橱里的科学》,《中学生》第44期,署(苏)米·伊林著,董纯才译。

46.《自然童话·飞禽的故事:一、雕先生请客》,《小朋友》第599期。

47.《自然童话·飞禽的故事:二、山雀的悲欢》,《小朋友》第600期。

48.《自然童话·飞禽的故事:三、海鸠的奇蛋》,《小朋友》第601期。

49.《自然童话·飞禽的故事:四、海燕的怪癖》,《小朋友》第602期。

50.《自然童话·飞禽的故事:五、滑稽的宴会》,《小朋友》第603期。

51.《自然童话·飞禽的故事:五、滑稽的宴会(续)》,《小朋友》第604期。

52.《自然童话·飞禽的故事:六、欢乐的散场》,《小朋友》第605期。

1935 年

53. 董纯才编：《游泳动物的故事》，上海：中华书局。

54. 董纯才编：《攀缘动物的故事》，上海：中华书局。

55. 董纯才编：《合群的昆虫》，上海：商务印书馆。

56. 董纯才编：《四季的物候》上册，上海：商务印书馆。

57. 董纯才编：《四季的物候》下册，上海：商务印书馆。

58.《科学生活・破坏自然界平衡的结果》，《生活教育》第 1 卷第 22 期。

59.《科学生活・医病的鸟》，《生活教育》第 2 卷第 1 期，署董纯才译。

60.《科学生活・自然教学做（续）》，《生活教育》第 2 卷第 2 期。

61.《科学生活・自然教学做（续）》，《生活教育》第 2 卷第 3 期。

62.《科学生活・自然教学做（续）：春天的树》，《生活教育》第 2 卷第 4 期。

63.《科学生活・自然教学做（续）》，《生活教育》第 2 卷第 5 期。

64.《言论・植物奇象（一）》，《生活教育》第 2 卷第 11 期。

65.《科学生活・植物奇象（二）》，《生活教育》第 2 卷第 12 期，署董纯才译。

66.《科学生活・植物奇象（三）》，《生活教育》第 2 卷第 14 期，署董纯才译。

67.《特载：植物奇象（四）》，《生活教育》第 2 卷第 15 期，署董纯才译。

68.《科学生活：植物奇象（五）》，《生活教育》第 2 卷第 16 期，署董纯才译。

69.《科学新知：植物奇象（六）》，《生活教育》第 2 卷第 17 期，署董纯才译。

70.《大众科学·谈生物》，《生活教育》第2卷第18期。

71.《大众科学·植物奇象（七）》，《生活教育》第2卷第19期，署董纯才译。

72.《大众科学·谈生物：劳苦功高的牛大哥》，《生活教育》第2卷第20期。

73.《自然童话·游泳动物的故事：一、甲壳动物相会》，《小朋友》第657期。

74.《自然童话·游泳动物的故事：二、孙鲽：一场争论》，《小朋友》第658期。

75.《自然童话·游泳动物的故事：三、鲷和竹麦鱼》，《小朋友》第659期。

76.《自然童话·游泳动物的故事：四、比目鱼发怒了》，《小朋友》第660期。

77.《自然童话·游泳动物的故事：五、鲸和一群海豚》，《小朋友》第661期。

78.《自然童话·游泳动物的故事：六、飞鱼、鳐鱼和海龟》，《小朋友》第662期。

79.《自然童话·游泳动物的故事：六、飞鱼、鳐鱼和海龟（续上期）》，《小朋友》第663期。

80.《自然童话·游泳动物的故事：七、鲑鱼的故事》，《小朋友》第664期。

81.《自然童话·游泳动物的故事：七、鲑鱼的故事（续上期）》，《小朋友》第665期。

82.《时令谈话·夏季的自然界》，《小朋友》第666期。

83.《自然谈话·岁寒三友》，《小朋友》第687期。

84.《螳螂的悲剧》，《良友》第 111 期。

1936 年

85. 董纯才编：《虾和蟹》，上海：商务印书馆。

86. 董纯才编著，宗亮寰校订：《蚯蚓》，上海：商务印书馆。

87. 董纯才编著，宗亮寰校订：《河蚌和田螺》，上海：商务印书馆。

88. 董纯才编译：《飞禽的故事》，上海：中华书局。

89.（苏）米·伊林著，董纯才译：《几点钟：钟的故事》，上海：开明书店。

90.（苏）米·伊林著，董纯才译：《人和山——人类征服自然》，上海：开明书店。

91.（苏）米·伊林著，董纯才译：《黑白：书的故事》，上海：开明书店。

92.《中国文艺工作者宣言》，《现实文学》创刊号，署名鲁迅、茅盾、董纯才等。

93.《儿童科学教育实施法》，收录于中国儿童文化协会编：《今日之儿童》，上海：生活书店。

94.《世界大势·柔顺的绵羊》，《生活教育》第 2 卷第 21 期。

95.《大众科学·山羊会爬山》，《生活教育》第 2 卷第 21 期。

96.《大众科学·谈生物：骆驼，沙漠船》，《生活教育》第 2 卷第 22 期。

97.《大众科学·谈生物：象，陆地上最大的动物》，《生活教育》第 2 卷第 23 期。

98.《大众科学·谈生物：骆驼的远房兄弟》，《生活教育》第 2 卷第 24 期。

99.《大众科学·帮人抗敌的军用犬》,《生活教育》第3卷第2期。

100.《自然谈话·谈鼠》,《小朋友》第690期。

101.《常识谈话·燕子的生活》,《小朋友》第705期。

102.《常识·蛙的故事》,《小朋友》第706期。

103.《常识·蛙的故事(续上期)》,《小朋友》第707期。

104.《常识谈话·花木的仇敌——蚜虫》,《小朋友》第708期。

105.《常识谈话·蚜虫的朋友》,《小朋友》第709期。

106.《常识谈话·蚜虫的仇敌》,《小朋友》第710期。

107.《常识谈话·神秘的布谷》,《小朋友》第711期。

108.《常识谈话·留恋花间的蝴蝶》,《小朋友》第713期。

109.《常识谈话·蝴蝶的生活史》,《小朋友》第714期。

110.《小常识·蝶和蛾的不同》,《小朋友》第714期。

111.《常识谈话·苍蝇——疫病的传布者》,《小朋友》第715期。

112.《常识谈话·苍蝇——疫病的传布者》,《小朋友》第716期。

113.《常识谈话·不是一切的蛇都有毒的》,《小朋友》第719期。

114.《常识问答·几个关于蛇的有趣问题》,《小朋友》第720期。

115.《常识谈话·蚊虫是阴谋家》,《小朋友》第721期。

116.《常识谈话·蚊虫的生活史》,《小朋友》第722期。

117.《小常识·灭蚊的四原则》,《小朋友》第722期。

118.《常识谈话·昆虫界的狮虎——螳螂》,《小朋友》第723期。

119.《昆虫常识·活吃丈夫的螳螂》,《小朋友》第723期。

120.《常识谈话·螳螂捕蝉黄雀在后》,《小朋友》第724期。

121.《常识谈话·纺织娘》,《小朋友》第726期。

122.《常识谈话·蟋蟀》,《小朋友》第727期。

123.《常识谈话·乌鸦的慈爱和聪明》,《小朋友》第728期。

124.《常识谈话·喜鹊的诡计》,《小朋友》第729期。

125.《常识谈话·乌鸦的功罪（附图）》，《小朋友》第731期。

126.《人造雨（附图）》，《新少年》第2卷第1期，署（苏）米·伊林著，董纯才译。

127.《坏蛋》，《少年知识》第1卷第2期，署（法）法布尔著，董纯才译。

128.《坏蛋》，《少年知识》第1卷第3期，署（法）法布尔著，董纯才译。

129.《坏蛋》，《少年知识》第1卷第4期，署（法）法布尔著，董纯才译。

130.《坏蛋》，《少年知识》第1卷第5期，署（法）法布尔著，董纯才译。

131.《蜗牛和其他（自然）(附图)》，《儿童世界》第36卷第6期。

132.《乌贼（自然）(附图)》，《儿童世界》第36卷第7期。

133.《发光的植物》，《中学生》第65期。

1937年

134.（苏）米·伊林著，董纯才译：《不夜天：灯的故事》，上海：开明书店。

135.（苏）米·伊林著，董纯才译：《五年计划的故事》，上海：开明书店。

136. C.J.Patten著，董纯才译：《鸟类珍话》，上海：中华书局。

137.《蜻蜓的冒险》，《科学大众》第1卷第3期。

138.《花的颜色》，《儿童晨报》3月15日第6版。

139.《抵抗：动物生活漫谈之一（附图）》，《中学生》第71期。

140.《动物的变色》，《中学生》第72期。

141.《改良小麦的故事》，《中学生》第74期。

142.《动物故事·黄莺育儿记》,《小朋友》第 753 期。

143.《常识谈话·鹰——空中的英雄》,《小朋友》第 763 期。

144.《科学故事·海里的一幕斗争》,《少年时代》第 1 卷第 1 期。

145.《狐的智谋(附图)》,《少年时代》第 1 卷第 2 期。

146.《科学·蜘蛛的生死(附图)》,《中国少年》第 1 卷第 3 期。

1938 年

147. 董纯才编著:《新国语课本》(初级第一册),延安:陕甘宁边区教育厅。

148. 董纯才编著:《初级小学国语课本》,延安:边区政府教育厅。

149. 董纯才编著:《常识》(政治、社会、战时科学),延安:边区政府教育厅。

150. 董纯才著:《动物漫话》,长沙:商务印书馆。

151.《科学与抗战》,《新中华报》第 427 期。

152.《小英雄(歌曲)》,《新中华报》第 436 期,署董纯才作歌,吕骥作曲。

1939 年

153.(法)法布尔著,董纯才译:《坏蛋》,上海:开明书店。

1940 年

154.(苏)米·伊林著,董纯才译:《十万个为什么》,上海:开明书店。

155.(法)法布尔著,董纯才译:《坏蛋》,上海:文化生活出版社。

1941 年

156. 董纯才编:《走兽的故事》,上海:中华书局。

1942 年

157. 董纯才编著：《初级新课本》（国语常识合编），延安：华北书店。

158.《儿童教育中的主观主义》，《解放日报》4 月 4 日。

159.《论国民教育的改造》，《解放日报》9 月 4 日。

160.《关于学生自治的问题》，《解放日报》11 月 14 日。

161.《怎样以反党八股的精神编教材》，《解放日报》12 月 5 日。

1943 年

162. 董纯才编著：《初级新课本》（国语常识合编），辽县：华北书店。

163.《儿童节随笔——边区小学急需改进的两件事》，《解放日报》4 月 4 日。

1944 年

164.《工农干部学习文化的几个例子》，《解放日报》7 月 31 日。

1945 年

166. 董纯才编著：《绘图庄稼杂字》，延安：韬奋书店。

167. 董纯才编著：《绘图庄稼杂字》，延安：新华书店。

165.《谈在职区乡干部的学习文化》，《解放日报》4 月 8 日。

1946 年

168. 董纯才编著：《国语》，沁源：太岳新华书店。

169. 董纯才等著：《小学生活指导——参考材料》，遵化：冀东新华书店。

170. 董纯才著：《凤蝶外传》，佳木斯：东北书店。

171.（苏）米·伊林著，董纯才译：《十万个为什么》，大连：大连大众书店。

172.（英）达格里熙著，董纯才编译：《动物奇观：小兽生活》，上海：儿童书局。

173.（英）达格里熙著，董纯才编译：《动物奇观：大兽生活》，上海：儿童书局。

174.（英）达格里熙著，董纯才编译：《动物奇观：小鸟生活》，上海：儿童书局。

175.（英）达格里熙著，董纯才编译：《动物奇观：大鸟生活》，上海：儿童书局。

176.（英）达格里熙著，董纯才编译：《动物奇观：爬虫和两栖生活》，上海：儿童书局。

177.（英）达格里熙著，董纯才编译：《动物奇观：鱼和海滨动物生活》，上海：儿童书局。

178.《解放区教育建设的道路》，《北方文化》第2卷第1期。

1947年

179. 董纯才编著：《（绘图）庄稼杂字》，射阳：韬奋书店。

180.（苏）米·伊林著，董纯才译：《十万个为什么》，涉县：华北新华书店。

181.（苏）米·伊林著，董纯才译：《五年计划故事》，涉县：华北新华书店。

182.（苏）米·伊林著，董纯才译：《人和山：人类征服自然》，佳木斯：东北书店。

183.《在职教师的学习问题》，《东北文化半月刊》第2卷第1期。

184.《关于东北解放区教育工作的总结》，《东北日报》10月2—3日。

1948年

185.（苏）米·伊林著，董纯才译：《十万个为什么》，哈尔滨：东北书店。

186.（苏）米·伊林著，董纯才译：《十万个为什么：市内旅行记》，上海：开明书店。

187.（苏）米·伊林著，董纯才译：《几点钟：钟的故事》，佳木斯：东北书店。

188.（苏）米·伊林著，董纯才译：《不夜天：灯的故事》，哈尔滨：东北书店。

189.《青年学生的任务》，《民主青年》第48期。

190.《为教育新后代而努力》，《冀热察导报》10月19日。

1949年

191.董纯才等著：《关于办正规学校的问题》，沈阳：东北新华书店辽东分店。

192.（苏）米·伊林著，董纯才译：《不夜天：灯的故事》，郑州：中原新华书店。

193.（苏）米·伊林著，董纯才译：《黑白》，长春：东北书店。

194.《关于办正规学校的问题》，《东北教育》杂志创刊号。

195.《论教师的学习——为纪念六六教师节献给东北的教师们》，《东北教育》第1卷第2期。

196.《一个人民教育家所走的道路》，《东北教育》第1卷第4期。

197.《论东北教育的改革》，《东北教育》第2卷第2期。

198.《学习苏联，改造我们的教育》，《东北教育》第 2 卷第 3 期。

199.《旅大普及教育的成绩》，《人民日报》12 月 21 日。

200.《新旧正规化的区别》，《山东教育》新 2 号。

201.《学习苏联改造我们的教育》，收录于东北教育社主编：《苏联教育工作的基本问题》，东北新华书店。

202.《前进一步——东北解放区第三次教育会议的总结》，收录于东北教育社编：《东北四年来教育文件汇编》，东北新华书店。

1950 年

203.（苏）米·伊林著，董纯才译：《不夜天》，北京：开明书店。

204.（苏）米·伊林著，董纯才译：《几点钟》，北京：开明书店。

205.《学习苏联，改造我们的教育》，《光明日报》6 月 1 日。

206.《改革我们的中学国文教学》，《人民教育》第 1 卷第 2 期。

207.《东北区工农业余教育工作初步总结报告》，《东北教育》第 3 卷第 4 期。

208.《改进我们的中学生物教学》，《东北日报》8 月 16 日、17 日。

1951 年

209. 董纯才著：《麝牛抗敌记》，北京：开明书店。

210. 董纯才等著：《怎样进行健康教育》，北京：学习书店。

211. 董纯才编著：《绘图庄稼杂字》，保定：河北人民出版社。

212.（法）法布尔著，董纯才译：《坏蛋》，北京：开明书店。

213.（苏）米·伊林著，董纯才译：《五年计划故事》，北京：开明书店。

214.（苏）米·伊林著，董纯才译：《五年计划故事》，北京：中国青年出版社。

215.（苏）米·伊林著，董纯才译：《几点钟》，北京：中国青年出版社。

216.（苏）米·伊林著，董纯才译：《人和山》，北京：开明书店。

217.《东北教育工作一九五〇年的基本总结》，《光明日报》1月23日、25日。

218.《试用新编译的自然科学教材的经验》，《人民日报》6月14日。

219.《】最近开展时事教育的几点经验》，《人民教育》第2卷第3期。

220.《东北第三次教育厅局长会议的结论》，《东北教育》第4卷第5期。

221.《注意全面发展，增进学生健康》，《人民教育》第3卷第4期。

222.《继续深入研究新教材，提高自然科学教学质量》，《东北教育》第5卷第1期。

223.《毛泽东思想在教育领域中的胜利——为纪念中国共产党建党30周年而作》，《东北教育》第5卷第4期。

224.《“武训精神”批判》，《东北教育》第5卷第4期。

225.《东北初等教育的基本总结及今后的发展方向》，《东北教育》第5卷第5期。

226.《我对陶行知先生及生活教育的认识》，《人民教育》第3卷第6期。

1952年

227.（苏）米·伊林著，董纯才译：《十万个为什么》，北京：开明书店。

228.《用革命精神和革命办法来发展我们的学校》，《东北教育》第4期。

1953年

229.《争取做一个光荣的人民教师》，《人民日报》8月2日。

1954年

230.《为培养社会主义社会全面发展的成员而努力》，《人民日报》8月8日。

231.《全国高等师范教育会议的总结报告》，《人民教育》第1期。

232.《在生产实践中继续学习》，《人民教育》第6期。

233.《中央人民政府教育部董纯才副部长在中国青年报劳动教育座谈会上的讲话》，《江苏教育》第8期。

1955年

234.《积极地稳步地开展农民业余文化教育》，《人民日报》9月8日。

235.《第一次全国农民业余教育会议的总结报告》，《人民教育》第9期。

1957年

236.（苏）米·伊林著，董纯才译：《五年计划故事》，北京：中国青年出版社。

1958年

237.《加强思想教育、劳动教育，提倡群众办学、勤工俭学》，《人民日报》2月15日。

238.《普通教育的两大革新》，《人民教育》第4期。

1974年

239.（法）法布尔著，董纯才译：《昆虫趣谈》，香港：国光书局。

1977 年

240.《历史的事实不容歪曲——〈教育战线的一场大论战〉读后》，《光明日报》11 月 24 日。

241.《重视青少年通俗科学技术读物》，《人民教育》第 2 期，署名高士其、董纯才。

242.《春风化雨育新苗——回忆抗日战争时期毛主席对人民教育事业的巨大关怀》，《北京师范大学学报（社会科学版）》第 4 期。

1978 年

243.《要把教育科学研究搞上去》，《光明日报》7 月 15 日。

244.《白首返红颜》，《诗刊》第 5 期。

1979 年

245.《全国教育科学规划会议开幕词》，《教育研究》第 2 期。

246.《怀念我的良师徐特立同志》，《湖南教育》第 3 期。

247.《大家都来关心青少年科技活动》，《人民教育》第 12 期。

1980 年

248. 董纯才著：《董纯才科普创作选集》，北京：科学普及出版社。

249.（苏）米·伊林著，董纯才译：《十万个为什么》，北京：中国青年出版社。

250.《董纯才同志在中学语文教学研究会成立大会上的书面发言》，《语文学习》第 1 期。

251.《要重视生物科学的教学和研究》，《生物学通报》复刊第 1 期。

252.《重视和加强教育科学研究》，《教育研究》第 4 期。

253.《说尊师——为〈特级教师笔记〉出版而作》，《沈阳师范学院学报（哲学社会科学版）》第 4 期。

1981 年

254.《学好语文，学好历史》，《文史知识》创刊号。

255.《从模仿到创作——我写科普读物所走过的历程》，《科普创作》第 1 期。

256.《积极开展教育科学研究》，《中国教育学会通讯》第 2 期。

257.《中国民族的科学的人民大众的新教育研究——学习毛泽东同志〈新民主主义论〉的一点体会》，《教育研究》第 10 期。

1982 年

258.《植树育人》，《人民日报》1 月 10 日。

259.《〈汉语拼音方案〉的制订和推行》，《文字改革》第 1 期。

260.《学习老解放区教育经验的体会——〈老解放区教育简史〉序》，《教育研究》第 5 期。

261.《伟大的人民师表徐特立》，《教育研究》第 7 期。

262.《日本文部省要改弦易辙以中日友好为重》，《历史教学》第 8 期。

1983 年

263.《小学语文教学的一条新路子——〈集中识字二十年〉序》，《光明日报》1 月 28 日。

264.《坚持教育同生产劳动相结合的原则》，《教育研究》第 2 期。

265.《正确处理教和学的关系问题》，《华东师范大学学报》（教育科学版）第 2 期。

266.《南汇县大团乡教育发展的特色》，《上海教育》第 6 期。

267.《在毛泽东思想指引下开创文字改革的新局面——纪念毛泽东同志诞辰 90 周年》，《人民日报》12 月 31 日。

1984 年

268.《新师说》，《光明日报》1 月 13 日。

269.《保持共产主义精神清除精神污染》,《教育研究》第 1 期。

270.《远航》,《光明日报》6 月 9 日。

271.《谈科学大众化》,《科普创作》第 6 期。

272.《课外活动的意义和原则》,《人民教育》第 12 期。

1985 年

273. 中国科普创作研究所编:《董纯才科普文稿》,北京:科学普及出版社。

274. 董纯才主编:《中国大百科全书·教育卷》,北京:中国大百科全书出版社。

275.《认真学习周恩来同志的教育思想》,《光明日报》1 月 8 日。

276.《教育》,《教育研究》第 11 期,署名董纯才、刘佛年、张焕庭。

1986 年

277. 董纯才著:《远航诗草》,海口:海南人民出版社。

278. 董纯才著:《论中国社会主义现代化教育》,长沙:湖南教育出版社。

279.《介绍〈中国大百科全书·教育〉卷》,《人民日报》1 月 17 日。

280.《中小学教育必须改革》,《教育研究》第 8 期。

281.《祝贺与希望——〈教育研究丛书〉序》,《教育研究》第 9 期。

1987 年

282. 董纯才主编:《教师手册》,沈阳:东北工学院出版社。

1988 年

283.《〈汉语拼音方案〉与初等教育——纪念〈汉语拼音方案〉公布 30 周年》,《光明日报》4 月 13 日。

1989 年

284.《略评近代中国平民教育运动》,《教育史研究》第 2 期。

285.《坚持德育为首 反对“和平演变”》,《光明日报》10 月 11 日。

286.《〈东北解放区教育史〉序》,收录于苏甫主编:《东北解放区教育史》,长春:吉林教育出版社。

1990 年

287.《孩子,努力吧!——寄全儿》,《父母必读》第 10 期。

1991 年

288. 董纯才主编:《中国革命根据地教育史》(第一卷),北京:教育科学出版社。

289. 董纯才主编:《中国革命根据地教育史》(第二卷),北京:教育科学出版社。

1992 年

290. 中央教育科学研究所编:《董纯才纪念集》,北京:教育科学出版社。

291.《人民教师颂》,《甘肃教育》第 9 期。

1993 年

292. 董纯才主编:《中国革命根据地教育史》(第三卷),北京:教育科学出版社。

1994 年

293.《杨贤江——中国马克思教育理论的奠基人》,《教师博览》第 7 期。

294.《陕甘宁边区教育的基本经验（代序)》，收录于刘宪曾、刘端棻主编:《陕甘宁边区教育史》，西安：陕西人民出版社。

1999 年

295.(苏) 米·伊林著，董纯才译:《十万个为什么》，长沙：湖南教育出版社。

296.(苏) 米·伊林著，董纯才译:《十万个为什么》，赤峰：内蒙古科学技术出版社。

2005 年

297. 中央教育科学研究所编：《董纯才教育文选》，北京：教育科学出版社。

2008 年

298.(苏) 米·伊林著，董纯才译:《十万个为什么》，杭州：浙江文艺出版社。

299.(苏) 米·伊林著，董纯才译：《不夜天：灯的故事》，杭州：浙江文艺出版社。

300.(苏) 米·伊林著，董纯才译:《黑白：书的故事》，杭州：浙江文艺出版社。

2012 年

301. 董纯才译:《走兽的故事》，北京：海豚出版社。

2013 年

302. 董纯才著:《董纯才童书》，北京：海豚出版社。

303. 董纯才著:《海鸠的奇蛋》，北京：海豚出版社。

2019 年

304.(苏) 米·伊林著，董纯才译:《钟表的故事》，杭州：浙江文艺出版社。

2020 年

305. 董纯才著：《凤蝶外传》，北京：中国大百科全书出版社。

后　记

董纯才是我国著名的无产阶级革命家、教育家，是教育战线的优秀领导者，也是中国科普事业的开拓者之一。他毕生致力于人民教育事业，对新民主主义教育建设和社会主义教育事业的改革发展，对自然科学的普及和宣传，做出了重要的贡献。

2011 年，编者有幸参与了《董纯才传》一书的撰写，对董老的生平和业绩有了一定的了解。以后随着研究工作的展开，对其论著的整理和研习也在不断进行。此次选辑董老的教育文选，根据出版方的要求，在系统搜集董老著述的基础上，精选其有代表性的论著共 41 篇，包括重要文章、报告、讲话、序言等，分类进行了编排，尽可能较为全面地反映作者在不同历史时期及不同领域的思想、观点和贡献。其中选录了一些他较为重要而在其有关著作中未见收录的文章，如《解放区教育建设的道路》《论东北教育的改革》等。对所选文章，我们尽量完整收录，以反映文献的全貌。有些篇目，则据作者最后改定的文字刊出。同时，也作了一些必要的文字校勘和技术处理。限于编者水平和篇幅的限制，本书所选文章难免有遗珠之憾，敬请读者批评指正。

董老虽长期担任领导工作，但一生笔耕不辍，著述颇丰。我们编写了《董纯才著述年表》作为附录，供读者进一步研究参考。需要说明的是，这份年表还不能说囊括了董老所有的著作，特别是他在新中国成立之前的一些作品，颇有散佚，因此也希望热心的读者能提供线索，以便我们进一步查找、完善。

本书在选编过程中，董老的家属给予大力支持，提供了不少董老的著作、手稿等相关资料。王利利博士帮助搜集了部分文献，在此一并深表谢忱。

姚宏杰

2022 年 9 月

图书在版编目（CIP）数据

改造我们的教育：董纯才教育文选/董纯才著；姚宏杰，王玲选编. --北京：开明出版社，2023.1

（开明教育书系/蔡达峰主编）

ISBN 978-7-5131-7732-0

Ⅰ.①改… Ⅱ.①董… ②姚… ③王… Ⅲ.①教育工作-中国-文集 Ⅳ.①G52-53

中国版本图书馆 CIP 数据核字(2022)第 191320 号

出 版 人：陈滨滨
责任编辑：卓 玥 乔 红

改造我们的教育：董纯才教育文选
GAIZAOWOMENDEJIAOYU：DONGCHUNCAIJIAOYUWENXUAN

出 版：开明出版社
（北京海淀区西三环北路 25 号 邮编 100089）
印 刷：保定市中画美凯印刷有限公司
开 本：710×1000 1/16
印 张：26. 25
字 数：337 千字
版 次：2023 年 1 月第 1 版
印 次：2023 年 1 月第 1 次印刷
定 价：85.00 元